HASNAIN KAZIM

# MEIN KALIFAT

Ein geheimes Tagebuch, wie ich das
Abendland islamisierte und die Deutschen
zu besseren Menschen machte

Sollte diese Publikation Links auf Webseiten Dritter enthalten,
so übernehmen wir für deren Inhalte keine Haftung,
da wir uns diese nicht zu eigen machen, sondern lediglich auf
deren Stand zum Zeitpunkt der Erstveröffentlichung verweisen.

Penguin Random House Verlagsgruppe FSC® N001967

1. Auflage 2021
Copyright © 2021 by Penguin Verlag
in der Penguin Random House Verlagsgruppe GmbH,
Neumarkter Straße 28, 81673 München
Grafiken: Hafen Werbeagentur, Hamburg
Umschlaggestaltung und Umschlagmotiv: Hafen Werbeagentur, Hamburg
Satz: Uhl + Massopust, Aalen
Druck und Bindung: CPI books GmbH, Leck
Printed in Germany
ISBN 978-3-328-10734-7
www.penguin-verlag.de

*Für Janna und Seth*

# Apologie

Zuvoran vermahnet dies Büchlein alle, die es lesen und verstehen wollen, dass sie nit sich selbst mit vorschnellem Urteil übereilen, da es in etlichen Worten untüchtig erscheint und aus der Weise gewöhnlicher Prediger und Lehrer. Ja! es schwebt nit oben wie Schaum auf dem Wasser, sondern es ist aus dem Grund der Elbe von einem wahrhaftigen Altländer erlesen, welches Namen Gott weiß.[*] Dies ist ein fiktives Werk – auch wenn darin viele echte Zitate vorkommen, die, man mag es bisweilen kaum glauben, echte Menschen so gesagt haben. Die Orte, an denen sich die Geschichte abspielt, sind zwar nicht erfunden, jedenfalls die meisten nicht, sehr wohl aber sämtliche Handlungen und Figuren. Ähnlichkeiten mit tatsächlichen Ereignissen und Personen sind nicht beabsichtigt und reiner Zufall. Wo immer Daten, Fakten, Tatsachen in den Kram passten, habe ich sie verwendet. Dort, wo das nicht der Fall war, habe ich sie reinen Gewissens zurechtgebogen. Manch ein Mensch wird nun sagen (und es wird als Vorwurf gemeint sein): »War ja klar, dass er

---

[*]   Danke, Luther!!!!!!!

uns in seinem Sachbuch Erfundenes unterjubelt!« Umgekehrt ist es richtig: Ich habe Fiktion mit Sachbuchelementen ausgeschmückt.

Gerade deshalb ist dies kleine Buch eines, das jedermann lesen müsste, ob hochgestellt oder niedrig, weise oder einfältig, gelehrt oder ununterrichtet, denn es wendet sich an jedermann; und dies ist ein Buch, das jedermann nicht bloß lesen, sondern sorgfältig studieren, innerlich nacherleben, am besten Wort für Wort auswendig lernen sollte. Denn es ist eines der schönsten Denkmäler menschlicher Höhen und Tiefen, Größe und Demut.

»… die Lüge spannt frech ihre Flügel und die Wahrheit
ist vogelfrei; die Kloaken stehen offen und die Menschen
atmen ihren Stank ein wie einen Wohlgeruch.«

*(Stefan Zweig, im Briefwechsel mit Thomas Mann, 18. April 1933)*


»Die meisten Menschen legen ihre Kindheit ab wie einen
alten Hut. Sie vergessen sie wie eine Telefonnummer, die
nicht mehr gilt. Früher waren sie Kinder, dann wurden
sie Erwachsene, aber was sind sie nun? Nur wer erwachsen
wird und ein Kind bleibt, ist ein Mensch.«

*(Erich Kästner)*


»Lasst uns kämpfen für eine neue Welt, für eine anständige
Welt, die jedermann gleiche Chancen gibt, die der Jugend
eine Zukunft und den Alten Sicherheit gewährt.«

*(Charlie Chaplin)*


»Für ein Kalifat, in dem wir gut und gerne leben.«

*(Angela Merkel)*

# Kalifatische Losungen*

Freiheit, Gleichheit, Geschwisterlichkeit.

Einigkeit und Recht und Freiheit.

Inschallah, Maschallah, Alhamdulillah.

Grünkohl und Curry und Punschkrapfen.

* Gemeint ist: Losung, die, Substantiv, feminin, Leitwort, Parole, Wahlspruch, nach dem jemand sich richten will. Nicht gemeint ist: Losung, die, Substantiv, feminin, Kot vom Wild und vom Hund (Jägersprache).

# Ich bin ...

... dein Kalif. Ich bin der Kalif der Kalifen. Ich bin unfehlbar und habe immer Recht. Alles, was in diesem Buch steht, ist des Kalifen Wort und hat Rechtskraft. Dieses Buch ist Gesetzestext und Geschichtsbuch, Predigt und Erzählung, Dichtung und gute Nachricht, Ratgeber und Handlungsanleitung, Notizensammlung und Tagebuch. Und ein kleines bisschen Rezeptsammlung. Es ist, vor allem, nichts als die reine Wahrheit.* Und die reine Wahrheit ist: Du sollst mir

* Die Wahrheit in einer aufgeklärten Welt ist aber auch: Nimm keine Schrift für bare Münze, auch keine heilige. Interpretiere sie. Ordne sie in die Zeit ein, in der sie verfasst wurde. Schriften, die vor langer Zeit verfasst wurden, bedürfen ständiger Anpassung an die Entwicklung der Gesellschaft. Bedenke also, wer was wann wie und warum gesagt oder geschrieben hat. Von mir aus glaube, aber benutze auf jeden Fall auch deinen Verstand. Dann wird alles gut.

gehorchen, mich loben und preisen und mir huldigen, dann wirst du es gut haben. Mein Kalifat soll dir Heimat sein.* Mein Wille geschehe.

* Heimat, die, *(kein Plural)*, aus der Brockhaus Enzyklopädie: »Begriff, der die Vorstellung einer teils imaginativ erschlossenen, teils real angebbaren Landschaft oder eines Ortes bezeichnet, zu denen (…) eine unmittelbare (…) Vertrautheit besteht. Diese Erfahrung ist (…) im Ablauf der Generationen durch die Familie und andere Sozialisationsinstanzen oder auch durch politische Programme weitergegeben. Im allgemeinen Sprachgebrauch ist Heimat zunächst auf den Ort (auch als Landschaft verstanden) bezogen, in den der Mensch hineingeboren wird, wo er die frühen Sozialisationserlebnisse hat, die weithin Identität, Charakter, Mentalität, Einstellungen und schließlich auch Weltauffassungen prägen. (…) Der Nationalsozialismus stellte (…) insbesondere das rückwärtsgewandte Moment von Heimat heraus. So bezeichnete der Bezug auf eine jeweils besonders und affektiv ausgelegte Heimat zunächst den Rückzugsraum für v. a. jene sozialen Gruppen, die (…) ein umfassendes, gefühlsmächtiges und möglichst einfaches Orientierungsmuster suchten.« Zitiert nach: Nora Krug: *Heimat. Ein deutsches Familienalbum*, München 2018.

## Tagebucheintrag des Kalifen

[undatiert, verfasst wahrscheinlich
im Jahr 1980 oder 1981]

Libes Tagebuch, ich habe angst for eine Monsta das in unsere holtstrue wont. Di true stet in Unseren flur und imer wen ich fon mein Zimer zu toilete mus mus ich an der true forbai. Deshalb gehe ich in der Nacht ni zua Toilete sondan wate bis morgents das ich pinkeln kan. Meine Mama und mein papa sagen da ist kein Monsta aba ich glaube inen nicht.

# Tagebucheintrag des Kalifen

[undatiert, dem Inhalt nach
wahrscheinlich verfasst Ende 1983]

Liebes Tagebuch, mein 9. Geburtstag war sehr schön. Es waren sehr viele Freunde da. Wir haben Kuchen gegessen. Mama hat einen Schokoladenkuchen gebacken. Den, den ich sehr gerne mag. Stefan hat mir eine Knallpistole geschenkt, wo man rote Ringe reintut und es so schön knallt und riecht, wenn man schießt. So eine habe ich mir lange gewünscht. Früher hätte ich die benutzt, um nachts zur Toilette zu gehen. Ich dachte immer, es wohnt ein Monster in unserer Holztruhe. Das kommt dann heraus, zieht mich in die Truhe, und ich bin verschwunden. Ich finde es immer noch unheimlich, nachts über den Flur zu gehen, aber natürlich weiß ich, daß es keine Monster gibt. Hätte dort bloß in echt ein Monster gewohnt! Dann hätte ich nicht umsonst so viele Jahre lang mit dem Pinkeln gewartet (und mir manchmal in die Hose gemacht)! Dann hätte meine Angst wenigstens Sinn gemacht!

# Wie alles anfing – die Legende

Der Mann mit dem langen Bart und dem grotesk bunten Kaftan steht auf dem Theaterplatz, vor der Semperoper, und tippt auf sein Tablet.

»Ich bin dein Kalif. Du sollst keine anderen Kalifen haben neben mir«, schreibt er. Er lächelt vor sich hin. Die Leute werden jetzt bestimmt vermuten, der Kazim sei völlig durchgeknallt, denkt er. Für wen hält sich der eigentlich?! Aber, denkt er weiter, die Leute sind doof. Natürlich nicht Sie, verehrte Leserinnen und Leser, denn Sie erinnern sich ja noch ganz genau an Ihren Deutschunterricht, wo Ihnen eingebläut wurde: Der Autor ist nicht der Erzähler! Sollten Sie das vergessen haben, hier noch einmal extra für Sie: Der Autor ist nicht der Erzähler!

Hoffentlich lassen mich die Leute bloß mit diesem Autor Kazim in Ruhe, denkt der Kalif weiter, denn der ist ja wirklich nicht mehr ganz dicht: Glaubt, er habe mich, den Kalifen, »erfunden«. Redet ständig von »meiner Figur«. Idiot.

Der Kalif schüttelt kaum merklich den Kopf, er seufzt, dann konzentriert er sich wieder auf sein Tablet, die Steintafel der Neuzeit. Also von vorne: »Ich bin dein Kalif. Du sollst keine anderen Kalifen haben neben mir«, murmelt er. Jetzt schreibt er weiter: »Ich bin der Stellvertreter...« Er wischt das Schreibprogramm weg und klickt auf die Wikipedia-App. Er tippt »Papst« ein. Es dauert eine ewige Minute, bis der Eintrag angezeigt wird. »Deutschland und das mobile Internet!«, grummelt er und schüttelt wieder den Kopf. Er scrollt nach unten. Er liest, dass die Titel des Papstes nach dem *Annuario Pontificio*, dem Jahrbuch des Heiligen Stuhls, die folgenden sind: *Episcopus Romanus*, Bischof von Rom, außerdem *Vicarius Iesu Christi*, Stellvertreter Jesu Christi. Ein weiteres halbes Dutzend Titel überfliegt er nur, scrollt zurück und entdeckt, dass der Papst auch *Pontifex Maximus* genannt wird. Das, steht dort, sei Lateinisch und bedeute: oberster Brückenbauer.

»Exkrementa!«, denkt der Kalif. »Ich dachte immer, der Papst sei der Stellvertreter Gottes auf Erden. Aber nur Stellvertreter von dessen Sohn?«

Er löscht den angefangenen Satz »Ich bin der Stellvertreter« wieder und denkt sich: Allah sei gepriesen, früher hätte ich Stunden damit verbracht, das mit einem Hämmerchen aus der Steinplatte zu dengeln!* Da sind ein paar Minuten Warterei durch das langsame mobile Internet doch besser! Er schreibt: »Du sollst mich *Kalifex Maximus* nennen.«

---

* Dem Kalifen ist bewusst, dass »dengeln« laut Duden bedeutet: »(die Schneide der Sense o. Ä.) durch Hämmern glätten und schärfen«, aber er findet, dass es ab sofort im kalifatischen Sprachgebrauch auch bedeuten soll: »etwas mit einem Hämmerchen bearbeiten«.

Er vertippt sich mehrmals, trotz seiner filigranen Finger, die flink, aber präzise über das Tablet fliegen. »Beschissene Touchscreentastatur!«, murmelt er. Er öffnet eine neue Seite, klickt auf die Diktierfunktion und spricht:

»Und es ging hin ein Mann und traf eine Frau. Und sie ward unehelich schwanger und gebar einen Sohn. Damals sagte man in einem solchen Fall noch: Oh Schande, oh Schmach! Und als sie sah, dass es ein feines Kind war, verbarg sie es drei Monate. Als sie es aber nicht länger verbergen konnte, nahm sie einen Amazon-Karton und kleidete ihn mit Luftpolsterfolie und Klebeband aus und legte das Kind hinein und setzte das Kästlein in das Schilf am Ufer der Elbe.

Und die Tochter des Ministerpräsidenten ging hinab und wollte baden in der Elbe, und ihre Gespielinnen gingen am Ufer hin und her. Und als sie das Kästlein im Schilf sah, sandte sie ihre Magd hin und ließ es holen. Und als sie es auftat, sah sie das Kind, und siehe, das Knäblein weinte. Da jammerte es sie, und sie sprach: Es ist eins von den Wessi-Kindern. Da sprach die Magd: Soll ich hingehen und eine der Wessi-Frauen rufen, die da stillt, dass sie dir das Kindlein stille? Die Tochter des Ministerpräsidenten sprach zu ihr: Geh hin. Die Magd ging hin und rief die Mutter des Kindes. Da sprach die Tochter des Ministerpräsidenten zu ihr: Nimm das Kindlein mit und stille es mir; ich will es dir lohnen. Die Frau nahm das Kind und stillte es.

Und als das Kind groß war, brachte sie es der Tochter des Ministerpräsidenten, und es ward ihr Sohn, und sie nannte ihn Kasimir, denn sie sprach: Ich habe ihn aus dem Wasser gezogen.* Und Kasimir wurde Kalif. Und Dresden wurde seine Heilige Residenzstadt.«†

Das Diktierprogramm hat aus »Wessi-Kindern« »West-Inder« gemacht. Der Kalif korrigiert es. Er sieht, was er geschrieben hat, und siehe, es ist sehr gut. Dann klickt er auf »Speichern unter« und tippt den Dateinamen ein: »Mein Kalifat. Eine Heilige Schrift«.

* Wissenschaftler vermuten, dass das in einer längst untergegangenen sächsischen Sprache »Der aus dem Wasser Gezogene« bedeutet.
† Verfasser religiöser Texte haben die bemerkenswerte Angewohnheit, Stellen, die unglaublich spannend sind oder einer Menge Erklärungen bedürfen, einfach auf einen Satz zu reduzieren. So möchte man zum Beispiel gerne mehr über die Auferstehung Jesu Christi erfahren. Der Evangelist Markus schreibt aber nur: »Er ist auferstanden, er ist nicht hier.« Aha. Reicht. Sollen die Leute halt glauben, wir sind hier ja bei der Religion, nicht in der Wissenschaft! Wie Kasimir also Kalif wurde, sei eurer frommen Fantasie überlassen.

# Wie alles anfing – die Wahrheit

Jede Geschichte hat zwei Seiten, selbst heilige Geschichten.

Das Kalifat ist ein ehrliches Kalifat, der Kalif möchte eine offene, transparente, tolerante, liberale, demokratische Gesellschaft. Das vorherige Kapitel ist für die Frommen. Damit im Kalifat aber kein Streit entsteht zwischen der »So steht es aber in der Heiligen Schrift!«-Fraktion und der »Nur die Gesetze der Wissenschaft zählen!«-Truppe, hier die Geschichte für die Letzteren: die ungeschminkte, wissenschaftlich korrekte Wahrheit über die Entstehung des Kalifats. Fakten, Fakten, Fakten!

Ein junger, gut aussehender Mann sitzt im Eurocity von Berlin nach Prag. Er will nach Hause, nach Wien. In Prag hat er eine gute Stunde Aufenthalt, genug Zeit, um dort *Vepřo-knedlo-zelo* zu essen, Schweinebraten, Knödel, Sauerkraut.

Berlin hat ihn erschöpft. Dabei ist nicht einmal etwas passiert. Er war nur einen Tag da, zu einer Lesung. Rein, lesen, eine Nacht im Hotel, raus. Der Busfahrer hat ihn angepampt, weil er das Busticket vom Hotel zum Bahnhof mit einem Fünfzig-Euro-Schein bezahlen wollte. »Größer hamses nich, wa?!« Der junge Mann ist ein höflicher Mensch, er kramt in seinem

Portemonnaie herum und sucht nach passendem Kleingeld. Der Busfahrer sagt: »Also, wir ham nich ewich Zeit!«, und noch während der junge Mann in seiner Geldbörse wühlt, drückt der Busfahrer aufs Gaspedal. Der junge Mann fliegt ruckartig nach hinten und stößt sich den Kopf an einer Haltestange. Sein Portemonnaie wird ihm aus der Hand geschleudert, die Münzen verteilen sich im Bus. Er sammelt die Geldstücke ein, die er auf die Schnelle finden kann, reibt sich die schmerzende Stelle an der Stirn und sucht sich einen freien Platz.

Berlin verlangt einem echt viel ab, denkt er, während er aus dem Fenster blickt. Graue Hauswände, viele Graffiti, aber nicht von der schönen Sorte wie in seiner Heimatstadt Wien, wo manche Wände kunstvoll verziert sind, sondern hässliches Zeug. »Nichtskönner!«, geht ihm durch den Kopf. Ihn ärgert, dass manche Leute diesen – und anderen – Schrott einfach zu Kunst erklären. Man muss die Dinge einfach so umdeuten, dass sie einem in den Kram passen!, denkt er. Hässliche Gebäude, zugige Wohnungen, der ruppige Ton, das Versiffte, Verdreckte, Abgewrackte, Pseudocoole – man muss es nur oft genug als jung, hip, schick, trendy bezeichnen, und schon glauben es die Leute und wollen unbedingt in diese Stadt ziehen, wie einem Herdentrieb folgend. Niemand sagt: Berlin ist eine Zumutung! Der Kaiser ist nackt! Stattdessen verklären sie die Hässlichkeit der Stadt und erdulden all ihre Härten, warten monatelang auf einen Kitaplatz oder auf einen Termin bei der Behörde, um einen neuen Pass zu beantragen. Und die ganze Hundescheiße überall!, denkt er. Gehet hin und machet eure Nachbarschaft schön, das müsste man den Berlinern mal mit auf den Weg geben!

Aber wenn er Berlinern so etwas sagt, erntet er selten Zustimmung. Meist erhält er dann mitleidige bis verachtende Blicke. Mit ihrem Umzug nach Berlin wurden die alle einer Gehirnwäsche unterzogen!, denkt er. Einmal äußerte er seine Ansichten gegenüber einer Berliner Freundin, die in – ohgottohgott! – Kreuzberg lebt. Er schimpfte, die Menschen in Berlin würden, anstatt sich mal zusammenzureißen und die Dinge voranzubringen und schön zu machen, die faule Variante wählen, indem sie einfach nichts tun und den Schrott zum Kult erklären. Sie fand das gar nicht lustig. »Du klingst wie ein verbitterter alter Sack!«, hatte sie ihm geantwortet. »Vielleicht *bist* du ein verbitterter alter Sack! Auf jeden Fall bist du voreingenommen gegenüber Berlin!« Und nach einer kurzen Pause: »Das mit den Hundehaufen ist übrigens viel besser geworden. Das war vielleicht früher mal so.« Und später, als er das Thema längst abgehandelt glaubte: »Wien macht dich wirklich spießig.«

Der Bus hält vor dem Berliner Hauptbahnhof, einem monströsen mehrstöckigen Klotz aus Beton und Glas, in dem die Züge auf mehreren Ebenen ein- und ausfahren. Bis zur Abfahrt hat er noch eine Viertelstunde, er kauft sich zwei Zeitungen, einmal seine Lieblingszeitung (für die Selbstbestätigung und das Vergnügen) und einmal die, in der überwiegend Positionen vertreten sind, die er für rückständig und reaktionär hält (für die Feindbeobachtung, *know your enemy!*).

Als der Zug die Stadt langsam hinter sich lässt, steigt seine Laune merklich. Bei einem freundlichen Mann, der mit dem Wägelchen durch den Zug geht und Getränke und Snacks verkauft, bestellt er einen Tee. Erst als der Verkäufer ihm

einen Pappbecher mit lauwarmem Wasser und einem Tee-
beutel darin auf den Tisch stellt, erkennt er seinen Fehler.
Verdammt, jedes Mal vergesse ich, dass das die schlimmste
Brühe der Welt ist, denkt er. Er bestellt gleich noch einen
Kaffee dazu, der ist zwar auch nicht prima, aber wenigstens
muss er sich, anders als beim Tee, nicht mühsam überwinden,
ihn herunterzuschlucken. Bei Kaffee geben sie sich in diesem
Land mehr Mühe. Warum nur? Was ist so schwierig daran,
die richtige Menge Teeblätter mit Wasser knapp unter dem
Siedepunkt zu übergießen und drei bis fünf Minuten ziehen
zu lassen?

Er schläft ein. Er träumt von blühenden Landschaften. Fel-
der voller Duftveilchen, Buschwindröschen, Blausternen
und Traubenhyazinthen. »Blau ist eine Farbe, die in der Bo-
tanik kaum vorkommt!«, liest er im Traum im Internet.
Quatsch! Drei der vier genannten Blumen sind blau. Und es
gibt noch einige mehr! Bilder von Friedensreich Hundertwas-
ser ziehen an ihm vorbei. Der große Gegner der geraden
Linien, der alte Kurvenmaler! »Die Natur kennt keine geraden
Linien!«, liest er wieder in einem Post oder Tweet, irgendein
selbst ernannter Hundertwasser-Experte meldet sich da zu
Wort. In dem Moment fährt er im Traum durch einen dich-
ten Wald. Baum an Baum. Wie mit dem Lineal gezogen ra-
gen sie in den Himmel. Von wegen, die Natur kennt keine
geraden Linien! Warum geben die Leute so viel Unsinn von
sich? Überhaupt, warum ist es so vielen heute gar nicht peinlich, mit ihrem Unwissen hausieren zu gehen? Warum werden Leute heute für ihre Dummheit nicht nur nicht bestraft,
sondern sogar gelobt? Nur weil sie sie besonders laut kund-

tun? Der unverschämte Berliner Busfahrer erscheint ihm im Traum, er fragt sich: Wann ist Unfreundlichkeit gesellschaftlich akzeptabel geworden? Warum läuft so vieles schief in unserer Gesellschaft, aber niemand versucht, etwas daran zu ändern? Wie toll wäre es, gäbe es eine gute, mächtige Figur, die uns wieder auf die richtige Bahn lenkt, die die Menschheit von ihrer Dummheit befreit und sie zur Freundlichkeit erzieht! Hätte er Macht, wäre genau das sein Programm: die Entidiotisierung der Menschheit![*] Eine Entideologi-

---

[*] Der Begriff »Idiot« löst bei manchen Menschen Unbehagen aus. Daher sei hier für das Kalifat ein für alle Mal geklärt: Dieses Wort bezeichnet, wie im heutigen Sprachgebrauch geläufig, einen dummen Menschen. Synonyme oder zumindest vergleichbare Begriffe sind unter anderem: Trottel, Depp, Honk, Vollpfosten, Narr, Spacko, Schwachkopf, Dummkopf, Blödmann, Blödian, Hornochse, Einfaltspinsel. Idiot ist gewiss nicht immer nett gemeint, es ist ein Schimpfwort (auch wenn man gelegentlich »Ich Idiot!« denkt), das kann und darf man kritisieren, so wie man überhaupt gegen Schimpfworte sein darf. Aber der Begriff steht hier definitiv in keinem Zusammenhang mit geistig behinderten Menschen, wie manche vielleicht behaupten mögen. In der Medizin und in der Psychologie war »Idiotie« bis ins 20. Jahrhundert hinein als Diagnose bestimmter Formen geistiger Behinderungen gebräuchlich. Auch die Nazis benutzten es auf diese Weise und im Zusammenhang mit ihrer mörderischen Ideologie. In der heutigen Sprache der Mediziner und Psychologen ist es nicht mehr gebräuchlich. Das Wort »Idiot« leitet sich übrigens vom altgriechischen *idiotes* ab, was »Mensch« und »Privatperson« bedeutet. So wurden jene bezeichnet, die sich nicht am öffentlichen und politischen Leben beteiligten, die keine Ämter und somit keine Verantwortung übernahmen. Da Demokratie aber, wie schon die alten Griechen wussten, auf gebildete, informierte, verantwortungsbewusste, engagierte Bürger angewiesen war, galten die *idiotes* eben als Idioten – sie wurden nicht geschätzt. Mit der Zeit bekam »Idiot« immer mehr die Bedeutung, ein unwissender Mensch zu sein. Über die Jahrhunderte hatte der Begriff eine Bandbreite an Bedeutungen, vom politisch Unbeteiligten über den Ahnungslosen, den Stümper und Pfuscher weiter zum Nichtangehörigen des Klerus, den Verrückten bis zum heutigen Dummen. Im Kalifat ist das Wort durchaus gebräuch-

sierung der Welt! Ein Herrscher zum Besten der Demokratie! Ein Kalifat für das Gute!

Noch immer fährt er träumend durch den Wald. Er hört ein Stampfen, als ginge da ein großes Monster oder ein Tyrannosaurus Rex. Die Baumlinien erschüttern, in seinem Kopf wackeln die senkrechten Linien wie bei einem Elektrokardiogramm. Dann plötzlich ein Quietschen, »... fällt dieser Zug wegen eines Schadens an der Bremse leider aus ...«. *Unverständliches Genuschel.* »... müssen Fahrgäste nach Prag hier in Dresden in einen anderen Zug umsteigen, der in Kürze bereitgestellt wird. Weitere Informationen ...« Ein Ruck geht durch seinen Körper.

Jemand klopft ihm sachte auf die Schulter. Es ist der Schaffner, ein kleiner Mann, vielleicht Mitte zwanzig, mit rosigem Gesicht und für sein Alter eindrucksvoll voluminösem Bauch, über dem sich ein Pullunder spannt. »Alle Fahrgäste bitte aussteigen!«, sagt er. Er spricht einen heftigen sächsischen Dialekt. Große Güte, schlimm genug, aber muss man in dieser Sprache auch noch geweckt werden? Noch im Halbschlaf schaut der junge Mann irritiert auf. Der kleine Dicke blickt ihn freundlich an. »Gut geschlafen?«, fragt er und lächelt. »Tut mir leid, dass wir Ihren Schönheitsschlaf unterbrechen müs-

---

lich. Es sollte aber nicht bedeuten: Ich bin nicht deiner Meinung! Denn das wäre: idiotisch. Und es sollte keine Argumente, keine inhaltliche Auseinandersetzung ersetzen! Wenn man jemanden als idiotisch bezeichnet, was man darf, sollte man, wann immer möglich, die Aspekte benennen, aus denen sich diese individuelle Idiotie zusammensetzt. Zum Beispiel: Diese Leute sind Idioten, sie sind narzisstisch, egozentrisch, unzugänglich für Argumente, unlogisch, besserwisserisch, arrogant, vulgär, niveaulos und so weiter und so fort. Diese Präzisierung macht deutlich, wie man zu seinem Urteil gekommen ist.

sen, aber wir haben ein technisches Problem. Dieser Zug fällt ab hier in Dresden aus. Über Ihre Möglichkeiten zur Weiterfahrt können Sie sich am Bahnsteig informieren.«

Der Mann reibt sich die Augen und seufzt.

Wieder lächelt der Schaffner. »Ich weiß, ist scheiße. Kann ich leider auch nicht ändern. Aber für mich ist es gut, ich darf nämlich Feierabend machen. Ich wohn' in Dresden, und ich gehe jetzt zur ›Pegida‹-Demo!«

Der Mann kann ihm inhaltlich nur schwer folgen, so sehr ist er auf den Dialekt fixiert. »Isch wööhn in Dräääsdn«, hört er.

»Sie gehen zu ›Pegida‹?«, fragt der Mann, nun noch irritierter.

Der Schaffner grinst. »Nein. Ich bin die Gegendemo.«

Der Mann schaut auf seine Uhr. Zwei Stunden sind seit der Abfahrt in Berlin vergangen. Mühsam steht er auf, der Nacken schmerzt, er packt seine Sachen zusammen. Der Gedanke, dass es heute möglicherweise mit dem geliebten böhmischen Essen nichts wird, schmerzt ihn. Er macht sich gefasst darauf, dass er mit mehreren Stunden Verspätung zu Hause ankommen wird.

Am Informationsschalter der Bahn erfährt er, dass er entweder in einer Stunde weiterfahren kann, dafür aber mehrmals umsteigen muss – oder erst in drei Stunden.

Er wählt die Variante ohne Umsteigen. Der Zugbegleiter kommt ihm entgegen. »So, Sie kommen klar?«, fragt er freundlich. Der Mann nickt. »Ja, in drei Stunden geht's weiter.« Der Schaffner grinst. »Kommen Sie doch mit zur ›Pegida‹-Gegendemo! Wir können jeden gebrauchen!« Er streckt ihm seine weiche, etwas feuchte Hand entgegen: »Ich bin Udo! Udo Kaluppke!« Der junge Mann hört: »Üdö Kalübbge«.

Er überlegt. Wie oft hat er sich schon über diese bösartig keifenden und brüllenden Typen aufgeregt, die mit selbstgebastelten Galgen durch die Dresdner Innenstadt gehen? Die Flüchtlingen »Absaufen! Absaufen!« entgegenbrüllen und Affenlaute machen, wenn sie schwarze Menschen sehen? Wie oft hat er ihnen mal so richtig seine Meinung geigen wollen? Was für ein niederträchtiges Volk!, denkt er. »Patrioten gegen die Islamisierung des Abendlands«, ha! Volltrottel! Demonstrieren in einer Region gegen Islamisierung, wo kaum ein Muslim lebt! Man kann, nein, man muss gegen religiösen Extremismus … Vielleicht ist das … Also, man könnte doch … Er denkt nach. »Okay. Ich bin dabei«, sagt er.

Üdö grinst. »Wieder einen gewonnen! Aber wissen Sie was? Auf dem Weg zur Gegendemo gehen wir bei mir vorbei, das liegt auf dem Weg, dann kriegen Sie von mir einen Kaffee, besser als der im Zug! Und ich kann mich schnell noch umziehen!« Er lacht.

Vertrauensseliger Kerl, denkt sich der Mann. Aber freundlich. Der sächsische Dialekt macht ihn immer noch fertig. Und dass ein so junger Mann Udo heißt, findet er auch bemerkenswert. War dieser Name nicht schon ausgestorben? Und nennen nicht manche arroganten Wessis jeden Ossi »Udo«, für »Unser dummer Ossi«?

Nach dem Kaffee in der mit Büchern vollgestopften Zwei-Zimmer-Wohnung Kaluppkes – der Mann hat sich zeitweise Vorwürfe gemacht wegen seiner Vorurteile, denn nie im Leben hat er sich die Wohnung eines Schaffners mit so vielen

Büchern vorgestellt – schlendern sie Richtung Innenstadt, zum Dresdner Neumarkt. Auf dem Weg verschwindet Kaluppke kurz in einer Bäckerei und kommt mit zwei Papptellern wieder, auf denen jeweils ein Kuchenstück und eine Plastikgabel liegen. »Hier, zur Stärkung vor unserer Demo. Eierschecke«, sagt er und grinst und reicht einen Teller an seinen Gast weiter. »Ohne Mampf kein Kampf!«

Der Mann schaut ihn fragend an.

»Kennen Sie nicht?«

Der Mann schüttelt den Kopf.

»Das ist eine sächsische Spezialität. Mit Quark. Probieren Sie mal.«

Der Mann nimmt einen Bissen und nickt anerkennend.

»Gut. Sehr gut. Nicht so gut wie Punschkrapfen, aber immerhin.«

»Wie was?«

»Wie Punschkrapfen. Das ist, äh, eine Kuchenspezialität aus Österreich. Esse ich in Wien immer.«

»So, so. Sie mögen also Kuchen?« Er mustert den Mann von oben bis unten. »Sieht man jetzt nicht so.«

»Nein, ich esse nicht gerne Kuchen. Ich esse gerne Punschkrapfen.«

»Ist das mit Alkohol?«, fragt Kaluppke, und als der Mann ihn »Allgöhöhl« sagen hört, verschluckt er sich an seiner Eierschecke.

»Ja, ist es.«

»Ich dachte, Sie wären Muslim.«

Der Mann verschluckt sich erneut.

»Und Sie glauben, Muslime konsumieren keinen Alko-

28

hol? Überhaupt, wie kommen Sie darauf, ich wäre ein Muslim?«

»Ach, egal. Ich dachte nur ... Ihr Bart ... Egal. War blöd von mir. Entschuldigung.«

»Passt schon.«

Kaluppke schaut den Mann freundlich an.

»Ja, aber was ist das denn genau, ein Punschkrapfen?« Er sagt »Bünschgröbbfn«.

»Das ist, wie gesagt, eine österreichische, wie sagt man ... Mehlspeise. Ein Gebäck. Ein rosafarbener Würfel. Also, ein brauner Kuchenwürfel mit einer rosafarbenen Zuckerglasur. Und im Teig ist viel Alkohol. Ich glaube, Rum. Sozusagen die österreichische Variante der Rumkugel: Früher nahm der Bäcker die Teigreste des Tages, kippte ordentlich Alkohol rein, damit es halbwegs okay schmeckt, und machte ein Gebäck daraus. Resteverwertung mit Rum, wenn man so will. Heutzutage nehmen die keine Teigreste mehr. Hoffe ich jedenfalls.«

»Und das schmeckt?«, fragt Kaluppke.

»Und wie! Ich liebe Punschkrapfen! Dass man das in Deutschland noch nicht entdeckt hat, ist ein Frevel! Und dass man mit Österreich stattdessen die Sachertorte in Verbindung bringt, einen furztrockenen Schokoladenkuchen mit einer homöopathisch dünnen Schicht Aprikosenmarmelade, die man in Österreich Marillenmarmelade nennt, ist ein Riesenmarketingerfolg, aber *never ever* dem Geschmack des Kuchens geschuldet.«

»So?«

»Ja. Sachertorte wird maßlos überschätzt. Wohingegen

Punschkrapfen maßlos unterschätzt werden. Und das Beste: Sie verkörpern die österreichische Seele, wie der Psychologe Erwin Ringel es einmal auf Kärnten bezog: ›Was ist Kärnten? Antwort: Ein Punschkrapferl, außen rosa, innen braun und immer unter Alkohol.‹«

Kaluppke kichert. »Das ist lustig. Könnte man auch über uns Sachsen sagen.«

»Ja. Später wurde der Witz dem großen österreichischen Schriftsteller Thomas Bernhard zugeschrieben: ›Die Mentalität der Österreicher ist wie ein Punschkrapfen: Außen rot, innen braun und immer ein bisschen betrunken.‹ Ich habe keine Ahnung, wer sich diesen Spruch ausgedacht hat. Aber auf jeden Fall ist er gut.«

»Ja, sehr«, sagt Kaluppke und nimmt noch eine Gabel von seiner Eierschecke. Zucker klebt in seinen Mundwinkeln, den er nach und nach mit der Zunge entfernt, die aussieht wie ein dicker, feuchter Wurm.

Menschen mit Deutschlandflaggen kommen ihnen entgegen. Manche tragen auch eine rote Flagge mit schwarz-goldenem Kreuz.

»Merkwürdige Reichskriegsflagge«, bemerkt der Mann.

Kaluppke grinst. »Aber das ist doch nicht die Reichskriegsflagge!«

»Sondern?«

»Die ›Pegida‹-Flagge.« Er räuspert sich. Offensichtlich will er zu einer längeren Erklärung ausholen. »Also: Eigentlich ist das die Wirmer-Flagge, benannt nach ihrem Erfinder Josef Wirmer. Ursprünglich war sie ein Symbol des Widerstands gegen Adolf Hitler. Sie sollte nach einem erfolgreichen Attentat auf Hitler durch Claus Schenk Graf von Stauffenberg die neue Nationalflagge werden, weil man nicht zurück zur verhassten Trikolore der Weimarer Republik wollte. Das Attentat ist bekanntlich gescheitert …«

»Ja, genau, Wolfsschanze, Aktentasche, Bombe, nicht gezündet«, wirft der Mann ein.

»Doch, doch, gezündet schon, aber Hitler und die anderen Anwesenden überlebten«, korrigiert ihn Kaluppke. »Die Flagge war dann später, nach Kriegsende und bei der Gründung der Bundesrepublik Deutschland, kurz im Gespräch als Nationalflagge, wurde aber vom Parlamentarischen Rat verworfen und geriet in Vergessenheit. In den Neunzigern wurde sie dann von Rechtsextremisten, Reichsbürgern und sonstigen Idioten wiederentdeckt.«

Der Mann kann einen Lacher nicht unterdrücken, weil Kaluppke »Idiöten« sagt. Doch der redet unbeirrt weiter.

»Und jetzt benutzt ›Pegida‹ sie. Daher sieht man sie bei deren Demonstrationen so häufig. Sie ist ein neo-konservatives Kampfzeichen, ein Symbol von Rechtspopulisten und Rechtsextremisten.«

»Ich bin beeindruckt«, sagt der Mann. »Woher wissen Sie das alles?«

Kaluppke grinst über das ganze Gesicht. »Geschichtsbücher. Und Zeitungen«, antwortet er stolz. »Ich lese gern und viel.«

»Irre: Die Flagge des Widerstands, die für Freiheit und Toleranz stand, wird jetzt von Leuten verwendet, die genau das Gegenteil vertreten. Das ist ja eine komplette Verdrehung! Haben diese Leute denn gar keine historischen Kenntnisse?«

»Ich sag ja: Idioten! Die glauben ernsthaft, diese Flagge stünde für ihre bescheuerte ›Für Führer, Volk und Vaterland!‹-Mentalität. Geschichtswissen hin oder her, Fakten, Tatsachen und wissenschaftliche Erkenntnisse sind denen völlig egal. Die basteln sich ihre eigene Fantasiewelt zurecht.«

Der Mann betrachtet Kaluppke genauer. Er hatte ihn als dick abgespeichert, jetzt korrigiert er sein Bild, denn der Schaffner ist eigentlich gar nicht dick, sondern einfach rundlich, teigig, weich. Auch seine Gesichtszüge sind weich, die Haut blass, an den Wangen gesund rot. Sommersprossen überziehen den Nasenbereich, die rötlichen Haare fallen strubbelig zur Seite. Dieser Mann gefällt ihm.

Von Weitem sind Rufe zu hören, die Worte verwischen zu Tonwolken, dafür ist der Rhythmus der Sprechchöre umso deutlicher: Daaa-da-da-dammm! Daaa-da-da-dammm! Erst ein paar Minuten später nehmen auch die Worte Kontur an: »Wir sind das Volk!« in Dauerschleife. Unter die Flaggen mischen sich nun auch immer mehr Banner. »Keine Scharia in Europa!«, steht auf einem. »Alibaba und die 40 Dealer! Ausweisung sofort!« auf einem anderen. »Bitte weiterflüchten!«, hält jemand für mitteilungswert, jemand anders »Refutschis go home!« Wie viel Unverständnis und Ignoranz kann man auf einem einzigen Transparent zum Ausdruck bringen?, fragt sich der Mann. Ein Opa, beigefarbene Jacke, beigefarbene kurze Hose, beigefarbene Socken, beigefarbene Sandalen, lässt seine Umwelt per Schild wissen: »Jedem Volk sein Land! Nicht jedem Volk ein Stück Deutschland!« Zwei junge Frauen, schwarze Kleidung, Sonnenbrillen, die eine mit kahlrasiertem Kopf, die andere auf der einen Seite raspelkurze Haare, auf der anderen schulterlange, tragen ein Plakat mit der Aufschrift: »Wir vermissen unser Land, es hatte folgende Eigenschaften: Redefreiheit, Pressefreiheit, Demokratie, christländische Abendlandkultur, Sicherheit, Geborgenheit, Solidarität und Anstand, Rechtssicherheit, ungenderisierte & blumige Sprache«. Es steht noch etwas darunter, etwas von »irgendwo sehen« und »bewahren«, aber sie halten es so tief, dass der Mann die letzten Zeilen nicht lesen kann. Dutzende Demonstranten tragen den Spruch »Gegen die Islamisierung Deutschlands!« und »Kein Kalifat in Deutschland!« vor sich her. Von Weitem ist eine Stimme zu hören, jemand spricht offensichtlich auf einer Bühne, aber der Mann und Kaluppke können nicht sehen, wer der Redner ist. »Es ist am Horizont eine neue Möglichkeit aufgegangen! Eine politische Morgenröte. Und es ist eine Lust, zornig zu sein und der Politik die Zähne zu zeigen!«, tönt die Stimme.

Der Mann blickt zu Kaluppke, der unbeirrt auf ein Ziel zusteuert, zur Gegendemo. Er selbst kennt sich in Dresden kaum aus und verlässt sich deshalb auf den Einheimischen. Je mehr Bannerträger ihnen entgegenkommen, je länger er die gebrüllten Worte aus irgendwelchen Lautsprechern und die »Wir sind das Volk!«-Rufe hört, desto stärker fühlt er in sich eine Wut aufsteigen. Eine Urwut, wie er sie noch nie gespürt hat. Etwas Dunkles, Unbändiges, Unkontrollierbares, kein Hass, mehr Verärgerung, auch Entsetzen und Enttäuschung über diese Menschen, aber aus der Tiefe seines Inneren. Er möchte sie anbrüllen, zurechtstutzen, auf ihre unendliche Dummheit hinweisen.

Kaluppke fällt auf, dass der Mann in Gedanken versunken ist und zurückfällt. Er deutet es als Müdigkeit nach der Reise.

»Kommen Sie, wir sind gleich da«, ruft er ihm zu. Um ihn aufzumuntern, zeigt er in Reiseführermanier auf ein hübsches Gebäude. »Schauen Sie, das ist die berühmte Semperoper! Kennen Sie bestimmt, oder?« Der Mann betrachtet das Bauwerk. Ein steinernes Monument, das ihm tatsächlich aus einer Bierwerbung bekannt vorkommt. »Ist das nicht die berühmte Dresdner Brauerei?«, fragt er und kichert. Kaluppke scheint das nicht lustig zu finden. Er ignoriert die Frage. Vor der Oper steht eine kleine Bühne, darauf ein Mikrofon, sonst nichts. Menschen sammeln sich vor der Bühne, sie scheinen auf irgendeinen Auftritt zu warten.

*Als der junge Mann aber die Bühne sieht, geht er hinauf und setzt sich. Und mehrere Menschen treten zu ihm. Und er tut seinen Mund auf, lehrt sie und spricht: »Selig sind, die da geistlich arm sind; denn ihrer ist das Kalifat.«*

Kaluppke steht mit offenem Mund da und starrt den Mann an. Nach ein paar langen Sekunden scheint er sich zu fangen und sagt: »Aber was ...«

Der junge Mann betrachtet jetzt das Mikrofon, das ihm da ins Gesicht ragt, ein Mikrofon wie eine Offenbarung, eine Chance, ein Wunder. Es ist eingeschaltet, seine Worte hallen über den Platz vor der Semperoper. Das Wort »Kalifat« schwebt über der versammelten Menschenmenge. Der Mann pustet ins Mikrofon und klopft mit dem Zeigefinger darauf, um sich zu vergewissern, dass es wirklich eingeschaltet ist. Dass es wirklich seine Worte sind, die er da gerade gehört hat.

»Kommen Sie, lassen Sie uns weitergehen, wir sind gleich da«, drängt Kaluppke und möchte ihn weiterziehen. Aber der Mann hört nicht. Er starrt weiter fasziniert auf das Mikrofon. Immer mehr Menschen strömen zur Bühne. Der Mann vor dem Mikrofon scheint sie, obwohl er nur diese wenigen Worte gesagt hat, magisch anzuziehen: eine leuchtende Figur, freundlich lächelnd, mit großen warmen braunen Augen, schwarzen Haaren, kaffeebrauner Haut und einem schwarz-grauen Bart. Er trägt Jeans, ein blaues, kragenloses Hemd, ein bunt besticktes Tuch um den Hals, das ihm wie eine Stola am Körper hängt. An beiden Händen hat er, wie man aus der Ferne nur vermuten kann, einen Ring, jedenfalls funkelt da etwas, man erkennt nicht, ob es Edelsteine sind oder etwas Metallisches. Ein Gemurmel macht sich breit, die Menschen rätseln, wer dieser »Mann vor der Semperoper« ist, sie sprechen von einem »neuen Politiker«, der »vor der Semperoper Sensationelles verkünden« werde.

Zuerst stehen ein paar Dutzend Leute vor der Bühne. Dann Hunderte. Schließlich Tausende.

»Moin, grüß Gott und Salam Aleikum!«, spricht der Mann ins Mikrofon.

»Pfui!«, ruft einer aus dem Publikum, ein paar »Buuuh!«-Rufe sind zu hören. »Was soll das werden?«, hört er einen Zuschauer fragen. Gelächter. Dann Schweigen. Warten darauf, was er als Nächstes zu sagen hat.

*»Ich aber sage euch: Wer seinen Mitmenschen zürnt, ist des Gerichts schuldig; wer aber zu seinen Mitmenschen sagt: Ihr Nichtsnutze!, der ist des Hohen Rats schuldig; wer aber sagt: Ihr Narren!, der ist des höllischen Feuers schuldig!«*

Der Mann blickt in ein Meer von Menschen, staunende Gesichter blicken zurück, Frieden liegt in ihrem Antlitz. Die »Wir sind das Volk«-Rufe sind verstummt.

Kaluppke ist nun auch auf die Bühne geklettert und steht ein paar Meter hinter dem Mann. »Äh, Chef, hören Sie, wir sollten jetzt vielleicht besser weitergehen«, flüstert er.

Doch der Mann hört Kaluppke nicht. Er redet weiter: *»Ich aber sage euch: Öffnet eure Türen und eure Herzen. Seid gastfreundlich, aber nicht dumm. Redet, aber hört auch zu. Unterwerft euch nicht, aber stellt euch auch nicht über andere. Ich bin ...«* Er unterbricht seinen Redefluss, um nachzudenken, was er eigentlich sagen will. Die Menschen, die eben noch so wütend Parolen schrien, wirken jetzt friedlich, besänftigt. Keiner sagt etwas, alle blicken erwartungsvoll auf ihn, als wäre er der Heiland. Wie oft hat er sich über diese Leute geärgert?

Ihm fällt ein, worüber er vorhin am Informationsschalter der Bahn nachgedacht hat: dass diese Leute in permanenter Angst vor etwas leben, das es gar nicht gibt. So wie er als Kind Angst hatte, nachts alleine aufs Klo zu müssen, weil er glaubte, in der alten Holztruhe im Flur, auf dem Weg zur Toilette, lebe ein Monster, das in der Dunkelheit herauskomme und sein Unwesen im Haus treibe und nur darauf warte, ihn, den kleinen, dünnen Jungen, zu fressen. Seine Angst war so groß, dass er immer versuchte, mit voller Blase wieder einzuschlafen. Irgendwann war er so geübt, dass er grundsätzlich nur noch selten urinieren musste. Erst als er begriff, dass es kein Monster im Flur gibt, keine Gefahr, entspannte sich sein Leben. Er ärgerte sich, dass er sinnlos monatelang – oder gar jahrelang? – den Drang zu pinkeln unterdrückt und manche gute Stunde Schlaf verpasst hatte wegen etwas, das er sich nur eingebildet hatte. Hätte es doch nur wirklich ein Monster gegeben!

Ich muss diesen Menschen jetzt bieten, wovor sie Angst haben und wogegen sie demonstrieren, sonst machen sie sich irgendwann Vorwürfe, wenn ihnen ihr irrationales Verhalten bewusst wird, denkt er. Werden sie je herausfinden, dass sie gegen ein Phantom protestieren, dass es all diesen Unsinn – die Überfremdung, die »Islamisierung des Abendlands«, die Meinungsdiktatur und den Bevölkerungsaustausch – so, in dieser Form, wie sie es sich ausmalen, gar nicht gibt? Was, wenn sie nie von selbst darauf kommen? Also gebe ich ihnen Islamisierung! Ich gebe ihnen Scharia! Ich mach ihnen Bevölkerungsaustausch! Ich will die Islamisierung Deutschlands!

»Ich bin euer Kalif!«, sagt er ins Mikrofon, und dabei betont er jedes einzelne Wort. »Ich! Bin! Euer! Kalif!« Kaum sind seine Worte verhallt, herrscht auf dem Platz vor der Oper tiefes Schweigen. Kein Geräusch ist zu hören, nicht mal ein Grundrauschen, trotz der großen Menschenmenge. Stattdessen: wohlwollendes, zustimmendes Schweigen, kein eisiges, feindseliges. Der Mann ist erstaunt über die Wirkung seiner Worte. Offensichtlich schließen sie eine Lücke in den Köpfen seiner Zuhörerinnen und Zuhörer. Als hätten die Menschen nur auf ihn und seine Verkündung gewartet.

Plötzlich unterbricht eine Männerstimme die Stille. »Weg mit dem Islam!« Ein paar andere Stimmen gesellen sich jetzt dazu. »Genau!« – »Jawoll!« – »Weg mit dem Scheiß!« – »Moslems raus!« Aber die meisten bleiben stumm, sie scheinen auf weitere Worte des Kalifen zu warten. »Jetzt haltet doch mal die Fresse!«, ruft eine Frau den Brüllenden zu. Der »Weg mit dem Islam!«-Mann ruft: »Ich seh das aber so! Der Islam ist eine Gefahr! Für mich ist das wahr!«

Der Mann, der sich nun Kalif nennt, fixiert diesen Mann mit seinem Blick. Wie hypnotisiert schaut der Mann zurück.

»So, du siehst das also so?«, fragt ihn der Kalif von der Bühne, und seine Stimme donnert aus den Lautsprechern vor der Semperoper.

Der Brüller nickt.

»Der Islam ist also eine Gefahr?«

Wieder nickt er.

»Und das ist für dich wahr?«

Nicken.

Kaluppke tippt dem Kalifen auf die Schulter und flüstert: »Hallo? Entschuldigung? Wir sollten jetzt gehen!«

»Schweig, Wesir!«, fährt ihn der Kalif an, eine Hand aufs Mikrofon haltend, damit nicht alle mithören, mit der anderen eine wegwischende Bewegung machend, die Kaluppke bedeuten soll, nicht nur zu schweigen, sondern auch von der Bühne zu verschwinden. Schmollend zieht sich Kaluppke zurück, steigt die fünf Stufen hinab und stellt sich an den Bühnenrand, um auf den Kalifen zu warten.

Der Kalif hat immer noch den Brüller im Blick.

»Was du sagst, mein Bruder, ist nicht wahr.«

Der antwortet: »Ach, und was wahr ist und was nicht, bestimmst du?«

Einige seiner Mitstreiter lachen hämisch.

Der Kalif rollt mit den Augen. »Uff!«, sagt er, und eine Sekunde zu spät bemerkt er, dass er das Mikrofon nicht mehr verdeckt. »Uff!«, hallt es vor der Semperoper. »Hier steht ein Mann, der infrage stellt, ich könne zwischen wahr und unwahr unterscheiden. Also gut. Du entziehst dich der Angabe von Fakten, von Tatsachen. Du bringst keine Argumente, sondern flüchtest dich in deine eigene Wahrheit.« Der Kalif versucht, am Gesichtsausdruck des Typen zu lesen, ob er ihm folgen kann. Der Brüller steht nah genug an der Bühne, dass der Kalif das Grinsen des Mannes erkennen kann. »Angenommen, ich sage: In der Truhe im Flur unseres Hauses lebt ein Monster! Jemand versucht, mich davon zu überzeugen, dass das nicht der Fall ist und dass es gar keine Monster gibt. Ich aber beharre darauf und antworte: Doch, für mich ist es wahr, dass da ein Monster lebt! Ist die Wahrheit über die Existenz von Monstern dann relativ? Können wir über diese Wahrheit also verhandeln? Du siehst es so, und ich sehe es so?«

Der Brüller grinst immer noch. Aber er sagt nichts mehr.

»Was, wenn ich glaubte, dass Forellen fliegen können? Daraus folgt noch lange nicht, dass es wahr ist, dass Forellen fliegen können.«

»Wenn das deine Wahrheit ist, ist das deine Wahrheit!«, wagt der Brüller nun doch eine Diskussion.

»Falsch! Denn sonst wäre jede Behauptung wahr, nur weil ich daran glaube. Ist sie aber nicht! Nur weil jemand etwas glaubt, seine Überzeugung also tatsächlich existiert, heißt das noch lange nicht, dass der Inhalt seines Glaubens auch tatsächlich existiert, also Wahrheit ist.«

»Doch!«, kommt als Antwort aus dem Publikum, aber verhalten, leise. Der Brüller grinst immer noch. Sein Gesichtsausdruck sagt: ›Mir doch egal, was du redest – ich bleibe dabei: Der Islam ist eine Gefahr!‹

Ein anderer Mann mischt sich ein: »Wir sind hier abgehängt, den Politikern sind wir egal! Das sind vor allem Wessis! Die sind gleich nach der Wende gekommen und haben uns alles weggenommen!«

»Alles weggenommen? Ich dachte, ihr hattet nichts in der DDR!«, entgegnet ihm der Kalif.

»Wir hatten doch auch nichts! Und selbst das haben sie uns genommen!«, antwortet der Typ trotzig.

Der Kalif kann sich ein Grinsen nicht verkneifen. War der jetzt gerade witzig oder dumm?, fragt er sich. Außerdem amüsiert ihn die Sprache: »Mir hoddn do au nüschd.« Mit donnernder Stimme fährt er den Mann an: »Es mag sein, dass ihr schlecht behandelt wurdet, dass ihr über den Tisch gezogen wurdet, dass ihr Probleme hattet und habt – aber das ist kein Grund, andere Menschen, die für dieses Unrecht nichts können, zu hassen, Jagd auf Ausländer und auf Menschen, die als fremd wahrgenommen werden, zu machen, ›Lügenpresse‹ zu schreien und wissenschaftliche Erkenntnisse und Fakten nicht anzuerkennen! Und jetzt schweig!«

Der Mann ringt sich ein trotziges, aber leises »Nüschd dorf man mehr soogn!« ab.

Der Kalif ignoriert ihn, blickt über die Menschenmenge hinweg, schaut in die Ferne, und mit klarer, lauter Stimme spricht er ins Mikrofon: »Wir halten diese Wahrheiten für ausgemacht, dass alle Menschen gleich erschaffen wurden, dass sie von ihrem Schöpfer mit gewissen unveräußerlichen Rechten begabt wurden, worunter sind Leben, Freiheit und das Bestreben nach Glückseligkeit. Dies ist das Kalifat. Ich bin der Kalif. Dresden ist die Hauptstadt des Kalifats. Die Sempermoschee wird mein Regierungssitz. Ja, das ist wahr.«

# Tagebucheintrag des Kalifen

## Verfasst am ersten Tag des Kalifats

War gestern auf dem Weg von Berlin zurück nach Wien. Bin in Dresden hängen geblieben, Verspätung mit Pipapo. Ein freundlicher Typ – der Schaffner! – wollte mich zu einer »Pegida«-Gegendemo mitnehmen. Aus einer Laune heraus habe ich auf dem Weg dorthin vor der Semperoper eine leere Bühne betreten. Keine Ahnung, wer dort auftreten sollte. Mikrofon stand da und funktionierte. Habe dann aus einer Eingebung heraus eine kleine Rede gehalten und das Kalifat ausgerufen. Und was soll ich sagen? Es wurden immer mehr Menschen, die mir zuhörten. Udo (den Schaffner) habe ich einfach zu meinem Wesir ernannt. Das arme Kerlchen war ganz verwirrt. Egal. Habe entschieden, ein paar Tage in Dresden zu bleiben und zu islamisieren!

Niemand kennt mich. Ich kenne niemanden. Alles ist möglich.

Ik kann dat un ik mok dat! So!

# Fatwa

## Einführung der Grußpflicht

Im Rechtsgebiet des Kalifats gilt die Grußpflicht. Wenn man Menschen begegnet, grüßt man sie – und wird gegrüßt. Grüßen ist ein Zeichen des Einander-Wahrnehmens, der Höflichkeit, der Anerkennung und des Respekts. Im Koran steht: »Und wenn euch ein Gruß entboten wird, dann grüßt mit einem schöneren zurück, oder erwidert ihn in derselben Weise, in der er euch entboten worden ist! Allah rechnet über alles ab.«[*] Und nach dem mit sofortiger Wirkung geltenden Schariarecht im Kalifat halten wir uns natürlich daran!

Da es offensichtlich so schwierig ist zu grüßen und Leute es verlernt haben, gilt: Man grüßt einander im Kalifat bei erstmaliger Begegnung am selben Tag – mindestens. Mit welchen Worten man grüßt, bleibt den Untertanen selbst überlassen, aber: Wir grüßen nie mit dem Wort »Heil« und dem Namen eines politischen Führers! Als Standardgruß wird vom Kalifen gerne gehört: »Guten Tag, servus, moin, grüß Gott, Salam aleikum, Shalom, Namaste und habe die Ehre!« Dies ist ein langer, aber formvollendeter Gruß.

---

[*] Siehe Sure 4, Vers 86.

Ausnahme: Dresden! Hier ist die freie Grußwahl eingeschränkt, in Dresden wird ausschließlich mit »Salam Aleikum« gegrüßt; dieser Gruß wird mit »Waleikum Salam« erwidert.*
Und noch etwas: Wer den Kalifen anspricht oder anschreibt, der fügt hinter jeder Anrede hinzu: »Möge er immer Zwiebelmettbrötchen in rauen Mengen zur Verfügung haben«, denn der Kalif mag Zwiebelmettbrötchen. Im Schriftverkehr ist dies abkürzbar mit der Formel »MeiZirMzVh«. Eine formvollendete und fatwagerechte Begrüßung des Kalifen lautet also: »Guten Tag, servus, moin, grüß Gott, Salam Aleikum, Shalom, Namaste und habe die Ehre, Herr Kalif, Möge Er immer Zwiebelmettbrötchen in rauen Mengen zur Verfügung haben!«

* »Salam Aleikum« kann man mit »Friede sei mit euch« übersetzen, »Waleikum Salam« mit »Auch mit euch sei Frieden«, und dagegen wird in Dresden ja wohl niemand etwas haben, oder?

# Bau der Ewigkeitssynaschee

Und so rückten die Architekten und Ingenieure, Techniker und Statiker des Bauunternehmens Sinan an, vermaßen, fotografierten, zeichneten und planten. Da der Kalif ihnen freie Hand gegeben und auch die Materialauswahl überlassen hatte (»Nichts kann kostbar genug sein für das Hauptbauwerk dieses Kalifats!«), bestellten sie die besten, schönsten, edelsten, teuersten Baustoffe: Marmor aus Italien, Granit aus Indien, blauen und grünen Quarzit aus Brasilien, schwarzen Schiefer aus Portugal. Und natürlich sächsischen Sandstein, um Heimatverbundenheit zu demonstrieren.

Das Gebäude sollte Regierungssitz und Residenz werden, Hauptgotteshaus des großen Reichs, Zentrum der Welt. Und da dem Kalifen eine islamisch-jüdische Kultur vorschwebte, sollte es eine Mischung aus Moschee und Synagoge werden. Eine Synaschee eben. Oder doch lieber eine »Moschoge«?

Die Semperoper ist zwar nach dem Hamburger Architekten Gottfried Semper benannt,* so wie die 1840 einge-

---

\* Semper nannte das Gebäude »Musikpalast«, es wurde zwischen 1870 und 1878 gebaut. Das Bauwerk brachte Dresden Ruhm ein, auch weil der

weihte Sempersynagoge, die während der Novemberpogrome 1938 zerstört wurde, aber da »semper« das lateinische Wort für »immer« ist, beschloss der Kalif, das aus der Semperoper entstehende Gotteshaus Ewigkeitssynaschee zu nennen. Aus Ehrerweisung und Respektsbekundung gegenüber dem Judentum verwarf er das Wort »Moschoge«, die Synagoge sollte den ersten Teil des Namens bilden. Er würde außerdem dafür sorgen, dass sich auch die Bezeichnungen Kalifendom und Kalifentempel verbreiten würden, um allen anderen Religionen gerecht zu werden.

Aber warum die architektonisch verankerte islamisch-jüdische Dominanz? Nun, dem Kalifen war aufgefallen, dass sehr viele Menschen ungerechtfertigte Vorwürfe gegenüber Juden und Muslimen hatten und »den Islam« und »das Judentum« für alles Mögliche verantwortlich machten, auch für ihre eigenen Unzulänglichkeiten. Mit ihren Vorurteilen sollten sie nun im Zentrum der neuen Kalifatshauptstadt konfrontiert werden, sozusagen in Stein gemeißelt. Im Inneren sollte dann ein überdimensionales, wunderschön geschnitztes Holzkreuz stehen, um die Christen, die hier in der Mehrzahl lebten, mit dem Prachtbau zu versöhnen.

Ewig sollte das wunderbare Kalifenreich andauern, das Glück der Menschen mehren und dem Zusammenhalt der Menschheit den Weg bereiten. Freiheit, Gleichheit, Geschwisterlichkeit! All das sollte in der Ewigkeitssynaschee Ausdruck finden, nicht zuletzt durch die kostbaren Materia-

---

Komponist Richard Strauss hier mit einigen Uraufführungen große Erfolge feierte.

lien, die aus allen Teilen der Erde stammten. Das Haus sollte allen Menschen, gleich welchen Glaubens, welcher Überzeugung, welcher Weltanschauung, offen stehen. Nur eines sollten sie gemein haben: das gute Miteinander zu fördern und nicht nur das eigene Wohl zum Maßstab zu machen! Niemand im Kalifat sollte glauben, seine Religion, seine Überzeugung, seine Anschauung stünde über der eines anderen. Deshalb wurde ein Spruch in den Stein gehauen: »Es eifre jeder seiner unbestochnen / Von Vorurteilen freien Liebe nach! / Es strebe von euch jeder um die Wette, / Die Kraft des Steins in seinem Ring an Tag / Zu legen! Komme dieser Kraft mit Sanftmut, / Mit herzlicher Verträglichkeit, mit Wohltun, / Mit innigster Ergebenheit in Gott oder wen auch immer / Zu Hilf!«[*]

Zwei wunderschöne Minarette entstanden in tausendundeintägiger Handarbeit von tausendundeins Arbeiterinnen und Arbeitern, jeweils hunderteins Meter hoch, höher als alle andere Gebäude in Dresden, aus noch nie da gewesenen, atemberaubenden Kompositionen unterschiedlicher Steine. Bei näherem Hinsehen, wenn man direkt vor den Türmen stand, erkannte man, was die Mosaike darstellten: ein Muster aus Davidsternen. Die besten Stuckateure der Welt, die kunstfertigsten Vergolder waren nach Dresden geholt worden, um die Ewigkeitssynaschee zu schmücken. Und die Experten von Sinans Bautrupp beaufsichtigten alles, gaben Ratschläge und Anweisungen, lobten und tadelten, zeigten, was sie konnten. Keine Mühe war ihnen zu groß. Sie

---

[*]  Danke, Gotthold Ephraim Lessing!!!!!!!

übertrafen sich selbst! Baumeister aus aller Welt sollten später herbeieilen, um das Werk zu bewundern und dem Kalifen zu gratulieren.

Eigentlich wollte der Kalif über dem Haupteingang der Synaschee den Schriftzug »Ein Ende jeder Idiotie!« anbringen lassen, aber dann entschied er sich für einen versöhnlichen Ton und ließ in großen goldenen Lettern montieren: »Den Armen zum Trost, den Reichen zur Mahnung, allen zum Wohle«.

Auf der Rückseite des prachtvollen Bauwerks meißelten die Handwerker, ohne den Kalifen um Erlaubnis zu bitten, kunstvoll in den Stein: »Vergänglich ist dies Haus, doch des Kalifen Nachruhm nie. Er gab uns Toleranz, Unsterblichkeit gab sie!«

Und als der Kalif erstmals das fertige Gebäude betrachtete, war er glücklich und zufrieden.

# Auszug in die Welt

Und die frohe Botschaft vom jungen Mann aus dem Abendland, dessen Familie aus dem Morgenland in beschwerlicher, langer Reise gen Sonnenaufgang geritten war und dessen Weg nun in einer wunderlichen Stadt namens Dresden, bislang weithin unbekannt, von seinem Stern am höchsten Punkt des Himmels beleuchtet wurde, verbreitete sich rasch in die ganze Welt. Männer und Frauen teilten die Kunde, ein Erlöser ist uns gesandt worden, der sich der Idiotie in den Weg stellt!, riefen sie, und sie freuten sich sehr und schickten kostbare Geschenke – Gold, Weihrauch und Myrrhe, gute Bücher, schöne Fahrräder und feine Füllfederhalter und seltene Bleistifte – nach Dresden, denn dies waren die Dinge, so war ihnen zu Ohren gekommen, die der Kalif besonders schätzte.

Andere reisten selbst nach Dresden und legten ihre Gaben dem Kalifen zu Füßen. »Beherrscher der Gläubigen, Bekämpfer der Narren, wir ehren dich!«, sagten sie, während sie sich verbeugten. Und der Kalif antwortete: »Ich danke euch, aber verbeugt euch nicht, vor niemandem, sondern gehet aufrechten Hauptes durch das Leben!«

Überall in der Welt fanden sich immer mehr Anhänger des Kalifen, immer mehr Menschen hörten ihm zu und folgten ihm. Sie priesen seine Klugheit und Belesenheit, seine Tiefgründigkeit und seinen Intellekt, seinen Humor und seine herzerfrischende Selbstironie, seine Weitsicht und seine Weisheit, seine Gerechtigkeit und die Liebe, die er seinem Volke entgegenbrachte – und umgekehrt sein Volk auch ihm.

Und Österreich erklärte sich zum Wiener Kalifat, denn in Wien residierte der Kalif und sah in diesem geliebten, Stadt gewordenen Freilichtmuseum die heimliche Hauptstadt seines Kalifenreichs. Und nicht wenige Menschen in diesem Landstrich befürworteten einen Anschluss an das Kalifat, weil sie sich davon ein Ende der Idiotie erhofften – und insgeheim auch, dass der Kalif neben Österreich gleich auch Ungarn und überhaupt ganz Mittel- und Südosteuropa islamisieren würde. Sie glaubten, auf diese Weise würde vielleicht das alte Kaiserreich Österreich-Ungarn unter der Flagge des Kalifats wiederauferstehen, wiedervereinigt und in alter Größe, ach was, noch viel größer, denn das Kalifat war ja schon groß! Im Sog dieses imperialen Traums erklärten sich auch die ehemaligen deutschen Bundesländer Bayern und Baden-Württemberg zu Teilen des Wiener Kalifats.

In Norddeutschland hingegen blieb der Stern über einem kleinen Dorf namens Hollern-Twielenfleth stehen, und die Menschen erkannten, dass es etwas Besonderes mit diesem Ort auf sich hatte, dass der Kalif nämlich einen beträchtlichen Teil seines Lebens ins »Hullern-Twielenfleth« verbracht hatte, *in en Gemeen in de Samtgemeen Lüh in'n Landkreis Stood, en Dörp in dat Ole Land*, wie die Einheimischen, ein biswei-

49

len schrulliger, aber liebenswerter Menschenschlag, zu sagen pflegten, eine Gemeinde in der Samtgemeinde Lühe im Landkreis Stade, ein Dorf im Alten Land.

Hollern-Twielenfleth war der Garten Eden des Kalifenreichs, wo honigsüße Äpfel und faustdicke Kirschen, aber auch Erdbeeren wie Rubine, Birnen wie Smaragde, Pflaumen wie Amethyste und anderes köstliches Obst wuchsen. Und so ernannten sie Norddeutschland – die ehemaligen deutschen Bundesländer Niedersachsen, Schleswig-Holstein, Hamburg und Bremen – zum Hollern-Twielenflether Kalifat. Und sogar Nordrhein-Westfalen und Hessen wünschten, sich diesem norddeutschen Teil des Kalifats anzuschließen. Sie entsandten Weise auf Kamelen und Lamas, die dem Kalifen Gold und Myrrhe darboten, und er gewährte den neuen Landesteilen gnädig Aufnahme in sein Reich. Beim feierlichen Akt ihres Eintritts in das Kalifat erklangen Pauken und Trompeten, und die Regierungschefs dieser Provinzen erboten ihm ihre Ehrerbietung.

Überall in der Welt erfreute sich der Kalif großer Beliebtheit, weit über die Grenzen seines Kalifenreichs hinaus. Sein Kampf gegen die Idiotie stieß auf leidenschaftliche Begeisterung, in den USA und in Brasilien, in Indien und auf den Philippinen, in der Türkei und in Syrien, aber auch in den benachbarten Ländern Ungarn, Polen, Tschechien, Slowakei, Frankreich, Italien, Spanien, in den Niederlanden, in den skandinavischen Ländern – denn überall waren Honks auf dem Vormarsch. Es bildeten sich Enklaven überall auf der Welt, in allen Erdteilen versammelten sich Menschen und feierten den Kalifen und seinen Kampf gegen die große Idiotie.

50

Im Wesentlichen bestand das Kalifat aber aus drei föderalen Elementen: dem Dresdner Kalifat als Zentrum, dem Hollern-Twielenflether Kalifat im Norden und dem Wiener Kalifat im Süden. Dresden war die Hauptstadt, Hollern-Twielenfleth und Wien gleichrangige Residenzorte. Und jeder wusste, dass der Kalif in Wahrheit in Wien lebte und häufig nach Hollern-Twielenfleth reiste. Böse Zungen behaupteten, dass er diesen beiden Orten den Vorzug gab gegenüber Dresden, und der Kalif hörte, was die Leute redeten. Zunächst beschlich ihn ein schlechtes Gewissen, aber dann dachte er: Papperlapapp, meidet nicht jeder zünftige Autokrat die Hauptstadt? Ist Istanbul nicht schöner und aufregender als Ankara? Sollte man nicht Palm Beach den Vorzug geben gegenüber Washington D. C.? Warum sollte ich eine Ausnahme darstellen?

Aber die Dresdner bekümmerte das nicht, im Gegenteil, mehr und mehr warben sie um die Gunst des Kalifen, kochten Grünkohl und Curry und buken Punschkrapfen, die im Laufe der Zeit die Eierschecke als beliebtestes Süßgebäck der Stadt verdrängten, denn innen braun und immer ein bisschen betrunken, dieser Mischung konnten viele Dresdnerinnen und Dresdner kaum widerstehen.

# Namen sind nicht Schall und Rauch

»Wesir!«

»Ja, Hochwohlgeboren?«

»Wir brauche einen Namen für unser Kalifat.«

»Aha. Und habt Ihr schon eine Idee?«

»Vielleicht einfach ›Das Kalifat‹?«

»Wie ›Das Auto‹? Oder ›Die Mannschaft‹?«

»Ja, genau.«

»Hm. Ist zu abgegriffen, finde ich. Klingt so, als hätte das so ein Werbefuzzi aus einer völlig überteuerten Agentur erfunden.«

»Hm. Da hast du Recht. Hast du eine andere Idee?«

Der Wesir legt die Stirn in Falten. Ein Zeichen, dass er grübelt. Was wiederum bedeutet, dass er noch nicht über diese Frage nachgedacht hat, sonst hätte er sofort eine Idee rausgeballert.

»Also«, sagt er, »ich finde, das Wort ›Kalifat‹ selbst sollte im Namen nicht vorkommen. Zu viele negative Assoziationen.«

»Schade, dass ›Kalifornien‹ schon vergeben ist. Da steckt das Wort ›Kalif‹ drin, aber kein Schwein stört sich daran.

Alle denken nur an Sommer, Sonne, Surfen. Und an Hollywood.«

»Ihr habt völlig Recht, Eure Heiligkeit. Der Name muss gute Gefühle auslösen. Vielleicht sollten wir doch einen Werbefuzzi fragen.«

»Schnickschnack. Wir können selber denken!«

Nun grübeln beide. »Kalifornien, Kalifornien, Kalifornien«, murmelt der Kalif vor sich hin.

»Ich hab's!«, schreit er plötzlich auf. »Es wird dich umhauen!«

»Nu?«, antwortet der Wesir.

»Rate mal!«

»Ach, Kalif! Wo soll ich da anfangen? Kalifistan? Vereinigtes Kalifat von Dresden? Islamische DDR, kurz: iDDR?«

»Karfiolien! Wir sind das Kalifat Karfiolien! KK.«

»Kacka? Das ist nicht so, ähm, wie soll ich sagen, erfreulich. Klingt außerdem fast wie KKK, und das ist ...«

»Gut, dann sagen wir k. u. k.«

»Kultur- und Kongresszentrum?«

»Nein ...«

»Kommunismus und Klassenkampf?«

»Wesir, lass mich ...«

»Kolleginnen und Kollegen?«

»WESIR! Das steht für ›kaiserlich und königlich‹, erinnert an Österreich-Ungarn, und ich bin ja sozusagen ein moderner Franz Joseph: geliebt, volksnah, jung, gutaussehend, ein hervorragender Herrscher.«

Der Wesir guckt den Kalifen ungläubig an. »Ganz schön narzisstisch, mein Bester.«

»Pffft. Es ist, wie es ist, sag ich.«

»Was soll das überhaupt sein, Karfiolien?«, fragt der Wesir, nun um Sachlichkeit bemüht.

»Karfiol? Sagt dir Karfiol nichts?«

»Ein Unkrautvernichtungsmittel? Ein Rattengift?«

»Mein Gott, Kaluppke! Karfiol sagt man in Österreich zu Blumenkohl!«

»Blumenkohl? Warum, zum Teufel, wollt Ihr Euer Kalifat nach Blumenkohl benennen? Außerdem huldigt Ihr doch dem Grünkohl, warum jetzt plötzlich Blumenkohl?«

Der Kalif runzelt die Stirn. »Da hast du einen Punkt. Aber kein anderer Kohl hat auf Österreichisch einen so schönen Namen, und Karfiolien ist mindestens genauso gut wie Kalifornien! Ich hatte zuerst an Karfiolistan gedacht, aber alle Stans haben keinen guten Stand.«

Der Wesir nickt. »Na gut. Der Kalif hat gesprochen. So sei es dann. Lang lebe Karfiolien!«

# Die große Umbenennung

Und im Zuge der Islamisierung erhielten die meisten Orte in Karfiolien neue Namen. Als Erstes wurde der Hauptstadt diese große Ehre zuteil, sie hieß fortan Drestan[*], Bewohner wurden zu Drestanis. Aus Hamburg wurde Ha'amburq, aus Berlin Baahlin.

Über einen neuen Namen für München dachte der Kalif lange nach. Er mochte keine Diminutive, grammatische Verkleinerungsformen. Warum machte man aus dem Huhn ein Hühnchen, aus dem Fluss ein Flüsschen, aus dem Fuß ein Füßchen? München musste Mun heißen! Und so hieß diese Stadt fortan im Kalifat: Mun.

Hollern-Twielenfleth hingegen blieb Hollern-Twielenfleth, und Wien blieb Wien, denn an diesen Namen ließ sich nichts verbessern.[†]

---

[*] Die Endung »stan« bezeichnet in von indo-iranisch- und turksprachigen Völkern besiedelten Gebieten Länder und Regionen. Städte haben diese Endung nur selten, aber als *die* Hauptstadt des Kalifats passt das schon.]

[†] Die Umbenennung von Orten ist ein fortlaufender Prozess, und die kalifatische Regierung sieht es mit Freuden, wenn die Untertanen Vorschläge machen. Viele gute Ideen kamen, Alhamdulillah, bisher aus der Bevölkerung.

# Erster Brief an das Volk

## Kalifatische Depesche

Verzeiht mir, wenn ich überheblich klinge, aber ich wusste schon von klein auf, dass ich mal berühmt und mächtig werden würde. Dass die Menschen mich feiern, bejubeln, mir zu Füßen liegen, mich aber auch beschimpfen, bedrohen und verfluchen würden. Macht macht sexy, Macht macht verletzlich. Die, die die, die die Macht achten, achten, achte ich. Schöner Satz, oder? Ich wollte ihn unbedingt geschrieben haben. Obwohl ich manche auch ächte, die die Macht achten. Kommt immer auf die Macht an, wisst ihr? Es gibt ausgesprochene Idioten, die völlig demokratisch an die Macht kommen. Hitler zum Beispiel soll mal gesagt haben: »Ich habe die Demokratie mit ihren eigenen Regeln zur Strecke gebracht.« Hab ich irgendwo mal gelesen. Wahnsinnig klarsichtig, oder? Und was er dann angerichtet hat, nun, das brauche ich ja wohl nicht weiter auszuführen.

Jedenfalls, als mir das klar wurde, beschloss ich, es in Ordnung zu finden, dass ein ausgesprochenes Genie völlig undemokratisch an die Macht kommen dürfe, um das Gute, das Richtige, das Anständige voranzubringen. Demokratie um jeden Preis? Nein! Wenn Demokratie zur Ochlokratie verkommt, zur Herrschaft des Pöbels, wo also eine uninformierte, ungebildete, menschenfeindliche Masse ihren Willen kraft Mehrheit oder sogar mit Gewalt durchsetzt – dann lieber ein aufgeklärter Despot sein, der Gutes bewirkt. So geht es nicht nur mir besser, sondern der gesamten Bevölkerung.

Da ich gerade eure geschätzte Aufmerksamkeit habe, werte Untertanen, möchte ich eines gleich klarstellen: Ich möchte nicht, dass man über mich, wenn mich – hoffentlich erst in ferner Zukunft – das Zeitliche segnet – ja, ich lebe sehr gern, meistens jedenfalls –, sagt: »Er war ein glühender Verfechter der Demokratie!« Ja, Demokratie, schon recht. Sie ist die beste unter allen Herrschaftsformen, und die sind naturgemäß schlecht, denn Herrschaft bedeutet immer Machtausübung über andere, und das ist nie immer nur angenehm. Die Demokratie ist also das geringste Übel. Aber immer noch ein Übel. Und für ein Übel möchte ich nicht allzu sehr kämpfen, nur ein bisschen. Klar, ganz ohne Herrschaft geht es irgendwie nicht, also nehmen wir die am wenigsten schlimme. Demokratie eben. Ich ein Kämpfer für die Demokratie? Ja, gewiss. Ein glühender Verfechter? *No way!* Ich muss meine Energie für andere Sachen sparen. Zum Beispiel für den Kampf gegen die Idiotie.

Ach, und übrigens: Demokratie ist nicht nur Herrschaft der Mehrheit, sondern auch Schutz der Minderheit! Ich habe nämlich schon einige Male erlebt, wie gefährlich Demokratie für Minderheiten werden kann. Dort, wo Minderheiten mit den Stimmen der Mehrheit mit Füßen getreten werden. Völlig demokratisch, versteht sich. Aber auch völlig inakzeptabel, Demokratie hin oder her. Ich trete stattdessen für die ein, die weniger repräsentiert werden. Wenn diese in einer Demokratie nichts mehr zu melden haben, weil die Mehrheit sie zum Schweigen bringt, bin ich immer auf Seiten der Minderheiten. Immer! Ansonsten ist das für mich eine merkwürdige diktatorische Einstellung unter dem Deckmantel der Demokratie!

Glaubt mir, stille Wasser sind tief. Täuscht euch nicht in mir. Seid hiermit vorgewarnt! Sagt später nicht, ihr hättet es nicht gewusst! Vielleicht haltet ihr mich jetzt für ganz schön forsch, vielleicht auch für narzisstisch, aber das habe ich gelernt: Wer am lautesten trommelt, wird am ehesten gehört. Am besten legt man sich einen Künstlernamen zu, angelehnt an jemanden, der besonders berühmt, klug oder weise war, und schon kann man darauf hoffen, dass die Berühmtheit, die Klugheit, die Weisheit auf einen abfärbt! Wenn dieser Status einmal erreicht ist, sagt niemand mehr: »Aber der Kaiser ist ja nackt!«*, sondern alle staunen und lobhudeln und katzbuckeln und hören aufmerksam zu. Dann ist der Zeitpunkt gekommen, da man nicht mehr laut trommeln muss. Es genügt, mit leiser Stimme vorzutragen, und alle um einen herum werden leise, damit man den Sprechenden besser hören kann. Man kann sogar flüstern und findet Gehör.

»Der Kalif ist gar kein Demokrat!«, mag mir jetzt der eine oder andere von euch vorwerfen. Doch, doch, bin ich. Ich sage nur: Seid wachsam. Ebnet keinem Extremisten den Weg an die Macht, auch nicht mit demokrati-

---

* »Des Kaisers neue Kleider« von Hans Christian Andersen ist Nationalmärchen im Kalifat, jedes Kind muss diese Geschichte lesen, sie ist Pflichtstoff in den Grundschulen.

schen Mitteln. Sollte die Mehrheit doch dieser Idiotie verfallen, soll die Minderheit sich in zivilem Ungehorsam üben und die Machtübernahme von Extremisten verunmöglichen. Mein Kalifat ist ein Akt des zivilen Ungehorsams und des gewaltlosen Widerstandes. Das meine ich, wenn ich schreibe: »Um Leute mit undemokratischen Ideen von der Macht fernzuhalten, bin ich gerne ein Demokrat, der undemokratische Mittel nutzt. Als wehrhafte Demokratie fordert das Kalifat das im Prinzip von jedem Untertanen ein.« Als manche das in einer meiner weisen Schriften lasen, regten sie sich furchtbar auf. Aber das war blanke Arroganz, gepaart mit Dummheit, denn sie verstanden nicht, wie wichtig ziviler Ungehorsam ist. Ich sage es ganz offen: Ich sehe mich in der Tradition Henry David Thoreaus, schließlich bin ich in einem Land groß geworden, das für sich beansprucht, »Land der Dichter und Denker« zu sein. Bitte schön, ich bin auch einer: Dichter und Denker!\*

Und mein Ziel steht fest: Sobald ich das Kalifat vollends etabliert habe, die Weltherrschaft erreicht und jede Idiotie und Ideologie auf ein minimales Maß geschrumpft ist, werde ich abtreten und der Demokratie ihren Lauf lassen.

---

\* Der Essay »Über die Pflicht zum Ungehorsam gegen den Staat« von Henry David Thoreau sowie eine kritische (!) Auseinandersetzung damit ist Pflichtstoff in der zehnten Klasse an jeder Schule im Kalifat.

# Tagebucheintrag des Kalifen

Verfasst im ersten Monat des Kalifats

Jetzt, da ich Kalif bin, werde ich einen Leibkoch engagieren. Gleichwohl werde ich hin und wieder selbst kochen, das tue ich ja gerne – aber nur ab und zu. Mächtige Menschen, wie ich von nun an einer sein werde, tun ja oft so, als trügen sie die Last der Welt auf ihren Schultern, als erdrückte sie die Schwere ihres Amtes, als wären sie unfrei in ihrer Lebensgestaltung, weil ein Termin auf den anderen folgt. Aber das ist natürlich Quatsch! Welch Luxus: künftig nur noch dann zu kochen, wenn man Lust dazu hat!

Früher haben mich Freunde regelmäßig gefragt, ob wir nicht »mal GEMEINSAM kochen« wollen. Ich glaube, sie orientierten sich da an irgendwelchen Hochglanzlifestylemagazinen, in denen junge, schöne Menschen mit strahlend weißen Zähnen in einer Inselküche vor dem sündhaft teuren Induktionsherd stehen und GEMEINSAM Trüffelrisotto kochen, von allen Seiten ihren Senf dazugebend und in der anderen Hand ein Glas Crémant oder Pinot Noir haltend.

In der Küche habe ich erkannt, dass ich das Zeug zum Herrscher habe. Die richtigen Fähigkeiten. Und die richtigen Charaktereigenschaften, die ich aber zugleich auch verachte, vor allem außerhalb der Küche. Ich weiß, das klingt widersprüchlich, und das ist es auch. Der Mensch ist ein einziger Widerspruch.

In der Küche habe ich erkannt, dass ich ein Alphatier bin.

Einen Moment lang dachte ich: Beim Kochen offenbart sich der ganze Selbsthass, aber ich will nicht küchenpsychologisieren. Am Herd bin ich jedenfalls Diktator, da setze ich unverrückbare Grenzen, da gelten Regeln, knallharte Gesetze, und wehe dem, der sich nicht daran hält! Ich brülle, fluche, schimpfe! Da geht es laut und heiß und scheppernd zu, und auch wenn ich Kalendersprüche nicht ausstehen kann, finde ich »Wem es in der Küche zu heiß ist, der sollte nicht Koch werden!« ziemlich richtig.

Und bleibt mir weg mit eurer Kreativität, eurem »Ich brauche kein Rezept, ich koche nach meiner Fantasie« und eurem *Fusion*scheiß! Grünkohl geht, Curry geht, aber bitte kein Grünkohlcurry! Na gut, Grünkohlcurry vielleicht doch, aber das ist eine Ausnahme!

Aber wahrscheinlich werde ich diese Einstellung ändern müssen, nachdem von mir, dem Kalifen, ja höchstpersönlich verlangt wird, jeder solle nach seiner Fasson glücklich werden. Ja, das Leben ist Veränderung. Das mag manchmal unangenehm sein, man mag Angst vor ihr haben, aber so ist das Leben eben. So isch's Lääbe ääbe, sagt man im südwestlichen Kalifat.

Und ja, wir können gerne GEMEINSAM kochen, nämlich IHR unter MEINEM Kommando, in MEINEM Regiment, MEINEN Befehlen folgend! Ich werde ein Schild an den Kühlschrank hängen: »Hände waschen, Schürze an, Schnauze halten!«

61

All das sagte ich ihnen. Nur höflicher.

Aber da lächelten sie nur und fragten nie wieder.

Einmal wagte ein Hipster-Tobias in meiner Küche zu sagen: »Aber wir sollten doch auch mal experimentieren mit Gewürzen aus unterschiedlichen Küchen!«, und Hipster-Lena ergänzte mit träumerischem Blick: »Ich würde ja die Mischung aus chinesischem und indischem Essen lieben, das müssten wir mal ausprobieren!«, und da entfuhr mir, es gebe die indo-chinesische Küche längst, und zwar ist sie übrigens in Nordindien entstanden, nicht in China, aber das nur am Rande, und meine Küche sei doch kein scheiß Labor, wo man experimentiere, experimentieren könnten wir demnächst in meinem Atomlabor, wenn ich endlich Kalif bin, und Hipster-Tobias und Hipster-Lena lächelten nur, sie hielten mich für total *crazy* und ironisch und lustig, sie verstanden nicht, wie ernst es mir war. Aber wie gesagt, Gott selbst will, dass wir experimentieren, und ich werde meine Einstellung in dieser Hinsicht ändern müssen.

Und dann gab es mal dieses Gespräch, ebenfalls in meiner Küche, andere Party, andere Hipster, und da sagte sie, Emma, Sushi könne nur wirklich gut, »also, richtig gut!«, sein, wenn es von einem Japaner zubereitet worden sei. Und ihr Freund Elias sagte, er finde, dass ja auch nur »die China-Restaurants gut sind, in denen echte Chinesen kochen«, und er war Schwabe und sagte »Kina-Restaurant« und »echte Kineeß«, und aus dieser Aussage entspann sich eine Diskussion über »kulturelle Aneignung« (wobei die Küchendiskutanten beharrlich *cultural appropriation* sagten), eine Diskussion also darüber, ob es nicht anmaßend sei, wenn ein Deutscher türkisch koche, das sei ja doch irgendwie eine Respektlosigkeit gegenüber der Herkunftsküche und damit diskriminierend, ja rassistisch. Doch, doch, dürfen dürfe ja jeder alles kochen, darum gehe es gar nicht, sagte eine, als sie meinen Blick sah, aber das sei dann eben »nicht authentisch«, nicht »*the real stuff*«. Und ich dachte mir, was ist das bitte für ein Blödsinn, wieso soll nicht ein Nigerianer hervorragend mexikanisch und ein Peruaner vorzüglich thailändisch kochen können? Ich kenne eine Pakistanerin, die backt einen Altdeutschen Apfelkuchen, da zieht es jeder Martha und Erna die Stützstrümpfe aus, so gut ist der!

Ich freue mich jedenfalls über meinen künftigen Leibkoch!

## Zweiter Brief an das Volk

### Kalifatische Depesche

Neben Salz und Pfeffer gibt es Milliarden von weiteren Gewürzen!

    Entdeckt sie!
    Nutzt sie!
    Genießt sie!

# Die Heilige Dreifaltigkeit

Und am achten Tag sprach Gott zum Kalifen: »Sage den Menschen, sie sollen bloß nicht auf das Jenseits hin leben, das tun nur Trottel. Sondern sie sollen sich den Himmel auf Erden machen ... Also, nicht nur sich selbst, sondern einander. Habt Spaß, habt Freude, aber sorgt dafür, dass auch andere Spaß und Freude haben. Esst und trinkt, was ihr wollt, aber seid keine Kannibalen. Und haltet Maß, besonders beim Fleisch, denn die Ressourcen sind endlich. Denkt an eure Umwelt und daran, dass die Tiere, die ihr esst, Lebewesen sind – behandelt sie als solche, mit Respekt und Würde, auch – oder gerade – wenn ihr sie später aufesst! Schätzt wert, was die Erde, was die Natur euch zu essen gibt, aber macht daraus keine Religion. Nichts ist verboten, also *haram*, sondern alles erlaubt, also *halal*, aber manches ist besonders *halal*, wir nennen es deshalb *belal*, nämlich Grünkohl mit Pinkel, Kohlwürsten und Kassler, außerdem Curry jeder Art, Punschkrapfen und Zwiebelmettbrötchen mit frisch gehackten Zwiebeln und frisch gemahlenem Pfeffer. Und Knoblauch soll eure Kartoffel sein, Grundnahrungsmittel, Grundrecht, Basis eurer Ernährung. Denn Knoblauch ist ein Gemüse, kein

Gewürz. Äße jeder Mensch Knoblauch, röche niemand mehr den Knoblauchgeruch des anderen. Und so soll ein Tag ohne Knoblauch ein sinnloser Tag sein.«

Und dann diktierte er dem Kalifen die Heilige Dreifaltigkeit – ein bisschen Religion sollte es beim Essen dann doch geben: Grünkohl, Curry und Punschkrapfen. Diese drei deliziösen* Dinge zubereiten zu können, sollte jeder Mensch im Kalifat anstreben. Wer ins Kalifat eingebürgert werden will, soll die Zubereitung dieser drei Köstlichkeiten vor Verleihung der kalifatischen Staatsbürgerschaft beherrschen.

Der Kalif schrieb das mit großer Freude auf, denn von nun an sollte jeder Bürger, jede Bürgerin des Kalifats bei einem Besuch seiner Heiligkeit nicht mehr sagen können: »Ich weiß aber gar nicht, wie man das macht!«

### 1. Kalifatisches Curry

Man nehme für vier Portionen: Ein Dreiviertelkilogramm Hühnergeschnetzeltes, drei bis vier Esslöffel Ghee (geklärte Butter) oder pflanzliches Öl, einen halben Teelöffel Kreuzkümmelsamen, einen halben Teelöffel schwarze Senfsamen, eine große Zwiebel (oder zwei bis drei kleinere), ein etwa daumengroßes Stück Ingwer, vier bis sechs Knoblauchzehen, vier Tomaten, einen Esslöffel Tomatenmark, zwei Teelöffel Currypulver (es gibt verschiedene Mischungen, bei

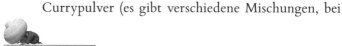

---

\* Im Kalifat wird das Wort »lecker« aus dem Wortschatz gestrichen und durch »deliziös« ersetzt; das ist der Einfluss des Wiener Kalifats auf das gesamte Kalifat. Wem »deliziös« zu prätentiös ist, der oder die kann sagen, dass etwas gut, hervorragend, toll, schön et cetera schmeckt, ABER NICHT LECKER!!!

denen auch der Schärfegrad variiert, hier einfach ausprobieren), einen Teelöffel Garam Masala (das ist eine Gewürzmischung, die, in vielen Varianten, in Südasien alltäglich ist
und, Inschallah[*], auch im Dresdner Kalifat alltäglich wird;
man kann sie im Asia-Shop – und künftig in jedem Super-
markt im Kalifat – kaufen), ein bis zwei Teelöffel gemahlene
Koriandersamen, einen Teelöffel Paprika Edelsüß, je nach
Schärfewunsch bis zu einem Teelöffel Chilipulver oder
Cayennepfeffer (kann man aber, wenn es nicht scharf sein
soll, auch weglassen), einen halben Teelöffel Kurkuma oder,
um die gute alte deutsche Bezeichnung zu benutzen, Gelbwurz[†], ein bis zwei Teelöffel Salz nach Geschmack, ebenso
Pfeffer nach Belieben, einen Teelöffel Erdnussbutter, einen
gehäuften Esslöffel Joghurt, ein Bund frischen Koriander.

Man erhitze Ghee oder Öl in einem großen Topf bei mittlerer Hitze, gebe die Kümmel- und die Senfsamen ins heiße
Fett und lasse sie etwa zehn Sekunden brutzeln. Dann gebe
man die gehackte Zwiebel dazu und dünste sie unter Rühren, bis die Zwiebelstückchen leicht braun werden. Die
Knoblauchzehen und den Ingwer zerstampfe man in

---

\* »Inschallah« bedeutet: »Wenn Allah will«, »So Gott will«, es ist ein auf ein
  zukünftiges Ereignis bezogener Ausdruck; von manchen wird es inflatio-
  när benutzt und kann in Wahrheit auch bedeuten: »Nein«, »Keine
  Ahnung«, »Später!«, »Vielleicht«, »Och nö, hab gerade keine Lust!«, all dies,
  nur höflicher verpackt, ähnlich dem Wienerischen »Schau'n mer mal«, das
  synonym zu »Nein!« benutzt wird; Letzteres aber käme einem höflichen
  Wiener nie über die Lippen.

† Für die botanisch Interessierten: Gemeint ist die Pflanze *Curcuma longa*,
  auch Kurkume, gelber Ingwer, Safranwurzel oder Gilbwurzel genannt,
  nicht die ebenfalls Gelbwurz genannten Pflanzen *Xanthoriza simplicissima*
  und *Curcuma zanthorrhiza*.

einem Mörser und gebe die Paste zu den bratenden Zwiebeln. Currypulver, Garam Masala, Korianderpulver, Paprikapulver, Chili oder Cayennepfeffer, Kurkuma mische man in einer Tasse oder einem Schälchen und gebe diese Gewürzmischung in den Topf, verrühre das Ganze und schütte sofort eine halbe Tasse lauwarmes Wasser hinterher, rühre weiter, bis das Wasser zum großen Teil verdampft ist und sich Löcher in der Gewürzmischung bilden. Nun gebe man das Tomatenmark hinzu und brate es ein paar Sekunden mit der Gewürzmischung. Jetzt ist es Zeit, dass das Hühnergeschnetzelte in den Topf kommt. Das verrühre man mit den Zutaten im Topf, bis das gesamte Fleisch mit der Gewürzmischung in Berührung gekommen ist. Man brate es weiter, bis es von allen Seiten Farbe angenommen hat und nicht mehr rosa ist. Sobald das der Fall ist, gebe man etwa ein bis zwei Teelöffel Salz hinzu und pfeffere das Ganze ordentlich und gebe nun die klein geschnittenen Tomaten hinzu, verrühre alles miteinander und lasse alles bei geschlossenem Topf und mittlerer Hitze kochen. Insgesamt muss das Curry ab jetzt zwanzig Minuten kochen. Alle paar Minuten rühre man um, es soll nichts am Boden festbrennen. Nach den ersten zehn Minuten gebe man die Erdnussbutter hinzu, verrühre alles wieder. Nach weiteren fünf Minuten füge man den Joghurt hinzu. Je nach Saftigkeit der Tomaten kann man ein wenig Wasser hinzufügen oder ein paar Minuten ohne Deckel kochen, damit Flüssigkeit verdampft – am Ende soll die Currysoße eben die richtige Konsistenz haben. Und zum Schluss gebe man den klein gehackten Koriander hinzu, lasse alles vielleicht noch ein oder zwei Minuten köcheln, und fertig ist das kali-

fatische Curry! Dazu reiche man frisch gekochten Basmati-
reis und Fladenbrot, zum Beispiel Chapatis oder Puris oder
Naan.

## 2. Kalifatischer Grünkohl

Dies ist das Curry des Nordens, das grüne Gold der nordkali-
fatischen Tiefebene, das Lebenselixier des wortkargen Nord-
menschen. Und wie das kalifatische Curry schmeckt auch
der kalifatische Grünkohl am Tag darauf, noch einmal auf-
gewärmt, noch köstlicher!

Über die Frage der richtigen Herkunft des Grünkohls –
frisch, aus dem Glas oder aus der Dose – wurden schon
Kriege ausgefochten. Da frischer Grünkohl leider noch nicht
überall im Kalifat angebaut wird und der Transport per Ka-
melkurier am sichersten in der Dose erfolgt, konzentrieren
wir uns auf den Grünkohl aus der Dose.

Dat is dor binnen für vier Personen: eine Dose Grünkohl,
die achthundert Gramm des kostbaren Grüns enthält, ein
wenig Butter oder Gänseschmalz, eine Zwiebel, ein Teelöffel mittelscharfer Senf, eine Tasse Gemüsebrühe, ein Teelöffel Salz (oder mehr oder weniger, je nach Geschmack), ein
Esslöffel Haferflocken, Kohlwürste, Pinkel (das sind auch
Würste, es gibt Fleischpinkel und Grützpinkel, einfach ausprobieren, gut sind alle, aber leider auch noch nicht überall
im Kalifat erhältlich), Kassler.

Für die Beilage: entweder Salzkartoffeln oder, viel, viel
besser, karamellisierte Kartoffeln – hierzu Kartoffeln zwanzig Minuten mit Schale kochen, anschließend pellen und die
Pellkartoffeln in einer Pfanne mit etwas Butter oder Öl bra-

ten und zum Schluss, je nach Kartoffelmenge, einen oder zwei Esslöffel Zucker darüberstreuen, weiterbraten und rühren, bis der Zucker karamellisiert und sich um die Kartoffeln legt.

So ward dat mokt: Man hacke die Zwiebeln grob und brate sie in einem großen Topf in Butter oder Gänseschmalz an. Den Grünkohl dazugeben und bei hoher Temperatur zehn Minuten kochen, dabei immer mal wieder umrühren, damit nichts anbrennt. Jetzt Senf, Salz und Brühe hinzufügen, verrühren, und die Würste dazugeben und mit ein wenig Grünkohl bedecken. Das Ganze schmore bei geschlossenem Deckel und niedriger Hitze eine Stunde vor sich hin. Zwischendurch rühre man vorsichtig durch. Die Würste sollten immer mit Kohl bedeckt sein, damit sie nicht trocken werden. Nach der Stunde nehme man die Würste aus dem Topf und gebe nun den Kassler in den Grünkohl und gare ihn etwa zwanzig Minuten. Anschließend nehme man auch den Kassler aus dem Topf, füge die Haferflocken hinzu, sodass der Grünkohl eine schöne sämige Konsistenz hat. Zum Schluss gebe man Würste und Kassler wieder in den Topf und lasse alles noch einmal kurz heiß werden. Maschallah*, fertig! Lot di dat smeken!

Grundsätzlich birgt dieses Gericht großes Potenzial für Konflikte: Die umstrittene Herkunft des Grünkohls wurde schon genannt. Aber auch die Frage, ob Salzkartoffeln oder karamellisierte Erdäpfel, Kassler oder Würste, Kohl-

---

\* »Maschallah« ist ein Ausruf der Bewunderung, der Zustimmung, der Lobpreisung; es drückt auch Gottergebenheit aus.

wurst oder Pinkel … ist Glaubenssache. Das ist wie Katholizismus oder Protestantismus, Sunniten oder Schiiten, Kapitalismus oder Sozialismus. Ich aber sage euch: Streitet euch nicht, sondern findet das, was euch schmeckt, und lebt in Frieden miteinander!

### 3. Kalifatische Punschkrapfen

Nun, die Herstellung dieses süßen Gebäcks, gnä' Frau, der Herr, erfordert etwas Geschick, aber mit ein bisschen Übung wird es, Inschallah, gelingen – die Erleuchtung kommt schließlich auch nicht von heute auf morgen!

Man nehme also für diese nicht ganz so süße Variante für den Biskuitteig: acht Hühnereier (natürlich vom Huhn, von welchem Tier denn sonst?), etwa einhundertzwanzig Gramm Staubzucker (so nennt man Puderzucker im Wiener Kalifat, also im österreichischen Teil des Kalifats), einen Esslöffel Rum, zwei Esslöffel Wasser, eine Messerspitze Bourbonvanillepulver, eine Prise Salz, zweihundert Gramm helles Dinkelmehl, Type 700, und zwanzig Gramm Speisestärke. Für die Punschfüllung nehme man einen bis zwei Zentimeter von den Biskuiträndern, die ja zuerst gebacken werden müssen, zweihundertfünfzig Gramm Marillenmarmelade (im Wiener Kalifat ist »Marille« die Bezeichnung für »Aprikose«), einhundertfünfzig Gramm (am besten frisch) gemahlene Haselnüsse, es gehen aber auch Mandeln oder Walnüsse, einhundert Gramm Zartbitterkuvertüre, einhundert Milliliter Rum, einhundert Milliliter Orangensaft, eine Prise Zimt und die geriebene Schale von einer halben Zitrone. Für die Füllung der zweiten Schicht nehme man einhundert Gramm

Marillenmarmelade und vermische diese mit zwei Esslöffeln
Rum. Für die rosafarbene Glasur nehme man vierhundert
Gramm Staubzucker, zehn Esslöffel Kirschsaft, zehn Esslöffel
Rum und, für die Farbe, da der Kirschsaft nicht stark genug
färbt, zehn Tropfen Rote-Beete-Saft (im Wiener Kalifat sagt
man Rote Rüben).

Für den Biskuitteig schlage man die Eier mit Zucker, Wasser, Rum, Vanille und Salz sehr schaumig. Nun hebe man
vorsichtig und durch ein Sieb, um Klümpchen zu verhindern, das Mehl und die Speisestärke unter den Schaum. Man
belege zwei Backbleche mit Backpapier und streiche den Teig
gleichmäßig auf beide Bleche, sodass die Schicht eineinhalb
Zentimeter dick ist. Beide Bleche schiebe man gleichzeitig
bei einhundertsiebzig Grad Celsius Umluft für etwa zehn
bis zwölf Minuten in den Ofen. Der Teig ist fertig, wenn er
goldgelb ist.

Während der Teig backt, rühre man die Glasur an: Einfach Staubzucker, Kirschsaft, Rum und Rote-Rüben-Saft
gründlich vermischen. (Man kann auch eine weiße Glasur
aus Staubzucker und Zitronensaft herstellen, aber wer, bitte
schön, möchte weiße Punschkrapfen?) Für die Punschfüllung
schmelze man die Kuvertüre. Wenn der Teig fertig gebacken
und erkaltet ist, löse man beide Platten mit einem großen
Messer oder einem anderen passenden Gerät von den Ble-
chen, schneide von beiden Platten jeweils die vier Ränder ab,
überall einen bis zwei Zentimeter. Diese Streifen zerbrösle
man in eine große Schüssel, gebe die flüssige Schokolade
zu den Krümeln und mische sie mit allen anderen Zutaten
für die Füllung, also Marmelade, Nüsse, Rum, Orangen-

saft, Zimt und Zitronenschale, zu einer glatten, geschmeidigen Masse. Damit bestreiche man nun gleichmäßig einen der zwei Biskuitböden und setze den zweiten Biskuitboden obendrauf. Dieses Sandwich halbiere man nun, bestreiche die eine Hälfte des gefüllten Biskuits mit der Marmeladen-Rum-Mischung, setze die zweite Hälfte des gefüllten Biskuits darauf und drücke alles gut an. Diesen siebenschichtigen Kuchen schneide man nun am besten mit einem Krummsäbel oder einem Brotmesser in Würfel. Diese Würfel – oder Quader, wenn nicht alle Seiten gleich lang sind – bestreiche man gleichmäßig mit der rosafarbenen Glasur und lasse diese fest werden. Fertig sind die Punschkrapfen! Man kann sie nun mit kandierten Kirschen oder was auch immer garnieren oder mit flüssiger Schokolade Muster draufmalen, aber das ist Geschmackssache.

All diese Rezepte diktierte Gott dem Kalifen, und er schrieb sie mit Füllfederhalter auf feines Papier. Und als er sie dem Volk verkündete, erklärte er, dass dies Handlungsempfehlungen seien, keine in Stein gemeißelten Gesetze. Gott hatte ihm noch mit auf den Weg gegeben: »Probiert, übt, experimentiert, verwendet von mir aus andere Zutaten, tauscht sie aus oder ergänzt, und lebt so auch euer Leben: Nehmt euch Vorbilder, ahmt sie nach, entwickelt die Rezepte weiter, versucht, sie zu verbessern oder nach eurem Geschmack zu verändern.«

Und der Kalif hatte als sein Stellvertreter auf Erden in seiner Mitteilung an das Volk ergänzt: »Macht, was ihr wollt, wenn ihr diese Gerichte für euch selbst zubereitet. Aber bereitet sie genauso zu, wie sie in den Rezepten niedergeschrieben sind, wenn ich, der Kalif, euch besuche. Denn ich schätze keinerlei Überraschungen bei der Heiligen Dreifaltigkeit. Respektiert auch das.«

# Von der Widersprüchlichkeit des Menschen

Und auch dies trug sich im Kalifat zu:

Ein Mann traf eine Frau, sie hieß Yuna. Der Mann fragte die Frau, woher dieser Name stamme, woraufhin die Frau kurz und widerwillig antwortete: »Aus Karfiolien!«

»Wirklich? Aber ...«

»So heißen Menschen im Kalifat nun einmal!«, unterbrach sie ihn. Damit war für sie das Thema erledigt.

Der Mann dachte: Okay, gut, sie will nicht darüber reden, das ist ja auch ihre Sache. Es ist zwar seltsam, es war eine freundlich gemeinte, von Interesse geprägte Frage, aber wer weiß, wie oft sie das schon gefragt wurde oder welche Erfahrungen sie gemacht hat, und es geht mich auch nichts an, und wenn es mich wirklich interessiert, kann ich es ja nachschlagen. Und er fragte sie nicht noch einmal.\*

Wenige Tage später traf der Mann Yuna erneut. Sie trug Kleidung, die er als »traditionell japanisch« bezeichnet

---

\* Wer es wissen will: Yuna ist einer der beliebtesten japanischen weiblichen Vornamen, er bedeutet Mond, Nacht.

hätte, ein kaftanartiges Gewand. War das ein Kimono? Aber er verstand nichts von Kleidung, schon gar nicht von fernöstlicher. Aber er traute sich nach dem Gespräch über die Herkunft ihres Namens nicht, sie nun zu fragen, was das für Kleidung sei. Sie würde vermutlich antworten, solche Kleidung trage man nun eben im Karfiolien, womit sie ja auch Recht hatte, schließlich trug sie es in Karfiolien. Aber ihn interessierte doch, woher das Kleidungsstück kam. Und er fragte sie: »Sag, Yuna, gibt es solche Kleidung auch für Männer? Ich würde gerne so etwas tragen!«

Sie schaute ihn missbilligend an und sagte: »Warum willst du so etwas tragen?«

»Weil ich es schön finde! Es sieht toll aus, wirklich!«

Sie antwortete: »Weder bist du Japaner, noch hast du japanische Wurzeln oder einen Bezug dorthin! Es wäre unangemessen, wenn du das trügest!«

Der Mann verstand das nicht. Er schüttelte den Kopf und wandte sich ab.

Und als er später darüber nachdachte, durchschlug er aus Frust mit seinem Kopf die Tischplatte, weil Yuna für sich selbst in Anspruch nahm, sie dürfe selbstbestimmt leben, wie es ihr gefalle, es ihm aber nicht zugestand, sondern ihm vorwarf, er eigne sich etwas an, was ihm nicht zustehe. Dabei machte er sich über niemanden lustig, würdigte niemanden herab, parodierte niemanden, nahm niemandem etwas weg. Auch gab er nichts als eigene Erfindung aus, was nicht seinem Geiste entwachsen war.

Und er erzählte dem Kalifen von dieser Geschichte.

Der Kalif zog sich zurück und dachte nach.

Er hatte schon des Öfteren gehört, dass Leute behaupteten, wer bei Mode, aber auch Tänzen, Musikrichtung, Sprache, Frisuren Anleihen bei anderen Kulturen macht, der macht sich des Diebstahls schuldig! War dieser Vorwurf berechtigt?

Es hatte riesige Diskussionen gegeben, ob es in Ordnung sei, sich als weißer Mensch das Gesicht schwarz anzumalen und einen Schwarzen zu mimen. Oft geschah das in der Absicht, »die Schwarzen« – und oft wurden schlimme Wörter für sie verwendet – lächerlich zu machen. Im achtzehnten und neunzehnten Jahrhundert hatten sich in den USA Weiße in sogenannten Minstrel Shows über Schwarze lustig gemacht: Weiße Schauspieler und Musiker hatten, die Gesichter mit Schuhcreme geschwärzt, die Lippen mit rotem Lippenstift grotesk überzeichnet, vermeintliche Gestik und Mimik von Schwarzen karikiert. Es ging um Stereotype: der immer fröhliche, aber dümmliche Sklave, der seinen Sklaventreiber liebt. Auch in Filmen wurden lange Zeit schwarze Rollen von schwarz angemalten weißen Schauspielern besetzt, anstatt schwarze Schauspieler zum Zuge kommen zu lassen. Wie überhaupt oft *über* Schwarze gesprochen wurde, anstatt *mit* ihnen zu sprechen und ihre Stimmen zu hören, Stimmen, die es sehr wohl gab. Es hatte Ewigkeiten gedauert, bis Künstler kapiert hatten, dass das rassistisch ist. *Blackfacing* hatte also eine unrühmliche Geschichte.

Er hatte auch gelegentlich Maximilians und Thereses, Jonasse und Charlottes »Hare Krishna« singend, nein, »chantend«, durch die Drestani Fußgängerzone ziehen sehen, nachdem sie vier Wochen in irgendeinem Ashram in Indien verbracht hatten, wo sie sich diese orangefarbenen Gewänder und den, nun ja, bemerkenswerten Schmuck zugelegt hatten, den sie nun trugen. Er fand sie ein wenig komisch, ein bisschen albern, und klar hatten sie sich etwas Fremdes angeeignet. Aber war das schlimm? Seit wann gab es denn ein Aneignungsverbot? Er, der Kalif, hatte keins erlassen. Diese Leute taten niemandem weh, hatten niemandem etwas weggenommen, taten niemandem etwas zuleide außer vielleicht den Ohren ihrer Zuhörer. Sollten sie doch machen!

Kürzlich hatte ein Schwarzer in der Audienz beim Kalifen die Meinung geäußert, dass Weiße ja wohl keine Dreadlocks tragen dürften! Als der Kalif fragte, wie der Mann zu dieser Ansicht käme, erklärte der, er sei in seiner Jugend ständig von Weißen wegen seiner Haare gehänselt und beleidigt worden. »Und jetzt tragen Weiße selbst Rastalocken und lassen sich dafür feiern! Sie übernehmen alles von uns, nur nicht die Diskriminierung!« Der Kalif antwortete dem Mann, er verurteile die Hänseleien und die Beleidigungen. »Aber wie kommst du darauf, zu glauben, nun dürfe kein Weißer mehr Dreadlocks tragen?« Und er trug dem Mann auf, er möge seine Ansichten überdenken. »Denn bei uns im Kalifat gehört die Kultur niemandem. Beziehungsweise: allen. Solange es nicht beleidigend, herabwürdigend, rassistisch, diskriminierend ist, darf sich jeder bedienen. Das mag bisweilen lächerlich, geradezu grotesk wirken, wie Dieter mit Dreadlocks, aber was soll's? Es ist nicht schlimm! Kultur ist ein stetiger Wandel, etwas Dynamisches. Kulturen beeinflussen sich ständig gegenseitig. Sie befruchten sich gegenseitig. Ohne Aneignung wären wir heute nicht, wo wir sind! Man darf kritisieren, dass das manchmal übergriffig ist, bisweilen respektlos, manchmal vielleicht herabwürdigend. Aber in den meisten Fällen ist es das nicht. Solange es aus Bewunderung und ohne böse Absicht geschieht, ist es in den meisten Fällen eine Bereicherung. Der Zusammenhang spielt eine Rolle. Kontext, Kontext, Kontext!« Und der Kalif wusste, dass Menschen sowohl im linken als auch im rechten Spektrum nichts von Kontext hielten. Beide Seiten sahen Kultur zu sehr als etwas Reines, Abgegrenztes, das nicht durchmischt werden dürfe. Oder wenn, dann nicht von jedem.

Er dachte an Yuna. Wie kam sie darauf, zu glauben, der Mann dürfe keinen Kimono tragen?

Noch am selben Tag schrieb der Kalif eine Botschaft an das Volk: »Kultur ist nichts klar Begrenztes! Kultur ist andauernder Wandel! Ständig ändert sich etwas, kommt etwas Neues hinzu, verschwindet etwas Altes! So wie die Mode sich wandelt, wie der Musikgeschmack sich ändert, wie Literatur immer Neues hervorbringt, wie Sprache sich verändert, wie Mode sich aber auch wiederholt, wie neue Musik an alte anknüpft, wie Literatur auf bisher Geschriebenes aufbaut, so ist die Welt. Und außer den Grenzen des Anstands, des Respekts gibt es keine Regeln, die es verbieten würden, Dinge aus anderen Kulturen zu übernehmen! Also hört auf, anderen etwas vorschreiben zu wollen!« Er schrieb auch: »Wer Kimonos albern findet, soll Kimonos albern finden. Aber wer Kimono tragen will, soll Kimono tragen dürfen!«, aber diesen Satz strich er wieder, weil er keine Kimono-Debatte im Kalifat auslösen wollte.

Doch sprach sich herum, was die Gedanken des Kalifen ausgelöst hatte, und das Gesetz zur kulturellen Vielfalt im Kalifat ging als Kimono-Gesetz in die Geschichte ein.

# Das Qawwali-Wesirat

Mit der Zeit entstand ein kalifatischer Staatsapparat, und die hervorragendsten, edelsten, klügsten Menschen bekleideten die Ämter. Den Kalifen und seinen Stellvertreter, den Großwesir, unterstützten viele Wesire, die in etwa Ministern entsprachen, und ihre Ministerien hießen Wesirate. Sie wurden vom Kalifen höchstpersönlich ausgewählt.

Der Kalif verfügte gegenüber den Wesirinnen und Wesiren die Richtlinienkompetenz, man nannte es umgangssprachlich das »Kalifenprinzip«: Der Kalif bestimmte die Grundlinien der Regierungspolitik. Die Details bestimmten die Wesirinnen und Wesire selbständig und eigenverantwortlich nach dem Ressortprinzip, sie trugen die Verantwortung für ihren jeweiligen Geschäftsbereich.

Der Kalif wählte die Wesirinnen und Wesire nach Eignung, Leistung und Befähigung aus: Nur die kompetentesten, besten Kandidatinnen und Kandidaten, Koryphäen ihres Faches, kamen überhaupt infrage. Niemals hätte es ein Mensch an die Spitze eines Wesirats geschafft, nur weil er ein bestimmtes Parteibuch besessen oder eine bestimmte religiöse Anschauung gehabt hätte! Parteizugehörigkeit und Religion spielten überhaupt keine Rolle, sehr wohl aber, wie ein potenzieller Amtsträger zu Grünkohl, Curry, Punschkrapfen, Karfiol, Rosenkohl und Zwiebelmettbrötchen stand.

Eines der wichtigsten Ministerien im Kalifat wurde das Qawwali-Wesirat. Literatur, Musik, Comics, Karikaturen, Theater, Kabarett, Malerei, Bildhauerei, Tanz, kurz: alle Künste lagen dem Kalifen am Herzen. Ganz besonders aber am Herzen lag ihm die Salzteigkneterei. Warum? Nun, bislang war diese Kunst in der ganzen Welt missachtet und als Kinderkram abgetan worden, doch der Kalif wollte, dass im Kalifat neue Künste entstehen, und so rief er jährliche Salzteigfigurenwettbewerbe aus, und das Kalifat brachte wahre Meister hervor, von denen noch Jahrhunderte später die Rede sein sollte.

Damit die Künste, aber auch die Sprachen und Naturwissenschaften in der *Ummah*, dem karfiolischen Volk, tiefe Wurzeln schlagen konnten, war das Qawwali-Wesirat auch zuständig für die Bildung. Und da der Kalif besonders den sufistischen Qawwali-Gesang liebte, gab er dem Ministerium diesen Namen. Das Wesirat übertrug er Feenista Feinfinger, einer sehr, sehr klugen, gebildeten Frau, die Klavier spielen und singen konnte, die literarische Texte schrieb und Bilder malte und hinter deren sanftmütiger Fassade ein Feuer brodelte, das, wenn nötig, aus ihren Augen blitzte.

Unter ihrer Leitung entstand die Abteilung für schwer erziehbare Erwachsene. Es war die größte Abteilung des Qawwali-Wesirats, denn die Bildung und Erziehung schwer erziehbarer Erwachsener stellte sich bald als größte Herausforderung für das Kalifat heraus. Tausende Lehrerinnen und

Lehrer wurden ausgebildet und eingestellt, die nicht nur die Aufgabe hatten, zu unterrichten und zu erziehen, sondern auch das Internet und das öffentliche Leben zu beobachten und zu durchforsten und entsprechende Unterrichtseinheiten anzuordnen.

So veröffentlichte ein Magazin im Internet an einem 27. Jänner, dem Tag des Gedenkens an die Opfer des Nationalsozialismus, diesen Spruch: »Ihr seid nicht verantwortlich für das, was geschah. Aber dass es nicht wieder geschieht, dafür schon.« Das hatte der Holocaust-Überlebende Max Mannheimer gesagt. Eine Frau, Heike E., kommentierte darunter: »Das ist Geschichte. Das war einmal. Langsam ist mal genug. Wir sollten lieber nach vorne schauen.« Daraufhin erhielt Frau E. vom Qawwali-Wesirat eine – verpflichtende – Einladung zu einem Geschichtskurs. Hundert Unterrichtseinheiten Geschichte und Politik zu je fünfundvierzig Minuten, zum Thema Nationalsozialismus, Faschismus, Diktatur, Antisemitismus, Judenvernichtung, Zweiter Weltkrieg sowie zur Frage, warum wir uns immer erinnern und aus der Geschichte lernen müssen, zu absolvieren in fünfzig Doppelstunden innerhalb eines Jahres. Da Frau E. ansonsten mit solchen Sprüchen nicht auffällig geworden war, musste sie für den vorzüglichen Unterricht nichts bezahlen. Hätte es sich bei ihr allerdings um eine Person gehandelt, die bereits häufiger gepöbelt und dummes Zeug von sich gegeben hätte, hätten ihr die Kosten für den Unterricht auferlegt werden können. (Günstige zehn Euro pro Unterrichtsstunde, im Fall von Frau E. wären das also tausend Euro gewesen.)

Die Briefe oder E-Mails, die zum Unterricht aufforderten – wir wollen den Begriff »verdonnern« an dieser Stelle vermeiden, denn unterrichtet zu werden, ist immer eine Chance, ein Privileg, eine Freude, keine Strafe –, waren stets mit »You SEE« überschrieben – »You« für das Englische »Du« und »SEE« das Akronym für »Schwer erziehbare Erwachsene«.

Frau E. wurde nach Beendigung ihres Geschichtskurses zum Kalifen gerufen. Als sie in der Ewigkeitssynaschee vor den Thron trat, fiel sie auf die Knie und berührte mit ihrer Stirn den Boden. »Mein Fürst, ich danke Euch für den weisen Unterricht!«, rief sie.

Der Kalif aber sagte: »Dir sei verziehen. Bedenke aber: Gedächten wir eines jeden Menschen, der in Auschwitz ermordet wurde – und ich rede jetzt nur von den in Auschwitz Ermordeten –, einen einzigen Tag, und das ist ja wohl nicht zu viel verlangt, jeder armen Seele nur einen Tag zu widmen, dann wären wir dreitausendvierzehn Jahre lang beschäftigt. Dreitausendvierzehn Jahre! Okay, das ist dir zu viel, Frau E.?«

Frau E., immer noch auf Knien, schnäuzte sich in ein Stofftaschentuch und nickte kaum merklich.

»Gut, und gedächten wir jedes in Auschwitz Ermordeten – und wieder rede ich nur von diesen, nicht von den noch viel mehr Ermordeten anderswo – nur eine Stunde, nur eine einzige Stunde, weißt du, wie lange wir dann beschäftigt wären?«

Frau E. schüttelte schüchtern den Kopf.

»Wir hätten immer noch einhundertsechsundzwanzig Jahre zu tun. Einhundertsechsundzwanzig Jahre.«

Frau E. schluchzte leise.

»Und weißt du, wie lange wir zu tun hätten, gedächten

83

wir jedes Ermordeten eine Minute? Eine lächerliche, klitze-kleine Minute?«

Frau E. schüttelte den Kopf.

»Wir wären immer noch mehr als zwei Jahre mit nichts anderem beschäftigt, und zwar rund um die Uhr. Findest du immer noch, langsam sei mal genug und wir sollten lieber nach vorne schauen?«

»Nein, großer Kalif, nein! Ich werde das nie wieder denken, geschweige denn sagen oder schreiben!«

»So gehe hinfort und führe ein tugendhaftes Leben!«

# Haftbefehle

»Worte haben Folgen, für seine Worte trägt man Verantwortung«, pflegte der Kalif bei jeder passenden und unpassenden Gelegenheit zu sagen. Einmal, vom Balkon der Ewigkeitssynaschee in Drestan, sagte er in seiner Freitagspredigt zu der Menge, die sich davor versammelt hatte: »Viele schreien, es würde im Kalifat die Meinungsfreiheit eingeschränkt. Meinungsfreiheit aber, meine lieben Untertanen, heißt auch Meinungsvielfalt! Meinungsfreiheit bedeutet nicht, dass ihr ein Recht auf Widerspruchsfreiheit habt! Wer euch widerspricht, macht ebenfalls von seinem Recht auf Meinungsfreiheit Gebrauch. Und Meinungsfreiheit heißt auch nicht, dass ihr ein Recht auf Gehör habt! Ihr dürft alles sagen, aber ich muss mir nicht jeden Quatsch anhören!«

Ein Grummeln machte sich breit in der Menge, nicht jeder erkannte die Weisheit in den Worten des Kalifen.

»Das ist ja wie in der DDR!«, rief einer. »So ähnlich haben es die Staatsbürgerkundelehrer damals auch ausgedrückt, als es um Meinungsfreiheit ging!«

»Kenne ich sonst nur von Diktatoren wie Idi Amin!«, schrie ein anderer.

Der Unmut entging dem Kalifen nicht, und er sagte: »Ihr mögt mir nicht zustimmen, mich kritisieren, das ist euer gutes Recht. Ich aber sage euch: Man kann in unserem schönen Kalifat fast alles sagen. Man muss dann aber eben manchmal mit Konsequenzen rechnen. Das scheinen manche von euch nicht zu verstehen, aber fürwahr, es ist so!«

Manche grummelten weiter vor sich hin, aber die Mehrheit rief nun: »Lang lebe unser Kalif!«

Und dem Kalifen erschien im Traum ein in goldenes Tuch gewickelter Engel mit glänzendem schwarzen Haar, der sagte ihm: »Moral und Sitte verfallen. Mit allzu spitzer Zunge, aber leider stumpfem Verstand fallen die Menschen der Sünde anheim. Sie lästern und fluchen, sie verbreiten Lügen und Bosheiten, sie grenzen aus und reden schlecht.«

Der Kalif versuchte, den Engel anzuschauen, aber sein Gewand blendete ihn. Er antwortete mit geschlossenen Augen, sein Gesicht zum hellen Punkt am Himmel gewandt: »Oh Engel, du sagst mir nichts Neues, diese Verwandlung ist mir nicht verborgen geblieben. Aber was soll ich tun?«

Und der Engel sprach: »Dein Engagement gegen die Verrohung der Gesellschaft muss deine wichtigste Aufgabe sein! Richte all dein Streben, dein Reden und dein Handeln danach. Und leite deinen Hofstaat an, dir dabei zu helfen! Sei gütig, wann immer möglich, und strafend, wo immer nötig. So soll dein Kalifat vor einem Regen aus Feuer und Schwefel verschont bleiben!«

Und als der Kalif am Morgen darauf erwachte, nahm er sich vor, den Rat des Engels, der im Traum zu ihm geredet hatte, zu beherzigen. Er erteilte dem Qawwali-Wesirat noch am selben

Tag den Auftrag, die Menschen für ihre Worte mehr Verantwortung tragen zu lassen, vor allem jene, die uneinsichtig und gewalttätig, stumpfsinnig und idiotisch waren. Jene also, die sich als unbelehrbar erwiesen und stolz auf ihre Dummheit. Hier genügte Unterricht nicht mehr. Hier durfte man nicht mehr auf die Kraft der Argumente vertrauen, auf die leidenschaftlich geführte Debatte, die diese Leute zur Vernunft bringen würde. Hier sollte ein Besuch im Kerker den Sündern Zeit zum Nachdenken verschaffen. Er beauftragte die kluge Qawwali-Wesirin mit dieser schwierigen Aufgabe, und sie machte sich persönlich daran, die Worte der Menschen zu prüfen.

»Es kann sein, dass uns manche Kalifatlinge Diktatur und Unterdrückung der Meinungsfreiheit vorwerfen werden«, warnte sie der Kalif.

»Drauf geschissen«, antwortete sie. »Wer von denen, die ich mir vorknöpfe, nicht irgendwann kapiert, warum er in den Kerker gekommen ist, dem ist nicht zu helfen.«

Und die Urheber folgender Worte bekamen in den Tagen darauf Besuch von der berittenen Schariapolizei, die ihnen Haftbefehle überreichte:

»Die politische Korrektheit gehört auf den Müllhaufen der Geschichte.«

»Brennende Flüchtlingsheime sind kein Akt der Aggression!«

»Drecksack-Antifa-Kindern bekiffter Eltern gehört eine verpasst und sie in den Dreck geworfen. Ihnen gehört gedroht, dass sie nächstes Mal unter der Erde liegen!«

»Wir müssen die Printmedien und den öffentlich-rechtlichen Propagandaapparat angreifen und abschaffen.«

»Das Pack erschießen oder zurück nach Afrika prügeln!«

»Immerhin haben wir jetzt so viele Ausländer im Land, dass sich ein Holocaust mal wieder lohnen würde.«

»Ich wünsche mir so sehr einen Bürgerkrieg und Millionen Tote. Frauen, Kinder. Mir egal. Es wäre so schön. Ich will auf Leichen pissen und auf Gräbern tanzen. SIEG HEIL!«

»Wir müssen ganz friedlich und überlegt vorgehen, uns gegebenenfalls anpassen und dem Gegner Honig ums Maul schmieren, aber wenn wir endlich so weit sind, dann stellen wir sie alle an die Wand. Grube ausheben, alle rein und Löschkalk oben rauf.«

»Wenn jemand kommt und den ganz großen Knüppel rausholt und das damit schafft innerhalb von zwei Tagen zu beenden, bin ich sofort dabei, und so lange tue ich, was ich kann.«

»Dem Flüchtling ist es doch egal, an welcher Grenze er stirbt.«

»Man muss sich nur an den Zweiten Weltkrieg erinnern, an unsere eigene Geschichte. Was haben wir denn mit den Juden gemacht? Da gab es ja auch Möglichkeiten ... Man muss gar nicht übertreiben, aber was anderes wird bald gar nicht mehr möglich sein. Die Flüchtlinge gehen ja nicht freiwillig.«

»Ist es nicht so, dass den Anwohnern oder Bewohnern einer Kommune alternativlos – wie immer – eine Einrichtung vor die Nase gesetzt wird, die sie einfach nicht haben wollen, und sie deshalb in Form von zivilem Ungehorsam die geplanten Flüchtlingsunterkünfte einfach abfackeln?«

»Die alten Kräfte, also die Altparteien, aber nicht nur die Altparteien, auch die Gewerkschaften, vor allen Dingen auch die Amtskirchen und die immer schneller wachsende Sozialindustrie, die an dieser perversen Politik auch noch prächtig verdient – diese alten Kräfte, die ich gerade genannt habe, lösen unser liebes deutsches Vaterland auf wie ein Stück Seife unter einem lauwarmen Wasserstrahl. Aber wir Patrioten werden diesen Wasserstrahl jetzt zudrehen! Wir werden unser Deutschland Stück für Stück zurückholen!« (Diesem Verfasser schrieb eine Beamtin des Qawwali-Wesirats handschriftlich dazu: »Das Einzige, was hier im Auflösen begriffen scheint, ist dein Hirn!«)

»Nehmen Sie die linksextreme Bedrohung ernst und beteiligen Sie sich an allen möglichen Maßnahmen, um diese Wucherung am deutschen Volkskörper endgültig loszuwerden!«

»Wenn die Franzosen zu Recht stolz auf ihren Kaiser sind und die Briten auf Nelson und Churchill, haben wir das Recht, stolz zu sein auf die Leistungen deutscher Soldaten in zwei Weltkriegen.« (Hier konnte der Sachbearbeiter, der den Haftbefehl schrieb, sich nicht verkneifen, dazuzuschreiben: »Der Einzige, auf den du stolz zu sein hast, ist dein Kalif, Alter! Denk mal drüber nach! Hast jetzt im Kerker ja genug Zeit!«)

»Diese Kümmelhändler, diese Kameltreiber sollen sich dorthin scheren, wo sie hingehören. Weit, weit, weit hinter den Bosporus, zu ihren Lehmhütten und Vielweibern!«

»Das sagt eine Deutschtürkin. Ladet sie mal ins Eichsfeld ein, und sagt ihr dann, was spezifisch deutsche Kultur ist. Danach kommt sie hier nie wieder her, und wir werden sie dann auch, Gott sei Dank, in Anatolien entsorgen können.«

»Bescheidenheit bei der Entsorgung von Personen ist unangebracht.«

»Das große Problem ist, dass Hitler als absolut böse darge-stellt wird. Aber wir alle wissen natürlich, dass es in der Ge-schichte kein Schwarz und kein Weiß gibt.«

»Unsere deutsche Volksgemeinschaft ist krank. Sie leidet an Altparteien, Diarrhö, Gutmenscheritis, links-grün versiff-ten 68ern und durch Merkel versiffte, aufgelöste Außenhaut. Unser Deutschland leidet unter einem Befall von Schmarot-zern und Parasiten, welche dem deutschen Volk das Fleisch von den Knochen fressen wollen.« (Die Beamtin, die in die-sem Fall den Haftbefehl verfasste, schrieb dazu: »Nicht dass es für deine Strafe von Relevanz wäre, aber nicht Merkel, sondern der Kalif ist dein Oberhaupt in jeder Hinsicht, ihn sollst du ehren und preisen, Untertan!«)

»Die Merkelnutte lässt jeden rein, sie schafft das. Dumm nur, dass es UNSER Volkskörper ist, der hier gewaltsam penetriert wird. Es handelt sich um einen Genozid, der in weniger als zehn Jahren erfolgreich beendet sein wird, wenn wir die Kriminelle nicht stoppen.« (Dieselbe Beamtin schrieb in ihren Kalender: »Notiz: Allen, die künftig von Merkel schreiben, die offizielle Biografie des Kalifen zuschicken und auswendig lernen lassen!«)

»Es ist eben gut, wenn man einen Schrank voller Gewehre und 'ne Munitionskiste in der Garage hat.«

»Diese Schweine sind nichts anderes als Marionetten der Siegermächte des 2. WK und haben die Aufgabe, das dt Volk klein zu halten, indem molekulare Bürgerkriege in den Bal-lungszentren durch Überfremdung induziert werden sol-len.« (Diese Aussage entdeckte eine Beamtin im Internet und schrieb an die Verfasserin: »Du glaubst wohl, du klingst besonders intellektuell, was? Gut, zur Strafe lernst du im Kerker das Buch ›Mein Kalifat‹ mit den weisen Worten unseres Kalifen auswendig! Mögen sie molekular in deine verbliebenen Hirnzellen diffundieren und dort fortan oszillieren!«)

»Der Tag wird kommen, an dem wir alle Ignoranten, Unterstützer, Beschwichtiger, Befürworter und Aktivisten der Willkommenskultur im Namen der unschuldigen Opfer zur Rechenschaft ziehen werden! Dafür lebe und arbeite ich. So wahr mir Gott helfe!« (Der Beamte, der diesen Fall bearbeitete, googelte den Verfasser und entdeckte sein Foto: Er trug so einen Pseudo-Kaiser-Wilhelm-Schnurrbart. Er schrieb in den Haftbefehl: »Bananenbärtchen, der Einzige, der dir helfen kann, ist dein Kalif! Und der hilft dir nur, wenn du deinen Verstand benutzt, solltest du einen haben.«)

»Hitler und die Nazis sind nur ein Vogelschiss in über tausend Jahren erfolgreicher deutscher Geschichte.«

»Bei uns bekannten Revolutionen wurden irgendwann die Funkhäuser sowie die Pressehäuser gestürmt und die Mitarbeiter auf die Straße gezerrt. Darüber sollten Medienvertreter hierzulande einmal nachdenken.«

»Ganz Afrika ist nicht die gesunden Knochen eines einzigen deutschen Grenadiers wert.«

»Homosexuelle ins Gefängnis? Das sollten wir in Deutschland auch machen.«

»Ich würde niemanden verurteilen, der ein bewohntes Asylantenheim anzündet!«

Die Qawwali-Wesirin legte dem Kalifen diese Zitate zur Begutachtung vor, und der las sich alles aufmerksam durch. Eine halbe Stunde lang war er in die Papiere versunken, die ihm die Wesirin gereicht hatte, denn über mehrere Zitate grübelte er längere Zeit nach. Was dachten sich die Leute dabei, sich so menschenverachtend und gewaltverherrlichend zu äußern? Hatten sie nicht im Kindergarten oder im Elternhaus gelernt, wie man sich in einer zivilisierten Gesellschaft ausdrückt, wie man Kritik äußert? Was ritt diese Leute?

Die Wesirin war in Gedanken schon woanders, weil sie nicht mit einer baldigen Antwort rechnete, da sagte der Kalif: »Hervorragend, Wesirin! In den Kerker mit diesen Leuten! Steckt sie in dasselbe Verlies, in dem auch diese Typen hocken, die geschrieben haben: ›Demokratie ist das Gegenteil von Islam. Allah sagt, was erlaubt und was verboten ist. Ein demokratischer Muslim ist so absurd, wie anzunehmen, es gäbe christliche Juden.‹ Und: ›Mein Gesetz heißt Scharia, nicht Grundgesetz!‹ Diese Typen und die, die wir jetzt dank deiner vorzüglichen Arbeit festnehmen lassen, werden sich prächtig verstehen! Denn du weißt ja, das sind...« Und die Wesirin, die wusste, was jetzt kam, vervollständigte den Satz: »...Geschwister im Geiste.«

»Richtig, richtig«, sagte der Kalif. »Ach, und noch etwas. Mir ist da gerade eine Idee gekommen. Der Typ, der geschrieben hat: ›Wir müssen ganz friedlich und überlegt vorgehen, uns gegebenenfalls anpassen und dem Gegner Honig ums Maul schmieren, aber wenn wir endlich so weit sind, dann stellen wir sie alle an die Wand. Grube ausheben, alle rein und Löschkalk oben rauf‹, den stecken wir in einen kleinen Raum mit dem Typen, den ich gestern habe festnehmen lassen, weil der im Internet verbreitet hat: ›Wir müssen unsere wahren Überzeugungen verbergen, Allah wird uns vergeben, denn im Herzen sind wir seine Soldaten! Und eines Tages, wenn wir, Inschallah, in der Mehrheit sind, werden wir die Kuffar mit unseren Schwertern erledigen! Allahu Akbar!‹ Auch diese beiden werden sich prächtig verstehen! Und kein Fernseher, kein Radio, keine Handys, keine Medien in der Zelle! Die sollen sich miteinander unterhalten!«

»Hasst Ihr diese Leute, Kalif?«, fragte die Wesirin.

»Nein. Keineswegs. Es ist nur so... Diese Leute... Diese Wutbünzlis*... Jede Regung von Noblesse, Anstand, Respekt, Bildung, Vernunft wird von dieser Rotte verkommener Hausknechte auf die gehässigste und ordinärste Weise verfolgt. Und deshalb verfolge ich sie. Ich schiebe ihnen und ihrem Treiben einen Riegel vor.«

»Wie lange sollen sie im Kerker bleiben?«

»So lange, dass nicht unbemerkt bleibt, dass sie eine Strafe absitzen müssen. So lange, dass sie das nicht mit ihrem Jahresurlaub erklären können. Mit anderen Worten: Lassen wir sie...« Er kratzte sich am Kopf. »...insgesamt zehn Wochen im Kerker verbringen!«

---

* »Wutbünzli« ist eine in der Schweiz geläufige Bezeichnung für Menschen, die oft und gerne hart austeilen, aber sofort zu heulen beginnen, wenn sie auch nur sanft kritisiert werden. Bei der Gründung des Kalifats entschied sich die Schweiz, wie so oft, neutral zu bleiben und sich einem Anschluss an das Kalifat zu verweigern. Aber »Wutbünzli« gefällt dem Kalifen so gut, dass der Begriff Eingang gefunden hat in das amtliche kalifatische Wörterbuch.

# Tagebucheintrag des Kalifen

Verfasst im ersten Monat nach
der Kalifatsgründung (n. d. K.)

Weil ich Dutzende Leute in den Kerker habe werfen lassen, weil sie Hass und Hetze, Rassistisches und Menschenverachtendes im Netz geäußert haben, stand jetzt eine Delegation von wütenden Untertanen vor dem Palast. Ich ließ sie vor zur Bürgersprechstunde. »Darf man im Kalifat etwa nicht mehr seine Meinung sagen?«, brüllte mich ein Typ mit Halbglatze an. »Ich lasse mir von niemandem den Mund verbieten!«, sagte ein anderer mit weißen Haaren. Und eine Frau kam mir ganz nahe und schrie die ganze Zeit »Kacka Kalif! Kacka Kalif! Kacka Kalif!«, es war dieselbe Frau, die ich mal im Fernsehen gesehen habe, als sie auf einer Demo »Höcke! Höcke! Höcke!« schrie. Die Alte hat echt einen Sprung in der Platte.

Die erbosten Kalifatlinge warfen mir dann vor, eine »Sprachpolizei« einzuführen. Ich erklärte ihnen, dass die Schariapolizei doch keine Sprachpolizei sei! Sie sagten, es wäre doch »bescheuert«, wenn sie jetzt das N-Wort nicht mehr sagen dürften – sie sprachen das Wort aus – und wenn sie nicht mehr das Z-Wort sagen dürften zu ihrem Paprikaschnitzel.

Ich erklärte ihnen, dass wir wahrlich keine Sprachpolizei haben und dass sie sagen dürfen, was sie wollen, dass sie aber Verantwortung tragen für ihre Worte. Ich versicherte ihnen, dass ich ihnen glaube, dass sie weder das N- noch das Z-Wort mit böser Absicht sagten und es »früher immer schon gesagt« hätten. Aber ich erzählte ihnen auch, dass Schwarze, die von Weißen entführt, misshandelt und als Sklaven missbraucht wurden, ebenfalls früher immer schon mit dem N-Wort bezeichnet worden waren und dass sich damals nur niemand getraut hätte, etwas dagegen zu sagen. Dass es also immer schon dazu diente, schwarze Menschen zu erniedrigen, dass das Wort schon immer Verachtung in sich trug. Ich erzählte ihnen weiter, dass Nazis Menschen das Z-Wort in die Haut ritzten, bevor sie sie in die Gaskammer schickten. Und dass jeder anständige Mensch, der also um diese Hintergründe dieser Begriffe wisse, keine Lust mehr habe, sie zu verwenden. Dazu bedürfe es keiner Sprachpolizei. Jetzt wüssten sie also um die Hintergründe dieser Wörter. Und sie seien doch gewiss anständige Menschen, oder?

Grummelnd verließen meine Untertanen daraufhin die Ewigkeitssynaschee. Ob da im Oberstübchen etwas angekommen ist? Ich weiß es nicht.

# Tagebucheintrag des Kalifen

Verfasst im zweiten Monat
nach der Kalifatsgründung (n. d. K.)

Gestern hat jemand einen Schweinekopf vor den Haupteingang der Ewigkeitssynaschee gelegt. Mit einem Nagel war daran ein Zettel befestigt. »Schlemm!!!!!!! Schlemm!!!!!!! Schlemm!!!!!!!« stand darauf. Offensichtlich sollte das Kritik daran sein, dass Muslime kein Schweinefleisch essen. Dabei ist Schweinefleisch in meinem Kalifat erlaubt! Egal, das sind ja nicht die hellsten Leuchten, die auf diese Weise Kritik üben. Jedenfalls wurde der Typ von der Schariapolizei identifiziert, festgenommen und mir heute Morgen vorgeführt. Ich habe ihn gefragt, warum er das getan hat. Er murmelte was von »Gefahr durch Islamisierung!« und »Ich erkenne mein Deutschland nicht wieder!«, wollte sich dann aber nicht weiter äußern. Ich habe angeordnet, dass seine sämtlichen Dokumente konfisziert werden – Personalausweis, Reisepass, Führerschein, alle Zeugnisse, Kreditkarten et cetera – und neu ausgestellt werden, und zwar auf den Namen Schlemmi Schlemmschwein.

Das soll seine Strafe sein: Ab jetzt heißt Ronny Meyer offiziell Schlemmi Schlemmschwein. Für die nächsten dreizehn Jahre.

# Liste der unsagbaren Wörter

Unermüdlich treibt der Kalif die Islamisierung Deutschlands voran, er islamiert den Lebensalltag der Menschen, die Arbeit, das Private, die Politik, die Wirtschaft, die Kultur, sogar den Sport, und ja, er islamiert die Sprache. Vor allem die Sprache: Auf Anordnung des Kalifen veröffentlicht das Qawwali-Wesirat eine »Amtliche Liste der unsagbaren Wörter«, die in den Zeitungen und Internetseiten und Nachrichtensendern im Fernsehen und Radio im gesamten Kalifat verbreitet wird. Auf dieser steht folgender Satz:

»Diese Liste enthält keine Wörter. Disse List hett keen Wöör. Er staan geen woorden in deze lijst.«

Die Menschen staunen, als sie die Liste zur Kenntnis nehmen. Sie enthält tatsächlich kein einziges Wort! Alles ist grundsätzlich sagbar! Es gibt keinen einzigen Begriff, kein Wort, keine Bezeichnung, die qua Fatwa verboten ist! »Das gibt's doch gar nicht!«, rufen die Leute. »Ja, aber wir leben doch in einer Diktatur!«, schreien andere. »Was soll das für eine Diktatur sein, die nicht mal Wörter verbietet?!« Und dieselben Leute, die kürzlich noch durch Drestan marschierten und »Diktatur, Diktatur!« schrien, um gegen die vermeintli-

97

che Diktatur des Kalifen zu protestieren, marschieren wieder durch Drestan und schreien erneut »Diktatur, Diktatur!«, nun um dem Kalifen vorzuhalten, dass er ja, wie sie es formulieren, »gar kein starker Führer« sei, sondern ein »linksliberales Weichei«, ein »links-grün versifftes Waschweib«, eine »linke Zecke«, ein »langhaariger Bombenleger«.

Und die politisch Linken schließen sich den Protesten gegen den Kalifen seltsamerweise an – sie werfen ihm vor, »keine klare Haltung gegen Rechts« zu haben.

Die meisten Kalifatlinge aber finden gut, was der Kalif macht, denn sie haben auch den Anhang zur Liste der unsagbaren Wörter gelesen. Dort steht nämlich:

»1. Es gibt keine generell unsagbaren Wörter oder Begriffe oder Bezeichnungen. Alles hängt vom Kontext, von der Intention, von der Zeit, von der sprechenden Person, von den Adressaten, von der Art und Weise der Äußerung, ja von allen möglichen Umständen ab. Klar ist: Sprache verändert sich. Immer. Alte Wörter verschwinden aus dem Sprachgebrauch, bei manchen ist es schade, bei anderen gut so. Veränderung ist Leben. Das Kalifat fördert dennoch die Nutzung schöner, allmählich in Vergessenheit geratender Worte wie beispielsweise »liebäugeln«, »blümerant« und »Fisimatenten«.* Ausdrücklich lobt es zudem die Nichtnutzung von diskriminierenden, rassistischen Begriffen. Grundsätzlich hat in einem Streitfall ein Schariagericht zu entscheiden.

---

* Diese Wörter stehen im amtlichen kalifatischen Wörterbuch auf der Liste der schützenswerten Wörter.

2. Dass es keine unsagbaren Wörter gibt, heißt nicht, dass alles folgenlos sagbar ist. Gedachte Wörter sind generell straffrei, für geäußerte Wörter, ob gesprochen oder geschrieben, können Menschen im Rechtsgebiet des Kalifats selbstverständlich auch juristisch belangt werden. Näheres regeln nachfolgende Punkte sowie Fatwas des Kalifen. Ungeachtet dessen tragen Menschen für ihre Worte jenseits des Juristischen die Folgen; diese können sein, dass sie sozial geächtet, gesellschaftlich ausgegrenzt, machtlos gehalten, politisch, wirtschaftlich, kulturell bekämpft werden.

3. Wer in einer Weise, die geeignet ist, den öffentlichen Frieden zu stören, zum Hass gegen Teile der Bevölkerung aufstachelt oder zu Gewalt- oder Willkürmaßnahmen gegen sie auffordert oder die Menschenwürde anderer dadurch angreift, dass er Teile der Bevölkerung beschimpft, böswillig verächtlich macht oder verleumdet, wird mit Kerker von drei Monaten bis zu fünf Jahren bestraft.

4. Mit Kerker bis zu fünf Jahren oder mit Geldstrafe wird bestraft, wer eine unter der Herrschaft des Nationalsozialismus begangene Handlung in einer Weise, die geeignet ist, den öffentlichen Frieden zu stören, öffentlich oder in einer Versammlung billigt, leugnet oder verharmlost. Ebenso wird bestraft, wer öffentlich oder in einer Versammlung den öffentlichen Frieden in einer die Würde der Opfer verletzenden Weise dadurch stört, dass er die nationalsozialistische Gewalt- und Willkürherrschaft billigt, verherrlicht oder rechtfertigt.

5. Wer öffentlich oder vor mehreren Leuten einen anderen beschimpft, verspottet, am Körper misshandelt oder mit einer

körperlichen Misshandlung bedroht, ist, wenn er deswegen nicht durch eine andere Fatwa mit strengerer Strafe bedroht ist, mit Kerker bis zu drei Monaten oder mit Geldstrafe zu bestrafen. »Mehrere Leute« heißt: Wenn sie in Gegenwart von mehr als einer vom Täter und vom Angegriffenen verschiedenen Person begangen wird und diese sie wahrnehmen kann. Wer sich nur durch Entrüstung über das Verhalten eines anderen dazu hinreißen lässt, ihn in einer den Umständen nach entschuldbaren Weise zu beschimpfen, zu verspotten, zu misshandeln oder mit Misshandlung zu bedrohen, ist entschuldigt, wenn seine Entrüstung, insbesondere auch im Hinblick auf die seit ihrem Anlass verstrichene Zeit, allgemein begreiflich ist.

6. Für das Internet gelten, da Äußerungen hier ausgeufert sind, Meinungsfreiheit pervertiert wurde und in den Vorgängerstaaten des Kalifats Straftaten jahrelang nur nachlässig geahndet wurden, wodurch sich bei manchen die falsche Überzeugung durchsetzte, das Internet wäre ein rechtsfreier Raum, härtere Regeln. Für Beleidigungen im Internet gilt eine Freiheitsstrafe von bis zu zwei Jahren Kerker. Wer im Internet mit Mord, Vergewaltigung oder sonstiger Gewalt droht, muss sogar mit drei Jahren Kerker rechnen. Sogenannte soziale Netzwerke müssen Mord- und Vergewaltigungsdrohungen und sonstige schwere Hassdelikte nicht mehr nur löschen, sondern auch der Schariapolizei melden.

7. Beleidigung wird nur auf Antrag verfolgt. Ist die Tat durch Verbreiten oder öffentliches Zugänglichmachen einer Schrift, in einer Versammlung oder durch eine Darbietung im Internet oder im Rundfunk begangen, so ist ein Antrag

nicht erforderlich, wenn der Verletzte als Angehöriger einer Gruppe unter der nationalsozialistischen oder einer anderen Gewalt- und Willkürherrschaft verfolgt wurde, diese Gruppe Teil der Bevölkerung ist und die Beleidigung mit dieser Verfolgung zusammenhängt. Die Tat kann jedoch nicht von Amts wegen verfolgt werden, wenn der Verletzte widerspricht. Der Widerspruch kann nicht zurückgenommen werden.

8. Falls jetzt immer noch jemand rumjammert und fragt: »Und was genau soll jetzt eine Beleidigung sein?«, dem sei hiermit hinter die Ohren geschrieben: Es ist leider eine sehr weitverbreitete Meinung in der Kalifatsbevölkerung, dass alles genauestens und bis ins Detail gesetzlich geregelt sein muss. In einer zivilisierten Gesellschaft, wie sie das Ziel des Kalifats ist, ist das aber nicht nur nicht möglich, sondern auch nicht wünschenswert. Aus der merkwürdigen Haltung, alles müsse in Gesetzestexte gegossen sein, für alles müssten Regeln festgeschrieben werden und für alles müsse es eine Fatwa geben, resultiert auch die irrige Annahme, alles, was rechtlich nicht verboten sei, sei erlaubt. Nun ja, im juristischen Sinne schon. Es ist zum Beispiel nach den Gesetzen des Kalifats erlaubt, einer fremden Person auf dem Basar ins Gesicht zu sagen: »Bei Allah, ich bin richtig erschrocken, so hässlich finde ich Sie!« Und doch ist es in einer zivilisierten Gesellschaft nicht wünschenswert, dass Menschen sich so äußern. Es ist das eine, wenn sie so etwas denken – es ist etwas anderes, wenn sie es artikulieren. Selbstverständlich muss ein solches Fehlverhalten sanktioniert werden, nur eben nicht zwangsläufig juristisch, sondern möglicherweise gesell-

schaftlich, wirtschaftlich, politisch, kulturell. So steht es etwa jedem Gastronomen oder Ladenbesitzer frei, jemanden, der sich auf diese Weise herablassend äußert, aus seinem Geschäft zu werfen. Aus der merkwürdigen Haltung, für alles müsse es genaue Regeln geben, resultiert der Glaube, Gesetze seien unbedingt und ausnahmslos und buchstabengetreu zu befolgen. Nur so ist erklärlich, dass Leute sich schon einmal an ein Regelwerk hielten, das vorsah, Menschen einer bestimmten religiösen Gruppe zu vernichten. Solch ein Gesetz wäre nicht nur deshalb rechtswidrig, weil es den Rechtsgrundlagen des Kalifats, die in diesem Werk ihre Basis haben, widerspricht, sondern es wäre aus sich heraus und schon immer ein Haufen Exkremente! Zurück zum Thema: Man wird nie bis ins letzte Detail festlegen können, was sagbar ist und was nicht. Man wird es nie so klar eingrenzen können, dass Hein Blöd und Ali Ahnungslos nachlesen können, was sie sagen dürfen und was nicht. Sondern sie sollen – und daran hapert es leider oft – ihren Verstand benutzen und anschließend für ihre Worte geradestehen. Im Zweifelsfall auch juristisch vor einem kalifatischen Schariagericht.

9. Ois ned so wüd. Dat löppt sich allens torecht.

## Lob des Lobes

»Wesir, ich habe eine wunderbare Idee!«, ruft der Kalif ein paar Tage später, als er Kaluppke im Hauptsaal der Synaschee in Drestan begrüßt. Er hat ein paar Tage in seiner Wiener Residenz verbracht, lesend, nachdenkend, durch die zur Moscheestadt und zum Großbasar umgebaute Hofburg spazierend, bisweilen inkognito, um die Kalifatlinge zu beobachten. »Mir ist aufgefallen, dass die Menschen im Wiener Kalifat deutlich entspannter sind als jene in unserem Drestani Landesteil, Wesir. Lockerer. Weniger verkrampft. Geschmeidiger. Höflicher. Vor allem ist dort die Dichte der Wutbünzlis spürbar geringer als hier. Und ich weiß jetzt, warum!«

»Ach, tatsächlich?«

»Ja! Hast du schon mal die Leute im Wiener Kalifat reden hören?«

»Selbstverständlich! Habe die Ehre und küss die Hand, gnä' Frau und so, urschön, urgut, urleiwand!«

»Ja eh. Aber dann vor allem die vielen Titel! Obwohl – oder gerade weil – Adelstitel dort ja abgeschafft sind. Jeder ist Herr Magister oder Frau Doktor. Die sagen das zu nahezu

103

jedem! Man muss nur den Dreisatz halbwegs beherrschen, zack, zack, zack, ist man Frau Ingenieurin.«

»Wirklich?«

»Ja! Ein Gymnasiallehrer ist dort Herr Professor.«

»Ah, das ist doch albern!«

»Das dachte ich auch erst, aber jetzt denke ich: Nein! Die Leute fühlen sich durch diese Titel gebauchpinselt* und gleich drei Zentimeter größer.« Und mit gekünstelter hoher Stimme sagt er: »Sehr wohl, Herr Hofrat! Aber freilich, Frau Generalprokuratorin! Gerne doch, Herr Postoberadjunkte! Vorzüglich, Frau Kammerschauspielerin!«

»Ich sag ja: albern.«

»Mitnichten, Wesir, mitnichten! Das ist geradezu genial: Es kostet nichts, tut niemandem weh, aber es hebt die Stimmung und das Wohlbefinden! Den dortigen Kalifatlingen gefällt's! Weißt du, in Wien kann sogar ein Eisverkäufer zum Kommerzialrat ernannt werden! Was meinst du, wie die Leute sich darüber freuen? Der Herr Kommerzialrat ist glücklich, weil er sich so nennen darf, und die Leute frohlocken†, weil sie ihr Eis beim Herrn Kommerzialrat kaufen können.«

Der Wesir wirft dem Kalifen einen skeptischen Blick zu.

»Ja, klar ist das albern!«, räumt der jetzt selbst ein. »Aber unterm Strich freuen sich alle. Das ist doch genial!«

»Und was ist nun Eure Idee, Herr... Religionsrat Doktor Kalif?«

---

\* Auch das Verb »bauchpinseln« steht im amtlichen kalifatischen Wörterbuch auf der Liste der schützenswerten Wörter.

† Für »frohlocken« gilt dasselbe wie für »bauchpinseln«.

104

»Höre ich da Spott, Wesir? Wohlan, unterlass das, das ist unangebracht! Ein Titel ist ja eine Form von Anerkennung, von ... Lob! Ja, genau, von Lob! Der Mensch will gelobt werden, dann ist er glücklich.«

»Eure Idee, Exzellenz!«

»Ja doch, gemach, gemach! Also, ich möchte, dass wir viel mehr Titel verleihen! Ehrenbezeichnungen! Grade! Und Orden, ja, Orden und Plaketten und Urkunden und Schärpen und Pokale! Das kostet alles wenig bis nix, bis auf das bisschen Blech, Stoff und Papier, aber es bringt so unfassbar viel. Die Leute hängen sich das im Wohnzimmer auf, dick eingerahmt: eine Urkunde, vom Kalifen persönlich unterschrieben! Und überhaupt: Wir müssen viel mehr loben! Ein Lob auf das Lob! Das motiviert, begeistert, treibt an, macht fröhlich und glücklich.«

Der Wesir reibt sich die Schläfe, er wirkt angestrengt. »Kalif, habt Ihr etwa wieder irgendwelche esoterische Literatur gelesen? Ratgeber zum Glücklichsein oder zu mehr Achtsamkeit oder so was?«

»Aber Wesir, ich bitte dich! Glaubst du etwa, ich käme nicht von selbst auf solch ...«, er sucht nach den richtigen Worten, »... grandiose, beeindruckende, bestechende, fulminante, weise, kluge, vorzügliche, intelligente, formidable, imposante, famose, fantastische, pfundige ...«

»Pfundige?«

»... ja, pfundige, phänomenale, meisterhafte, brillante, prachtvolle, fabelhafte, überwältigende, erstklassige, eindrucksvolle, hervorragende, großartige, blendende, fantastische, unfassbare, sagenhafte, gute, hinreißende, ausgezeichnete ...«

105

»Kalif, ich finde, es reicht jetzt.«

»... Ideen? Was heißt hier, es reicht jetzt? Ich lobe mich selbst, du lobst mich ja nicht! Und siehe da, es geht mir schon viel besser.«

»Toll.«

»Ja, aber im Ernst: Es geht mir nicht um Eigenlob. Eigenlob stinkt. Es geht mir auch nicht um Lob für jeden, der halbwegs geradeaus in die Windel schei...«

»Kalif, Ihr solltet mitunter Eure Ausdrucksweise überdenken!«

»... also, der halbwegs einen vernünftigen Satz zustande bringt. Aber hin und wieder braucht jeder Mensch ein Lob, eine Anerkennung, ein Zeichen des Respekts. Von mir aus auch für etwas, das auf den ersten Blick eigentlich selbstverständlich erscheint. Die Leute meckern über jede Kleinigkeit, die ihnen nicht passt. Der Zug hat drei Minuten Verspätung? Gemecker! Für kurze Zeit unterbricht die Internetverbindung? Gemecker! Irgendetwas, das nicht klappt, irgendetwas geht sich nicht aus?* Gemecker! Aber wenn der Zug pünktlich ist, das Internet monatelang problemlos läuft, alles reibungslos funktioniert, gibt's dann ein Lob, wenigstens ein paar freundliche Worte? Nö!«

Der Wesir sagt nichts.

 Also fährt der Kalif fort: »Und das muss sich än-

---

\* »Etwas geht sich nicht aus« ist im Wiener Kalifat ein geläufiger, sehr schöner und treffender Ausdruck dafür, wenn etwas nicht passt, nicht klappt, nicht funktioniert, nicht reicht. Er kann auch bedeuten: »Das schaffen wir nicht.« Er sollte im gesamten Kalifat genutzt werden. Der Kalif liebt diesen Ausdruck, ebenso natürlich auch das Gegenteil: Etwas geht sich aus, klappt, funktioniert, passt, reicht also.

dern! Lasst uns alle mehr loben! Lasst uns öfter mal ein paar freundliche Worte verlieren! Nett sein! Jemandem sagen, wie toll wir finden, was er macht und wie er es macht! Lasst uns regelmäßig diejenigen loben, deren Arbeit wir kaum wahrnehmen, ohne deren Arbeit aber das Leben im Kalifat zusammenbrechen würde! Und Lob heißt auch: gerecht bezahlen, spendabler sein, mal ein großzügiges Trinkgeld geben, ein Geschenk machen, aufmerksam sein. Vor allem aber: freundliche Worte verlieren. Und ja, lasst uns Urkunden drucken, dass die Druckerpressen glühen, lasst uns Orden drucken, prägen, stanzen, gießen! Und lasst uns, vor allem, schöne neue Titel einfallen für unsere Kalifatlinge! Lasst uns das Bauchpinseln zum Regierungsinstrument machen!«

»Ihr klingt wie ein Pfarrer bei der Sonntagspredigt, wenn ich das mal anmerken darf.«

»Na und? Auch ein Pastor sagt richtige Dinge. Und so sehr unterscheidet sich ein Kalif ja nicht von anderen Geistlichen. Prediger bleibt Prediger.«

»Lasst mich raten: Ihr wollt eine Fatwa erlassen, dass die Leute mehr loben sollen.«

Der Kalif schüttelt den Kopf. »Nein. Echtes Lob gibt es nur ohne Zwang. Da kann ich nichts vorschreiben. Aber wir an der Regierung wollen Vorbild sein. Wir wollen eine Kampagne starten und die Leute dazu animieren, öfter zu loben. Nicht nur die eigenen Kinder und die eigenen Eltern, sondern eben auch Fremde! Aufmerksamer zu sein! Wer kennt zum Beispiel schon den Namen seiner Postbotin oder seines Postboten, obwohl die oder der ihm möglicherweise schon seit vielen Jahren zuverlässig die Post bringt? Wenigstens den Namen sollte man da doch kennen. Oder dass man sich hin und wieder mal nach dem Wohlbefinden der Familie erkundigt? Man merkt doch schnell, ob sie oder er reden will oder nicht, aber ein wenig mitmenschliche Zuwendung lehnen die wenigsten ab. Nur gibt es sie so wenig! Ich glaube, der freundlichere Umgang miteinander ist ein wesentlicher Grund, weshalb die Kalifatlinge in unserem Wiener Landesteil besser drauf sind als im Rest des Landes.«

»Das war schon Eure Idee?«

Der Kalif wirkt nun etwas gekränkt. Er überlegt einen Moment und sagt: »Nein. Wie ich schon sagte: Wir geben Orden, Urkunden, Schärpen und Pokale aus! Jeder Kalifatling soll alle drei Jahre wenigstens einmal in irgendeiner Form offiziell geehrt werden. Und wir erfinden viele neue Titel und reden die Leute auch damit an! Oberkalifatling! Oberstkalifatling! Und für besonders verdiente Mitbürgerinnen und Mitbürger: Generaloberstkalifatling! Und der edelste, glänzendste, am meisten Aufsehen erregende Titel: Hafiz, für diejenigen, die die heilige Schrift des Kalifats auswendig rezitieren können! Und wir formulieren es wie die Vorgängerregierung in unserem Wiener Landesteil: ›Wenn Ihnen ein Titel verliehen wird, sind Sie berechtigt, aber nicht verpflichtet, diesen zu führen.‹ Kann also jeder selbst entscheiden.«

»Das war's?«

»Na ja, und dann dachte ich mir: Lobet, wer des Lobes – aber tadelt, wer des Tadels! Also wird es auch negatives Lob geben, das allerdings nur dann, wenn es wirklich nötig ist. Wir werden zum Beispiel künftig ein paar Leuten den Titel ›Wutbünzli des Jahres‹ verleihen.«

Der Wesir nickt und will den Saal verlassen, um die Pläne des Kalifen zu protokollieren, wie es seine Aufgabe ist. »Ach, noch was, Wesir! Komm mal her!«

Der Wesir kehrt um und stellt sich vor den auf dem Thron sitzenden Kalifen. Der erhebt sich nun, räuspert sich und sagt mit lauter Stimme: »Wesir, stillgestanden!«

Der Wesir nimmt eine Habachthaltung ein, wie er es in der Bundeswehr genannten Armee des kalifatischen Vorgängerstaates Bundesrepublik Deutschland gelernt hat.

»Hiermit ernenne ich dich, Wesir Udo Kaluppke, mit sofortiger Wirkung zum Großwesir!«

Der Kalif grinst. Und auch der Wesir, jetzt Großwesir, muss lächeln.

»Wegtreten, Großwesir! Dienstgradabzeichen und Urkunde folgen.«

# Fatwa

## Abschaffung der sogenannten Bundesjugendspiele

Politik, ja jedes menschliche Handeln muss sich nicht allein an der Absicht messen lassen, sondern auch an der tatsächlichen Wirkung. Wenn Absicht und Wirkung auseinanderklaffen, ist die Politik, ist das menschliche Handeln schlecht.

Daher gilt: Die jährlich an deutschen Schulen stattfindenden, »Bundesjugendspiele« genannten Sportveranstaltungen, die für alle Schülerinnen und Schüler verpflichtend waren, sind mit sofortiger Wirkung auf alle Ewigkeit abgeschafft! Nie wieder sollen Kinder mit solchen Veranstaltungen malträtiert und traumatisiert werden. Urkunden und andere Belobigungen sind nicht dazu da, Menschen zu schmähen. Spaß an Sport, an Bewegung soll gefördert werden. Dieses Ziel haben die Bundesjugendspiele nicht nur nicht erreicht, sondern sogar für Generationen von Kindern in das Gegenteil verkehrt.

# Tagebucheintrag des Kalifen

**Verfasst im sechsten Monat nach der Kalifatsgründung (n. d. K.)**

Die Kampagne »Lob des Lobes« läuft super, ich freue mich sehr darüber! Habe den Eindruck, die Leute geben sich mehr Mühe, freundlich zueinander zu sein. Sie achten wieder mehr auf ein respektvolles Miteinander. In der Poststelle gehen plötzlich freundliche Briefe ein, wie mir eine Mitarbeiterin erzählte, vor allem handgeschriebene, die ich so schätze, vorausgesetzt die Schrift ist leserlich. Die Haremschefin berichtete, auch im Harem, der eigentlich nach meinem Eindruck meist gut drauf ist, habe sich die Stimmung noch einmal verbessert. Sie selbst lobe die Haremsmitglieder jetzt auch häufiger und habe Vasen gekauft, weil insgesamt mehr Blumen verschenkt würden als Zeichen des Lobes und der Anerkennung. Blumen!

Aber es schrieben mir auch ein paar Wutbünzlis, und einige kamen sogar gleich zu einer Audienz und sagten, sie seien »erwachsene Menschen«. »Wir lassen uns nicht erziehen!«, sagten sie. »Wir wollen nicht belehrt werden!«, schrieben sie. »Du kannst uns nicht zwingen zu loben!« Manche regten sich auch über das Qawwali-Wesirat auf und über dessen Abteilung für schwer erziehbare Erwachsene. Andere brachte bereits auf die Palme, dass meine Regierung und ich versuchten, ihnen unsere Überzeugungen zu vermitteln. Unsere Lobkampagne beinhalte eine »besserwisserische Botschaft«, überhaupt sei alles, was ich machte, ein »Inbegriff der guten Absicht«. »Dass jemand wie Sie an der Macht ist, sagt eine Menge darüber aus, wie hoch im Kurs alles eindeutig Korrekte derzeit steht!!!«, schrieb mir einer. Wutbünzli eben.

Ein anderer Kalifatling regte sich darüber auf, dass ihn ein Schariagericht für zehn Tage in den Kerker geschickt hatte, weil er chinesische Touristen, die in einem Werbespot unserer Lobkampagne vorkommen, als »Schlitzaugen« beschimpft hatte. »Das wird man ja wohl noch sagen dürfen! Was ist denn daran beleidigend? Das ist doch ein Fakt, dass denen ihre Augen eine andere Form haben als unsere!«, sagte er ganz aufgebracht.

Uff, der hatte seine Lektion in den zehn Tagen Kerker noch nicht gelernt, dachte ich in dem Moment. Ich sagte ihm: »Du hast Recht, die Augenform jener Menschen, die du beleidigt hast, ist anders als deine. Aber kapierst du immer noch nicht, dass, abgesehen davon, dass völlig irrelevant ist, welche Augenform diese Menschen haben, der Begriff, den du gewählt hast, allgemeinhin als Beleidigung aufgefasst wird? Ich rede nicht von irgendeinem Begriff, den irgendjemand individuell als beleidigend empfindet und bei dem du es gar nicht wissen kannst, sondern von einem Wort, von dem dir jeder halbwegs gebildete und erzogene Mensch sagen wird, dass es beleidigend ist. Und du weißt selbst ganz genau, dass du diesen Begriff abwertend gemeint hast!«

Er antwortete, er sei immer noch der Meinung, dass er nur eine Tatsache benannt habe, und das könne ja wohl keine Beleidigung sein.

Ich sagte ihm: »Du bezeichnest dich selbst als Weißen, korrekt?«

»Klar bin ich weiß. Und ich bin auch stolz drauf!«, sagte er.

Ich setzte also zu einer Lektion an. »Bemerkenswert, dass du stolz auf etwas bist, für das du null kannst, zu dem du nichts, aber auch gar nichts beigetragen hast.« Ich fragte den Typen, ob er Arthur Schopenhauer kenne, aber das war eher eine rhetorische Frage, denn natürlich kannte er den nicht, hatte noch nie etwas von ihm gelesen, hatte überhaupt noch kein Buch gelesen, las auch keine Zeitungen außer irgendwelchen Boulevardschrott. »Schopenhauer war ein deutscher Philosoph im neunzehnten Jahrhundert«, erklärte ich ihm. »Er schrieb: ›Die wohlfeilste Art des Stolzes hingegen ist der Nationalstolz. Denn er verrät in dem damit Behafteten den Mangel an individuellen Eigenschaften, auf die er stolz sein könnte, indem er sonst nicht zu dem greifen würde, was er mit so vielen Millionen teilt. Wer bedeutende persönliche Vorzüge besitzt, wird vielmehr die Fehler seiner eigenen Nation, da er sie beständig vor Augen hat, am deutlichsten erkennen. Aber jeder erbärmliche Tropf, der nichts in der Welt hat, worauf er stolz sein könnte, ergreift das letzte Mittel, auf die Nation, der er gerade angehört, stolz zu sein. Hieran erholt er sich und ist nun dankbarlich bereit, alle Fehler und Torheiten, die ihr eigen sind, mit Händen und Füßen zu verteidigen.‹ Mit anderen Worten: Hast du kein Hirn und kein'

Verstand, sei einfach stolz aufs Vaterland. So ist das, mein Freund. Und mit dem Stolzsein auf die Hautfarbe verhält es sich ähnlich. Aber sei's drum, das ist deine Sache und sagt etwas über dich aus. Nämlich, dass du offensichtlich sonst wenig hast, auf das du stolz sein kannst. Ich kenne sehr, sehr viele Menschen, die man landläufig als Weiße bezeichnen würde. Aber weißt du, was sie tatsächlich sind? Manche sind käsegelb, andere schweinchenrosa, wieder andere irgendwie undefinierbar gräulich leichenblass. Aber weiß sind die wenigsten. Genau genommen: niemand. Das ist Fakt.«

Der Wutbünzli schwieg daraufhin, und ich fuhr fort: »Aber weißt du noch was? Es ist sehr unhöflich, unfreundlich, geradezu unverschämt, jemandem zu sagen, er sei käsegelb, schweinchenrosa oder leichenblass. Obwohl es Tatsachen sind! Kapierst du? Du fändest es auch nicht nett, wenn ich dir sagte, dass du ...« Ich betrachtete ihn eingehend. »... dass du in diesem Moment tomatenrot bist. Also kapier endlich, was es mit Tatsachenbehauptungen und Beleidigungen auf sich hat, wie Worte wirken und warum du über deine Worte besser nachdenken sollst, bevor du sie äußerst! Du kannst das zu Hause tun, aber wenn du willst, reserviere ich dir auch gerne ab sofort für weitere zehn Tage einen Platz im Kerker, wenn du da mehr Zeit und Muße zum Nachdenken findest! Möchtest du das?«

Der Typ schüttelte eifrig den Kopf und wollte verschwinden. »Halt, hiergeblieben!«, rief ich, und er erstarrte vor Schreck. »In vier Wochen meldest du dich wieder hier, und dann werde ich dich über Schopenhauer befragen. Lies seine Werke, befasse dich mit seiner Biografie. Den Test musst du bestehen, sonst lernst du im Kerker!« Er nickte und verschwand.

*Wir brauchen keine Erziehung, wir wollen nicht belehrt werden,* pah! Und ob meine Untertanen Erziehung und Belehrung brauchen! Natürlich nicht jeder, aber wer im Kindergarten, in der Schule und im Elternhaus keine Erziehung genossen hat oder irgendwo in seiner Kindheit oder Jugend falsch abgebogen ist, dem müssen wir jetzt schleunigst wieder beibringen, wie man sich seinen Mitmenschen gegenüber höflich und anständig verhält. Was denn sonst?

# Tagebucheintrag des Kalifen

Verfasst im achten Monat nach
der Kalifatsgründung (n. d. K.)

Nachdem unsere Lobkampagne so gut funktioniert, ist mir eine weitere Idee gekommen: Wir müssen den Menschen beibringen, in Gegenpositionen zu denken! Sich in andere hineinzuversetzen, andere Meinungen und Ansichten so zu durchdringen, dass sie die Menschen, die diese anderen Meinungen und Ansichten haben, nicht gleich als Feinde sehen. Irgendwie haben die Leute verlernt, dass man jemanden mögen, schätzen, sogar lieben kann, obwohl er oder sie in einigen Dingen anders denkt, eine gegensätzliche Meinung vertritt oder gar ein völlig anderes Welt- oder Menschenbild hat. Zumindest respektieren sollte man so jemanden fast immer können. Jedenfalls solange dieser Mensch nicht bestimmte Grenzen überschreitet, nicht extremistisch tickt, nicht das Existenzrecht von anderen in Frage oder sich selbst über andere stellt.

Denke wie ein Anwalt! Versetze dich in andere hinein, versuche, ihre Sache zu vertreten, auch wenn du persönlich ganz anderer Auffassung bist! Ein Anwalt muss schließlich auch einen Menschen vertreten, dessen Taten er möglicherweise verabscheut. Aber er muss versuchen, vor Gericht die Interessen dieses Menschen deutlich zu machen, für dessen Handeln für Verständnis, zumindest jedoch für Milde in der Bewertung zu werben. Du musst am Ende nicht deine eigenen Ansichten und Überzeugungen aufgeben. Aber wenigstens hast du dann einmal versucht, den anderen zu verstehen. Du rastest nicht gleich aus, weil jemand eine Gegenposition einnimmt. Du siehst es nicht gleich als Verrat, als Ungeheuerlichkeit, als Feindschaft, sondern als das, was es ist: eine Gegenposition.

Überhaupt: Hinterfrage immer deine Ansichten! Suche immer wieder von Neuem nach Argumenten, die gegen deine Meinungen sprechen könnten! Vielleicht haben die anderen ja doch Recht?

Befolgten alle Menschen diese Überlegungen, wäre die Welt eine bessere!

Werde mit dem Großwesir über eine entsprechende Kampagne sprechen, in der wir diese Ideen verbreiten.

# In der Fremde sollst du wandeln!

In den Abendnachrichten hört der Kalif einen rotgesichtigen, schwitzenden Politiker reden. »In Zukunft muss gelten: Vorrang für Zuwanderer aus unserem christlich-abendländischen Kulturkreis!« Es müsse »Schluss sein mit dieser kulturfremden Zuwanderung«, die »nur Probleme« mache. »Die Migration ist die Mutter aller Probleme«, sagt er noch. Der Kalif macht eine Bewegung mit dem kleinen Finger, ein aufmerksamer Diener springt sofort herbei, ergreift die Fernbedienung und schaltet den Fernseher ab.

Angestrengt denkt der Kalif nach. Kulturfremd, kulturfremd, kulturfremd. Dieser Begriff rotiert in seinem Kopf wie ein Karussell, das immer schneller wird, bis die Konturen verwischen und nicht mehr zu erkennen ist, ob es Autos oder Flugzeuge oder Schiffe sind, die sich da im Kreis drehen. Fremdheit, überlegt er, scheint ein Grundproblem der Menschheit zu sein.

Kenn ich nicht!

Also ist es nicht normal!

Also mag ich es nicht!

Also darf es das nicht geben!

Fremdheit, Fremdheit, Fremdheit. Wie kann man die Angst vor dem Fremden überwinden, ohne das Fremde auszusperren? Wie kann man das Fremde zu etwas Vertrautem machen? Indem man für viel mehr »kulturfremde Zuwanderung« sorgt, wie es der Politiker gerade genannt hat? Wenn man sie nicht verböte, wie er es fordert, sondern verstärkte, würde das das Problem lösen? Ein leiser Zweifel meldet sich im Kopf des Kalifen. Eine Lösung will ihm an diesem Abend nicht einfallen. Er stöhnt auf, ebenso nachdenklich wie besorgt. Dann lässt er sich in seiner Sänfte zu Bette tragen.

Am nächsten Tag läuft wieder der Fernseher, während der Kalif auf seinem Thron hockt und einen Punschkrapfen verspeist. Wieder hört er Politikern beim Reden zu. Es ist eine Talkshow, sie debattieren darüber, dass man angesichts der Gefahren in der Welt die Wehrpflicht wieder einführen oder ein verpflichtendes Dienstjahr für alle einführen müsse.

Im Kalifat gibt es so etwas nicht: dass ausschließlich junge Männer Lebenszeit opfern müssen, um für die Allgemeinheit einen Dienst zu erbringen, den die wenigsten zu schätzen wissen. Bislang war es, Allah sei gepriesen, völlig egal, ob jemand durch die Truppenübungsplatz genannte Pampa robbte und dabei lernte, mit irgendeinem Gewehr umzugehen. Welchen Unterschied machte das in Friedenszeiten? Aber, denkt der Kalif, die Zeiten können sich schnell ändern. »Schwerter zu Pflugscharen« lässt sich in Friedenszeiten leicht rufen, aber wenn irgendwo ein Irrer an die Macht kommt – und das ist ja, Allah sei's geklagt, in mehreren Ländern der Fall –, und dem fällt vielleicht ein, in ein anderes Land einzumarschieren, dann wären Schwerter auch ganz hilfreich. Nur muss man dazu Zigtausenden Männern Lebenszeit wegnehmen? Wichtiger war ja schon die Arbeit, die sie in Pflegeheimen und Sozialstationen, in Rettungsdiensten und Krankenhäusern geleistet haben. Aber, fragt sich der Kalif, war das nicht eine gesamtgesellschaftliche Aufgabe, die auch vernünftig bezahlt werden muss?

Gut, dass man diesen Wehrpflichtzivildienstquatsch gestoppt hat!, denkt der Kalif. In diesem Moment kommt ihm ein Geistesblitz. Er ruft nach seinem Sekretär, der mit Stift und Block herbeieilt. »Schreib auf!«, sagt der Kalif. Und er beginnt zu diktieren.

### Gesetz zur Überwindung der »Kulturfremdheit«

*In die Fremde sollst du gehen,*
*neue Dinge musst du sehen.*
*Sprache, Kultur und Essen lernen,*
*Vorurteil im Kopf entfernen.*

§ 1. Jeder Untertan, jede Untertänin ist verpflichtet, nach Beendigung der Schulzeit, spätestens jedoch vor Vollendung des dreißigsten Lebensjahres ein komplettes Jahr, also dreihundertfünfundsechzig Tage am Stück, in einer »kulturfremden« Region zu verbringen und dort in einer Gastfamilie zu leben und an deren Alltag teilzuhaben. Innerhalb dieser Zeit werden maximal zwanzig Tage Urlaub gewährt. Wer in diesem Urlaub darauf verzichtet, die »kulturfremde« Region zu verlassen, bekommt Bonuspunkte beim Kalifen.

§ 2. Jeder Haushalt, aus dem ein Untertan, eine Untertänin für ein Jahr in eine »kulturfremde« Region geht, ist wiederum verpflichtet, einen Menschen aus einem »kulturfremden« Raum für ein Jahr bei sich aufzunehmen.

§ 3. Die Region, in die ein Untertan, eine Untertänin für ein Jahr geht, kann nicht frei gewählt werden, sondern wird vom zu gründenden Kalifatischen Amt zur Näherbringung des »Kulturfremden«, kurz: Kanäku, nach den Vorgaben dieses Gesetzes zugewiesen. Untertanen und Untertäninnen, für die das Auslandsjahr ansteht, dürfen allerdings drei Wunschregionen angeben, die nach Ermessen des Kanäku berücksichtigt werden. Ein Widerspruch gegen die Entscheidung des Kanäku ist nicht möglich.

§ 4. Kanäku-Dienststellen wird es in jeder Stadt, in jedem Kaff geben, so wie einst die Kreiswehrersatzämter in der BRD und die Wehrkreiskommandos in der DDR. Für jeden Untertan, jede Untertänin ist das Kanäku des Hauptwohnsitzes zuständig.

§ 5. Als »kulturfremde« Region gilt, wenn mindestens zwei der folgenden Kriterien erfüllt sind: 1. mehrheitlich andere Hautfarbe, 2. mehrheitlich andere Religion, 3. Sprache aus anderer Sprachfamilie als Alltags- und/oder Amtssprache,[*] 4. anderer Kontinent; einschränkende Regelung: Nordamerika ist für Europäer und Europa für Nord-

---

[*] Zu den Sprachfamilien zählen gemäß Kalifatischem Sprachenamt folgende: afroasiatische Sprachen, Niger-Kongo-Sprachen, nilo-saharanische Sprachen, Khoisan-Sprachen, indoeuropäische Sprachen, kaukasische Sprachen, Turksprachen, mongolische Sprachen, mandschu-tungusische Sprachen, uralische Sprachen, drawidische Sprachen, sino-tibetische Sprachen, austroasiatische Sprachen, austronesische Sprachen, australische Sprachen, Papua-Sprachen, Tai-Kadai-Sprachen, indigene amerikanische Sprachen, Na-Dene-Sprachen, eskimo-aleütische Sprachen, weitere isolierte Sprachen.

amerikaner unabhängig von den genannten Kriterien nie »kulturfremder« Raum, ein Aufenthalt im Auslandsjahr ist dort mithin ausgeschlossen.

§ 6. In weiteren Bereichen ist auf Gegensätzlichkeit zu achten. Wer beispielsweise in einer Familie mit zwei Automobilen aufgewachsen ist, soll in der »kulturfremden« Region in einem Haushalt ohne Auto untergebracht werden et cetera. Näheres wird durch Gesetze geregelt.


Am Tag darauf spricht der Großwesir, der den Gesetzentwurf zur Weiterbearbeitung erhalten hat, den Kalifen darauf an.

»Ist das nicht ein bisschen wie Kinderlandverschickung?«, fragt der Großwesir ihn.

»Wie was?«

»Kinderlandverschickung. Das ist …«

»Ach ja, das In-Sicherheit-Bringen von Kindern und Müttern aus deutschen Städten, die im Zweiten Weltkrieg von Bombardierung bedroht waren.«

»Genau.«

»Ach, Wesir, ich meine: Großwesir! Du willst doch wohl nicht das eine mit dem anderen vergleichen.«

»Nein. War nur so ein Gedanke.«

Der Kalif nickt. »Ich bin mir im Klaren, dass der Satz ›Reisen bildet‹ nicht stimmt. Er trifft für manche zu, andere reisen dumm ab und kommen dumm wieder. Aber so ein Jahr, ich glaube, das hilft wirklich.«

Und so ward sein Wille Gesetz.

# Tagebucheintrag des Kalifen

## [undatiert]

Niemand kann besser regieren als ich. Niemand kann besser regieren als ich. Niemand kann besser regieren als ich. Niemand kann besser regieren als ich. Niemand kann besser regieren als ich. NIEMAND KANN BESSER REGIEREN ALS ICH. Niemand kann besser regieren als ich. Niemand kann besser regieren als ich. Niemand kann besser regieren als ich. Niemand kann besser regieren als ich. Niemand kann besser regieren als ich.

# Besuch am Glottisschlag

»Kalif?«

»Ja, Großwesir?«

»Sagt, in Eurer weitsichtigen Weisheit, in Eurer unendlichen Liebe, in …«

»Jahaaa?«

»Verzeiht mir meine unglaubliche Kühnheit, Euch mit diesem so ungewöhnlichen Ansinnen zu belästigen, aber …«

»Komm zum Punkt, Großwesir! Was willst du?«

»Also … sagt, gendern wir eigentlich im Kalifat?«

»Ob wir was?!«

»Okay, das beantwortet eigentlich schon meine Frage.«

»Komm schon, was willst du wissen? Ob wir Untertan und Untertänin sagen?«

Der Großwesir runzelt die Stirn. »Uff. Okay. Nein. Kennt Ihr den Glottisschlag?«

Der Kalif schaut nachdenklich zur Decke. »Also, vor ein paar Jahren war ich am Matterhorn. Die Südwand liegt in Italien, West-, Ost- und Nordwand befinden sich in diesem kleinen Land, das sich starrsinnig weigert, sich dem Kalifat anzuschließen, abr i wött mi nöd uffrege, oodr *(er sagt es in nachgeäfftem Schwyzerdütsch).* Ach ja, und am Großglockner war ich auch schon, der ist, wie du sicherlich weißt, höchster Berg in unserem geliebten Wiener Kalifat. Ein Klotz von einem Grünschiefer, dreitausendsiebenhundertachtundneunzig Meter hoch. Aber noch nie am Glottisschlag, leider. Wo liegt der?«

Der Großwesir reibt sich genervt die Stirn. »Also, ich erwarte von niemandem, den Begriff Glottisschlag schon mal gehört zu haben. Aber das ist kein Berg, auch kein Ort, sondern ...«

»... eine Nachspeise? So mit Schlagobers?«

»Wenn Ihr die Güte hättet, mich ausreden zu lassen ...« Der Großwesir kramt sein Handy aus der Tasche und liest aus Wikipedia vor: »Der stimmlose glottale Plosiv oder Glottisschlag (englisch *glottal stop*; ein stimmloser, glottal gebildeter Verschlusslaut) ist in der Phonetik ein Konsonant, der durch die plötzliche, stimmlose Lösung eines Verschlusses der Stimmlippen gebildet wird. Andere Bezeichnungen sind Knacklaut ...«

»Kacklaut?«

Der Großwesir verdreht die Augen und liest unbeirrt weiter. »... Stimmritzenverschlusslaut ...«

Der Kalif kichert wie ein Pubertierender.

Wieder verdreht der Großwesir die Augen und liest weiter. »... Glottisverschlusslaut, Einschaltknack ...«

»Einschaltkack?«

»Himmelherrgott noch mal, Kalif!«

»Entschuldigung, Entschuldigung! Ich hab da noch die Alte im Kopf, die ständig ›Kacka Kalif!‹ schrie.« Der Kalif räuspert sich, reißt sich zusammen und blickt den Großwesir an wie ein gelehriges Kind.

Der fährt fort: »… Kehlkopfverschlusslaut, Glottalstopp.«

Die beiden schauen einander abwartend an.

»Und?«, fragt der Kalif.

»Ich bin ja schon froh, dass Ihr, lieber Kalif, nicht sagt, das ›generische Maskulinum‹ schließe eh alle ein, denn in vielen Fällen denkt man in erster Linie an einen Mann und schließt die Frau aus. Aber auch Untertan und Untertänin, um euer wertes Beispiel zu verwenden, schließt nicht alle ein. Was ist mit all jenen, die weder Mann noch Frau sind?«

Der Kalif will etwas sagen, aber der Großwesir macht eine Handbewegung, die ihm bedeuten soll, er möge sich zurückhalten.

»Lasst mich zu Ende reden, bevor Ihr wieder etwas Unbedachtes sagt! Also, man mag das abtun als Minderheitenproblem. Aber es betrifft viel mehr Menschen, als man glauben mag. Und andere Länder, zum Beispiel Asien, sind viel weiter als wir. Da ist das dritte Geschlecht, das weder weiblich noch männlich ist, längst gesetzlich anerkannt! Wir sollten da als Kalifat Avantgarde sein, nicht Nachhut.«

»Weise Worte, mein Großwesir. So sei es dann! Was schlägst du vor?«

»Wir sollten in der Sprache inklusiver werden. Geschlechtergerechter. Jedenfalls diskriminierungsfrei. Es geht darum, Unterschiede sichtbar zu machen. Also zum Beispiel das Binnen-I verwenden. Oder das Gendersternchen. Oder einen Genderdoppelpunkt. Oder einen Doppelpunkt über dem I. Oder einen Gendergap, also einen Unterstrich.«

126

Er nimmt einen Zettel, schreibt »LehrerIn Lehrer*in Lehrer:in Lehrerїn Lehrer_in« und hält ihn dem Kalifen hin. Der nickt. »Ah, mir fallen noch ein paar Versionen ein«, sagt der Großwesir, zieht das Papier zurück, kritzelt »Lehrer/in Lehrer·in Lehrer~in« dazu und reicht das Papier dem Kalifen.

»Und was davon empfiehlst du?«

Der Großwesir antwortet: »Ich finde den normalen Doppelpunkt am schönsten. Was meint Ihr? Was entspricht Eurem feinen ästhetischen Gespür, Eure Heiligkeit?«

»Ich schließe mich deinem klugen Urteil an, Großwesir. Der Doppelpunkt! Hinter einem Doppelpunkt erwartet man etwas. Da kommt noch was! Da ist mehr! Ja, genau, das ist mehr als nur das Männlein! Und mehr noch als das Weiblein! Es folgt die Vielfalt der Menschheit!«

»Welch weise Worte, Kalif!«

»Gut. Also: Wir nehmen den Doppelpunkt! Aber wie machen wir das bei Untertan und Untertänin?« Er kritzelt auf den Zettel, den ihm der Großwesir gegeben hat: »Untertan:in Untertän:in«. »So oder so?«

Der Großwesir schüttelt den Kopf. »Also, ähm, Kalif, Eurem großen Geist mag entgangen sein, dass das Wort ›Untertänin‹ nicht existiert. Das sind alle Untertanen, unabhängig vom Geschlecht. Aber bei anderen Begriffen wie Lehrer und Lehrer:in schreiben wir es ab jetzt im offiziellen Schriftverkehr mit Doppelpunkt, ja?«

»Und was ist mit ›Arzt‹? Ist es dann Arzt:in oder Ärzt:in? Bei Ärzt:in wird der Arzt ausgegrenzt. Er ist ja kein Ärzt.«

Der Großwesir zuckt mit den Schultern. »Keine Ahnung. Darüber soll sich das Kultur-Wesirat den Kopf zerbrechen.

127

Aber ganz grundsätzlich: In manchen Fällen nutzt man die sprachliche Sichtbarmachung von Unterschieden, und da, wo es vielleicht keinen Sinn ergibt, weicht man eben auf die sprachliche Neutralisierung aus. Also Studierende statt Studentinnen und Studenten, Lehrende statt Lehrerinnen und Lehrer und so weiter. Oder man erfindet neue Formen, auch solche Vorschläge gibt es. Mit x am Ende zum Beispiel, Studierx oder Professx, was aber Zungenbrecher sind, auch wenn man es hinten ›icks‹ ausspricht, also Studiericks und Professicks. Oder mit y am Ende: Arzty, in der Mehrzahl Ärztys, Journalisty, Ingenieury, Anwalty.«

»Das ist doch albern! Ich habe vor einiger Zeit, als ich noch kein Kalif war und die Leute sich noch trauten, mir offen zu widersprechen, eine Ärztin ausdrücklich Ärztin genannt. Bei Allah, hat die sich aufgeregt, warum ich die weibliche Form verwende, ob ich sie auf ihr Frausein reduzieren wolle! Sie sei Arzt, basta! Da dachte ich nur: Große Güte, wie man's macht, macht man's falsch.«

Weil der Großwesir nichts sagt, redet der Kalif weiter. »Also gut, vergessen wir diesen ganzen X- und Y-Kram, da komme ich nicht mit, und ich bin mir sicher, dass das nicht durchsetzbar ist. Selbst für einen Kalifen. Doppelpunkt beim Schreiben, so sei es! Aber was hat es jetzt mit diesem Glottisdings auf sich?«

»Mit dem Doppelpunkt haben wir gelöst, wie wir geschlechtergerechter *schreiben*. Aber die Frage ist ja auch, wie geschlechtergerechter *sprechen*. Und da kommt der Glottisschlag ins Spiel: Damit kann man den Doppelpunkt sprechen! Man kann das auch in der gesprochenen Sprache deutlich machen. Lehrer:in spricht man also: Lehrer – kurze Pause – in.«

Der Kalif macht ein fragendes Gesicht. »Kurze Pause?«

»Ja, also, keine richtige Pause, sondern eine Unterbrechung sozusagen. Einen Knacklaut, einen Kehlkopfverschlusslaut, einen Glo…«

»Ja, ja, verstehe schon. Aber wie klingt das in der Praxis?«

Der Großwesir überlegt, wie er es dem offensichtlich unwilligen Kalifen am besten erklärt. »Ihr macht das ständig in Eurer Sprache, ehrwürdiger Kalif! Zum Beispiel beim Wort ›Theater‹. Ihr sprecht zwischen ›The‹ und ›ater‹ eine gewisse Unterbrechung. Oder bei Spiegelei. Ihr sagt: Spiegel – Pause – ei. Nicht Spiegellei. Es gibt den Glottisschlag auch am Anfang eines Wortes. Zum Beispiel, wenn ihr ›Apfel‹ sagt. Am Anfang, vor dem A, ist ein Stimmlippenverschluss. Oder bei ›umarmen‹, da gleich zweimal: vor ›um‹ und vor ›armen‹. Oder bei Osterei, da auch zweimal, vor …«

»…›Oster‹ und vor ›ei‹, ja, ja, ja, ich hab's ja kapiert. Aber ganz ehrlich: Was soll das?«

»Damit sprechen wir sozusagen den Doppelpunkt mit und zeigen, dass wir all jene einschließen, die sich als männlich oder weiblich angesprochen fühlen, als drittes Geschlecht oder als etwas, für das andere noch keinerlei stereotype Schublade konstruiert haben.«

Der Kalif nickt. »Hmmmmm«, sagt er. »Ich verstehe.« Wieder nickt er. »Aber ist das nicht ein wenig … artifiziell?«

»Artifiziell?«

»Ja. Ich finde, das hat etwas Gekünsteltes. Zwanghaftes.«

»Aber Kalif! Ihr sagt doch selbst, dass Sprache der Anfang

von allem ist! Da können wir doch mit gutem Beispiel vorangehen! Seid Ihr denn nicht überzeugt davon, dass das derzeitige Verhältnis zwischen Mann und Frau in unserer wunderbaren kalifatischen Gesellschaft auch der Tatsache geschuldet ist, dass Frauen in unserer eigentlich ja sehr schönen Sprache weitgehend keine eigene Grammatik haben, sondern auf männliche Sprachkonventionen angewiesen sind und infolgedessen oft ausgegrenzt werden?«

»Hmmmmm«, sagt der Kalif wieder. Der Großwesir weiß inzwischen, dass das ein sicheres Zeichen dafür ist, dass der Kalif noch nicht überzeugt ist. »Du hast Recht, Sprache ist wichtig. Wir sollten auf unsere Worte achten. Die Sprache ist der Anfang von allem, das stimmt. *I do get your point.* Ich befürworte den Doppelpunkt. Wer so schreiben mag, der möge es tun. Aber was diesen Glottisschlag angeht … ich weiß nicht. Das behagt mir einfach nicht! Das ist so wie …«, er ringt nach Worten, »… die Scham, die man empfindet, wenn man eine neue Sprache zum ersten Mal spricht. Hinzu kommt, dass man als Sprecher den anderen unter Druck setzt, auch so zu sprechen. Und dem anderen unterstellt, gegen Frauen oder gegen Diversität zu sein, wenn man nicht so spricht. Und das finde ich falsch. Ich hoffe übrigens, dass niemand, der so spricht, glaubt, damit wäre es getan! Denn dann wäre es nur ein rein performativer Akt, der anderen zeigen soll, was für ein toller Feminist …«, Pause, »…in man ist. Seht her, ich gendere, ich gehöre zu den Erwählten! Es wäre reine Symbolik! Dabei sollte es doch vor allem darum gehen, etwas zur Gleichberechtigung von Frauen und Männern und allen anderen Geschlechtern im täglichen Leben beizutragen. Im

Arabischen, auf Urdu und Hindi übrigens wird gegendert, dass die Balken krachen. Wenn jemand sagt: ›Ich wasche dir den Kopf, aber tüchtig!‹, dann erkennst du, ob das ein Mann oder eine Frau sagt. Selbst die übelsten frauenverachtenden Dinge werden gegendert. Und? Bringt das was für die Situation der Frauen?« Er macht eine Pause. »Das ist kein Ersatz dafür, dass wir zum Beispiel die Hälfte des Wesirats mit Wesirinnen besetzen sollten. Was wir übrigens unbedingt voranbringen müssen, fällt mir bei der Gelegenheit ein.«

Der Großwesir wirkt enttäuscht. »Aber Kalif, mein geschätzter Gebieter, Euch leuchtet doch gewiss ein, dass, wenn Euch der Doppelpunkt und die diskriminierungsfreie geschriebene Sprache am Herzen liegt, wir das auch in der gesprochenen Sprache umsetzen müssen! Sprache ist Macht! Sprache formt Bewusstsein! Und Ihr sagt doch selbst immer: Manchmal bedarf es radikaler Lösungen!«

»Gewiss, mein Großwesir, gewiss. Aber ich bin mir nicht sicher, ob es tatsächlich nötig ist, das Geschriebene, das sichtbar ist, auch immer im Gesprochenen hörbar zu machen.«

»Aber ...«

»Wir müssen übrigens den armen Vögeln helfen!«

»Wie bitte?«

»Wir müssen den Armen vögeln helfen!«

»Kalif, Eure Sorge um den Naturschutz in Ehren, aber können wir jetzt nicht erst einmal das eine lösen, bevor wir, vielleicht an einem anderen Tag, über das andere sprechen? Mich deucht, Ihr wollt vom Thema ablenken!«

»Nein, teurer Großwesir, ich habe zwei unterschiedliche Sätze gesagt.«

Wieder nimmt er das Stück Papier, kritzelt darauf: »Wir müssen den armen Vögeln helfen. Wir müssen den Armen vögeln helfen«, und reicht es dem Großwesir. Der liest und errötet. Der Kalif entreißt ihm den Zettel, streicht die zwei Sätze durch und schreibt: »Das Bürschlein sieht dir ungeheuer ähnlich. Das Bürschlein sieht dir Ungeheuer ähnlich.« Wieder reicht er dem Großwesir das Blatt. Der liest – und nickt nun. »Sehr witzig…«, murmelt er.

»In unserer wunderschönen kalifatischen Hauptsprache macht es eben einen Unterschied, ob wir ein Wort groß- oder kleinschreiben«, sagt der Kalif. »Man kann diesen Unterschied aber nicht hören. Ist das schlimm? Ja? Oder nein? Es kann jedenfalls für Missverständnisse sorgen. Aber ist das tragisch? In den meisten Fällen lässt sich so etwas leicht ausräumen. In anderen entscheidet das vielleicht über Sympathie oder Antipathie.«

»Gehe ich also recht in der Annahme, dass Ihr den Glottisschlag nicht zur kalifatischen Pflicht erklären werdet?«, fragt der Großwesir. »Ihr wisst doch selbst, dass diese merkwürdigen Leute, die da ›Vaterland‹ und ›Untergang des Abendlands‹ schreien, gegen das Gendern sind! Übernähmet Ihr den Glottisschlag…«

»Meine Güte, Großwesir! Ich kann mein Handeln und Denken und, in diesem Fall, Sprechen nicht danach ausrichten, was diesen einfältigen Typen gefällt oder missfällt! Und weil die sich über das Gendern aufregen, kann das doch nicht bedeuten, dass ich automatisch gendere und dabei ignoriere, was ich selbst davon halte!«

Der Kalif zückt nun ein Stofftaschentuch aus einer Tasche

in seinem Umhang und tupft sich die Stirn. Er ist ganz rot im Gesicht.

Mit deutlich leiserer Stimme sagt der Kalif nun: »Ich verstehe deinen Punkt! Ich teile ihn sogar! Ich bin fürs Gendern! Aber gesteh mir doch zu, dass ich hier und da Bedenken habe und vielleicht noch überzeugt werden muss – oder auch dagegen bleibe, weil ich finde, dass das übers Ziel hinausschießt! So wie neulich eine Universität in Australien, die vorgeschlagen hat, man möge die Worte ›Mutter‹ und ›Vater‹ streichen und durch ›geschlechtsneutrale Begriffe‹ ersetzen, wie die Wissenschaftler ...«, er pausiert betont lange, »... innen vorgeschlagen haben. Man solle lieber ›austragender Elternteil‹ und ›nicht gebärender Elternteil‹ sagen, außerdem ›Elternmilch‹ oder ›menschliche Milch‹ statt ›Muttermilch‹. Auf diese Weise würden Eltern der LGBTQ-Community nicht länger benachteiligt, schrieben sie. Entschuldigung, aber das ist ...«[*]

»Aber das verlange ich doch gar nicht!«, entgegnet der Großwesir. »Ich wollte nur, dass wir das Gendern beim Sprechen ...«

»Von mir aus, aber nicht per kalifatischem Dekret! Ich selbst mache das in der Schriftsprache, aber

---

[*] Tatsächlich hat die Australian National University in Canberra im Jahr 2021 ein Handbuch für Lehrende veröffentlicht, in dem vorgeschlagen wird, statt »mother« und »father« »birthing parent« und »non-birthing parent« zu sagen und statt »breast milk« »human milk«. In dem Handbuch sind viele weitere Begriffe und Ersatzbegriffe enthalten. Dabei handele es sich aber nicht um eine offizielle Richtlinie, sondern um Vorschläge, um eine geschlechtergerechte Ausbildung einzuführen. Das Handbuch sei unter dem Aspekt der akademischen Freiheit von Experten des Gender Institute verfasst worden, teilte die Universität mit.

nicht beim Sprechen!« Er sieht, wie geknickt sein wichtigster Mitarbeiter wirkt. »Ach, Großwesir, das ist doch nicht so schlimm, um Himmels willen! Und komm mir jetzt ja nicht mit: ›Ihr seid halt schon alt!‹ Ich will diesen Unsinn nicht hören! Ich kann mir vorstellen, dass viele Menschen, ganz unabhängig von ihrem Alter, etwas fremdeln werden bei dieser Sache. Ich möchte niemandem vorschreiben, wie er zu schreiben oder zu sprechen hat. Andererseits sollten wir immer daran appellieren, auf Worte zu achten. Zur Güte: Ich werde eine Empfehlung aussprechen! Aber keine rechtsverbindliche Fatwa!«

Der Großwesir schaut den Kalifen mit großen Augen an. Der wird aus diesem Blick nicht schlau. Also redet er einfach weiter. »Wenn immer mehr Menschen so schreiben, wenn sie auch beim Sprechen gendern – einverstanden! Wenn sie das nicht tun – auch in Ordnung. Man kann und soll gerne immer wieder appellieren, aber nichts vorschreiben! Sonst funktioniert das eh nicht! Ich frage mich stets: Wie würde ich als Untertan auf Entscheidungen der Obrigkeit reagieren? Und hier ist es glasklar: Gäbe es eine Genderpflicht, würde ich auf gar keinen Fall gendern. Gäbe es ein Genderverbot, täte ich es hingegen unbedingt.«

»Ihr liebt die Reaktanz!«, bemerkt der Großwesir.

»Tanz ist immer gut!«, antwortet der Kalif.

»Ich meine reaktantes Verhalten. Ach, egal!« Der Großwesir wirkt entmutigt. »Ich bin in dieser Angelegenheit anderer Meinung als Ihr und hätte mir eine Fatwa gewünscht, edler Kalif. Aber ich habe verstanden. Also: Belassen wir es dabei.«

»Übrigens fällt mir ein«, wendet der Kalif ein, »dass das

mit diesen Unterbrechungen beim Sprechen eh so eine Sache wird in unserem Kalifat. Und weißt du, warum?«

Der Großwesir schüttelt traurig den Kopf.

»Weil man im Wiener Kalifat so nicht spricht. Da kennt man das gar nicht!«

Nun schaut der Großwesir doch fragend. »Wie meinen?«

»Na, die Österreicher kennen den … wie heißt das noch gleich …«

»Glottisschlag?«

»… ja, danke, also, die kennen den Glottisschlag nicht. Im österreichischen Deutsch gibt es den so gut wie nicht. Was glaubst du, warum das immer so schön weich klingt, wenn man den Menschen in Wien zuhört? Die sagen zum Beispiel wirklich Spiegellei zum Spiegel – Pause – ei. Genauer: Spiegelläää. Ääns, zwäää, dräää, ään Spiegelläää.«

»Ihr meint, das sei genetisch bedingt, dass die das nicht können?«

»Quatsch, mit Genetik kommen immer nur diese Vaterlandsidioten! Nein, das hat mit Genen überhaupt nichts zu tun! Die haben das einfach nie gelernt im Sprachgebrauch. Klar, sie könnten's lernen. Aber werden sie es in ihren Sprachgebrauch übernehmen? Werden sie es akzeptieren? Vor allem, wenn ich es anordne? Ich bezweifle das! Schau, selbst ich hab ja meinen inneren Widerstand, obwohl ich das Anliegen intellektuell erfasse und willens bin, diesem zu dienen. Was sollen dann diese armen Schwäääne sagen, wenn sie diese Art zu sprechen gar nicht gewohnt sind?«

Der Großwesir schüttelt den Kopf, und der Kalif fragt sich, ob das zustimmend gemeint oder Resignation ist.

135

»Also gut«, sagt der Großwesir. »Ich geh dann mal.«

Der Kalif nickt.

»Ach, Großwesir?«

»Ja, Chef?«

»Teile bitte der Redaktion des kalifatischen Wörterbuchs mit, dass sie das Wort ›Untertänin‹ in den offiziellen Sprachgebrauch aufnehmen sollen!«

»Jawohl, Kalif.«

# Allah zürnt den Menschen

Eines Tages schickte Allah, weil er den Menschen wegen ihrer Übellaunigkeit, ihrer Gier und ihres Fetischs der Maßlosigkeit zürnte, eine Pandemie. Und sie erkrankten in Scharen. Und Allah sagte zum Kalifen: »Sag deinem Volk, dass es zu Hause bleiben soll, bis die Plage vorbei ist. Es soll genügsam sein und sich wieder meiner erinnern. Von mir aus soll es seine Religion Veganismus oder Yoga oder E-Mobilität oder Achtsamkeit nennen, es ist mir egal, welchen Namen die Menschen der Suche nach dem Sinn des Lebens geben, sie sollen jedenfalls wieder zu Sinnen kommen und aufhören, einander mit Hass zu begegnen und wie blöde zu konsumieren!«

Und der Kalif sagte den Menschen: »Öffnet eure Herzen! Seid nett zueinander! Und bleibt zu Hause, kauft nur ein, wenn es sein muss, besucht weder Freunde noch Familie! Dies sind dunkle Zeiten, es sind die Zeiten der Lockdowns! Aber Allah sagt, eine Apokalypse ist fern, wenn ihr euch wieder der Mitmenschlichkeit besinnt!«

Und die Kalifatlinge murrten und knurrten, aber sie fügten sich der göttlichen Anordnung. Doch als die Reisewarnungen für eine ferne Insel aufgehoben wurden, buchten sie ohne Sinn und Verstand Flüge und reisten dorthin. Dabei war die Krankheit noch längst nicht besiegt, die Gefahr nicht gebannt.

»Warum tut ihr das?«, fragte der Kalif sein Volk.

»Weil es nicht verboten ist!«, antworteten die Menschen. »Weil das Gesetz sagt, dass wir es dürfen!«

Da wurde der Kalif sehr böse, und er erließ daraufhin eine Fatwa.

# Fatwa

## Heiligsprechung der Elbe

Okay, dachte sich der Kalif, wenn diese Trottel sich nur danach richten, was Vorschrift ist, und »Das steht da aber so!« schreien, wenn sie die Gesetze buchstabengetreu befolgen und alles tun, was nicht ausdrücklich verboten ist, wenn sie also, mit anderen Worten, null ihren Verstand benutzen, dann gebe ich ihnen ein Gesetz, das ihnen eine Lehre sein soll.

Und er erließ folgende Fatwa, die er Elbejahresnacktbadeverpflichtungsgesetz nannte und die mit sofortiger Wirkung galt und bis zum heutigen Tag im Kalifat zu befolgen ist:

Die Elbe, wo man mich einst am Ufer fand, dieser Strom, der Zeuge meines Lebens ist, hat ab sofort den Status eines heiligen Flusses. Jeder Kalifatling muss deshalb einmal im Jahr ein Bad in der Elbe nehmen. Zu tragen ist dabei: nichts. Auch keine Badehose, kein Bikini, kein Badeanzug. Nackt in die Fluten der Elbe zu steigen gilt ausdrücklich als Zeichen des Respekts und der Ehrerbietung gegenüber dem Kalifen und seiner Heiligkeit: Siehe, ich habe nichts vor dir zu verbergen, oh Herrscher! Jeder Kalifatling muss einmal im Jahr bis zum Hals ins Wasser der Elbe eintauchen und mindestens drei Minuten dort ausharren. Vom Kinn abwärts muss der gesamte Körper im Wasser sein. Anschließend muss er das Wasser verlassen, am Ufer in maximal zehn Meter Abstand von der Elbe zehnmal im Dreieck springen und dabei zehnmal »Lang lebe der Kalif!« rufen, in einer Lautstärke, dass es ein in zehn Meter Entfernung stehender Mensch bei Windstärke zehn verstehen kann. Das jährliche Bad in der Elbe ist fotografisch oder filmisch zu dokumentieren und auf Aufforderung der Schariapolizei von mindestens zwei nicht verwandten Kalifatlingen schriftlich zu bezeugen.

Als der Kalif das schrieb, musste er innerlich lachen. Diese Trottel!, dachte er. Sie werden das sicherlich befolgen!

Und siehe da: Sie befolgten es.

Und der Kalif verzweifelte.

# iSlam

»Großwesir?«

»Ja, Eure Heiligkeit?«

»Ich glaube, wir müssen über unser Image reden.«

Der Großwesir guckt den Kalifen verwundert an.

»Über unser Image?«

»Ja. Über das Image des Islam. Ich glaube, wir haben einen …« Er zögert. »… schlechten Ruf.«

Der Kalif sitzt auf seinem goldenen Thron, der wiederum auf einer goldenen Estrade steht. Der Wesir hockt zur Rechten des Kalifen im Schneidersitz auf dem Boden, rundherum gestützt von bunt bestickten Kissen. Zwischen seinen Beinen hält er eine goldene Schüssel. Er rührt darin mit einem Holzstab in einer zähen bräunlichen Masse, es ist duftender Punschkrapfenteig. »Wie kommt Ihr ausgerechnet jetzt darauf, Eure Heiligkeit?«, fragt er erstaunt.

»Ach, ich habe gerade mal durch die Nachrichten geklickt. Terror, Taliban und Selbstmordattentäter, so geht das ja schon seit Jahren. Kein Wunder, dass die Leute den Islam vor allem mit solchen Dingen verbinden! Und wenn es mal nicht um Islamisten und Terroristen geht, dann kommen einem

Leute mit Sandalen aus Autoreifen und merkwürdiger Kleidung in den Sinn.«

Der Kalif rümpft die Nase.

»Oder man denkt an den Fußgeruch in den Gotteshäusern.«

Der Großwesir hört auf zu rühren, er starrt den Kalifen an.

»Wirklich, Chef?«

»Jaaa! Glaubst du, ich fasel einfach vor mich hin? Wirklich! Wir haben ja nicht mal ein Fest, wo wir es so richtig krachen lassen können, mit Geschenken, Glitzer, Glühwein!«

»Ah, Geschenke, Glitzer, Glühwein, der Hang des Kalifen zur Alliteration!«, ruft der Großwesir begeistert. »Milch macht müde Männer munter!«

»Hör auf, Großwesir, ich meine es ernst. Wir müssen etwas tun.«

»Wir Wiener Waschweiber würden weiße Wäsche waschen, wenn wir wüssten, wo warmes Wasser wär!«, ruft der Großwesir.

»Großwesir!«

»Fischers Fritz fischt frische Fische, frische Fische fischt Fischers Fritz.«

»Großwesir!!!«

»Kleine Kinder können keine kleinen Kirschkerne knacken.«

»Großwesir, du landest gleich für einen Tag im Kerker!«

»Zehn zahme Ziegen zogen zwanzig Zentner Zucker zum Zoo.«

»GROSSWESIR!!!«

»Ist ja gut, Chef. Also, wo waren wir? Geschenke, Glitzer, Glühwein.«

»Genau. Also, wir haben kein Fest, wo man sich mal so richtig die Kante geben kann …«

»Darf ich Eure Heiligkeit untertänigst daran erinnern, dass Alkohol nicht zu den, nun ja, präferierten Konsumgütern im Islam zählt?«

»Ach, Schnickschnack, noch bestimme ja wohl ich, was konsumiert werden darf und was nicht!«

»Ihr habt natürlich wie immer Recht«, sagt der Großwesir, greift zu einer Flasche Rum, die er hinter sich versteckt hat, und gibt einen Schuss davon in die Rührschüssel. »Also, weiter im Text.«

»Wenn der Großwesir die Güte hätte, mich nicht ständig zu unterbrechen … Wir haben kein Merchandising. Und keine Figur, die das Herz erwärmt und Kinderaugen leuchten lässt.«

»Och, jetzt kommt wieder diese ›Wir brauchen auch so etwas wie Weihnachten‹-Geschichte!«, sagt der Großwesir laut genug, dass der Kalif es hören kann, und seufzt.

»Ja, genau! Die Christen sind schon genial mit ihrem Weihnachtsmann und ihrem Christkind. Gut, diese Zweigleisigkeit ist heikel, wer von beiden bringt denn nun die Geschenke: der Weihnachtsmann oder das Christkind? Da ist schon von Kindesbeinen an Zwist vorprogrammiert.«

»Es reicht, wenn Eure Heiligkeit ›programmiert‹ sagt.«

»Bitte?«

»›Programmiert‹ genügt. Ihr müsst nicht ›vorprogrammiert‹ sagen.«

143

»Ja, ja. Also, alles in allem ist das aus Marketingperspektive genial: Rentiere, durch den Himmel fliegender Schlitten, geschmückte Bäume, Kerzen, fröhliche Musik, Lieder, die jeder kennt und bei denen alle mitsingen können, säckeweise Geschenke! Und was haben wir? Den Fastenmonat! Einen ganzen Monat Verzicht! Iss nicht dies, trink nicht das! Und das Opferfest! Süße, niedliche Tiere, denen die Kinder noch das flauschige Fell streicheln dürfen, bevor ein Erwachsener ihnen die Kehle durchschneidet. Und dann soll man diese Tiere essen, die man gerade im eigenen Garten massakriert hat. Wer hat denn da noch Appetit?«

Der Großwesir nickt, und für einen Moment flackert dem Kalifen der Gedanke auf, der Großwesir könnte seine Zustimmung nur heucheln.

Mit plötzlichem Ernst in der Stimme fragt der Großwesir: »Sagt, Sir, warum seid Ihr eigentlich kein Christ, da Ihr so viele christliche Werte vertretet, wie Glaube, Liebe, Hoffnung, Nächstenliebe, Gerechtigkeit, Gewaltlosigkeit, Barmherzigkeit und so weiter?«

Der Kalif muss nicht lange nachdenken, er antwortet: »Weil ich mir vorkäme wie ein Betrüger.«

»Aber warum?«

»Ich teile zwar die Werte, von denen manche sagen, es seien christliche, wobei ich anmerken muss, dass es sie in anderen Religionen so oder in ähnlicher Form auch gibt. Aber was ich eigentlich sagen will: Mit einigen entscheidenden Ansichten wie dem von Beginn an sündigen Menschen – wenn ich das schon höre: Erbsünde! Ursünde! Pah! – oder der Auferstehung oder dem allmächtigen, bisweilen strafenden Gott kann ich nichts anfangen. Und ich käme mir eben vor wie ein Betrüger, machte ich da mit, ohne wesentliche Glaubensgrundsätze mittragen zu können.«

»Verstehe. Und daher seid Ihr lieber Muslim.«

»Nein.«

»Nein?«

»Nein.«

»Das verstehe ich nicht. Ihr wollt doch das Kalifat und die Islamisierung der Welt, oder missverstehe ich das?«

»Ja, *meine* Islamisierung, auf *meine* Art. In diesem – *meinem* – Sinne bin ich Muslim, wenn man mich so nennen möchte. Ich selbst nenne mich nicht so. Täte ich es, fühlte ich mich auch hier als Betrüger.«

»Ihr glaubt gar nicht an die muslimischen Glaubensgrundsätze, Eure Heiligkeit?«

So verwirrt hat der Kalif den Großwesir noch nie gesehen.

»Das ist wie beim Christentum und, ehrlich gesagt, wie vermutlich bei allen anderen Religionen: Manches finde ich gut, manches, na ja, ganz okay, anderes wiederum lehne ich ab.«

»Und wie genau sieht *Euer* Islam aus, wenn ich mir diese persönliche Frage erlauben darf?«

»Darfst du, mein Bester, darfst du, darf jeder, schließlich bin ich Vorbild für Milliarden von Menschen, und die haben ein Anrecht darauf, zu wissen, was für ein Vorbild genau ich bin.« Er hüstelt. »Grundsätzlich sollte jeder Mensch wissen, dass es möglich ist, die Wahrheit ohne die Hilfe der Religion zu erkennen, und zwar indem man schlicht seine Vernunft gebraucht und die menschliche Seele versteht.«

»Ah, Aristoteles«, wirft der Großwesir ein.

»Genau. Ansonsten soll jeder sich mit Religion befassen, wie er mag. Ich rate jedem, der nach Religion sucht, die unterschiedlichsten Schriften zu lesen, islamische, christliche, jüdische, buddhistische, hinduistische. Er sollte sich überall das heraussuchen, was passt.«

»Aber das ist doch Rosinenpickerei!«

»Das ganze Leben ist Rosinenpickerei, mein lieber Kaluppke. Nicht in allen Lebensbereichen hat der Mensch die Wahl, aber wo er die Wahl hat, da sucht er sich meist das, was am besten zu ihm passt, was er für geeignet oder gut oder richtig hält. So sollte es auch bei der Religion sein. Und diejenigen, die jetzt behaupten, ich sei nicht islamisch oder nicht islamisch genug, sollten besser ihren Koran lesen. Dann finden sie heraus, dass Islam für Toleranz, Akzeptanz und Gemeinschaft steht. ›Ihr habt eure Religion und ich die meine‹, steht dort geschrieben. Gott, Allah, Jahwe, welcher Name auch immer, ist vielleicht eine schwarze Frau. Wir wissen es nicht. Der Koran bezeichnet Gott als Wahrheit, und zumindest in Fragen der Religion kann jeder die Wahrheit auf eine andere Art und Weise begreifen. Auch das steht dort. Damit ist gesagt: Ehre, schätze und respektiere den Unterschied!«

»Aber Ihr glaubt schon an Gott, ja?«, fragt der immer noch irritierte Großwesir.

Der Kalif holt sein Smartphone aus der Umhangtasche und verbindet es mit der Soundanlage im Thronsaal. Eine liebliche, beeindruckende Musik von eindringlicher Schönheit beginnt zu erklingen. »Wenn es solche Musik gibt, wie kann man da nicht an Gott glauben?«

Kaluppke nickt. »Verstehe«, murmelt er.

»Weißt du, Großwesir, ob man an Gott glaubt oder nicht, ob und was man überhaupt glaubt, ist letztlich eine Frage, die jeder für sich beantworten muss. Ich sehe das Meer oder die Berge oder bestimmte Naturereignisse oder Menschen oder andere Lebewesen und denke: Da muss mehr sein als das, was das Auge sieht und der Verstand versteht. Manche hören Musik, die ich höre, sehen das Meer oder die Berge, die Naturereignisse, Menschen oder andere Lebewesen, die ich sehe, und denken dabei: nichts.«

»Blasphemie!«

»Nein, eben nicht!«

»Das sehen viele Muslime aber anders.«

»Ja, leider. Aber wer ›Blasphemie‹ schreit, missbraucht in den allermeisten Fällen Religion. Ganz abgesehen davon, dass Gott, wenn es ihn gibt, sich schon selbst gegen Blasphemie zu wehren weiß, oder? In einem prophetischen Wort steht: ›Ich bin, wie mein Diener glaubt, dass ich sei. Diejenigen, die den Willen Gottes ganz zu verstehen glauben und anderen ihr eigenes Verständnis aufzwingen, stellen sich auf die gleiche Stufe mit Gott und erkennen nicht, dass sie es sind, die Blasphemie begehen.‹ Ich weiß, das klingt paradox, aber genau so ist es: Derjenige, der ›Blasphemie‹ schreit, begeht Blasphemie. Ansonsten gibt es keine Blasphemie.«

Immer noch wirkt der Großwesir durcheinander.

»Schau«, erklärt ihm der Kalif, »nehmen wir die fünf Säulen des Islam: Glaubensbekenntnis, tägliches rituelles Gebet, Almosengeben, Fasten während des Ramadan und Wallfahrt nach Mekka. Willst du wissen, was ich dazu zu sagen habe?

Okay, der Reihe nach. Glaubensbekenntnis? Von mir aus, ich kann damit wenig anfangen. Ich habe doch keine Ahnung, ob es den einen Gott gibt oder eine göttliche Kraft, die sich nicht als Einheit fassen lässt, oder ob es viele gibt. Ich selbst glaube an das Göttliche, andere tun es nicht. Ihre Sache. Wozu ein vorformuliertes, einheitliches Glaubensbekenntnis, nur um sich der Zugehörigkeit zu einem ganz bestimmten Glauben zu vergewissern oder anderen zu zeigen, dass man dazugehört? Macht für mich keinen Sinn. Rituelles Gebet? Kann ich gar nichts mit anfangen. Schon gar nicht, wenn ich sprachlich nicht verstehe, was ich da bete. Aber zu so strikten Regeln, die vorgeben, wie oft, in welche Richtung, mit wie vielen Verbeugungen et cetera ich beten muss, hab ich keinen Zugang. Natürlich dürfen andere das toll finden und genau so machen, wie es vorgeschrieben ist. Für sie mag es gut und richtig sein. Für mich ist es das nicht. Und ich bin mir sicher: Kein Gott nimmt mir das übel. Almosen geben? Spenden? Empathisch sein? Großartig! Davon brauchen wir viel mehr! Mehr muss ich dazu nicht sagen. Fasten?« Er blickt auf die Schüssel mit dem Punschkrapfenteig, in dem der Großwesir immer mal wieder rührt. »Nee. Also nee. Nee wirklich, kennst mich ja. Und dann die Wallfahrt nach Mekka? Also, soll jeder reisen, wohin und wie er mag, aber Mekka, dor kann ik nix mit anfangen.«

»Glaubt Ihr nicht, dass Muslime das jetzt als beleidigend auffassen?«

»Keineswegs. Jedenfalls kein Mensch, der bei Verstand ist. Ich kenne ja sehr viele Muslime. Und ich wünsche jedem Einzelnen von ihnen, dass er oder sie seinen oder ihren Glauben so leben und praktizieren kann, wie er oder sie mag. Ich respektiere, was Menschen im Namen der Religion tun, solange sie anderen Menschen nicht schaden. Und so erwarte ich, dass sie auch meinen Weg respektieren. Außerdem: Kraft meines Amtes als Kalif habe ich ja wohl Definitionshoheit, oder? Also bestimme ich, wie der Hase läuft! Und ich bestimme: Um gleich etwas cooler zu wirken, schreiben wir im Kalifat ab sofort iSlam. Also diese Schreibweise. Und eine Sache, die ich unbedingt will, ist, dass Leute nicht ständig beleidigt sind, wenn man sich über ihre Religion lustig macht. Sie sollen Gelassenheit lernen und in sich selbst und ihrem Glauben ruhen. Wer in seinen Überzeugungen und Ansichten, wer also in seinem Glauben gefestigt ist, den erschüttern ja wohl ein paar dämliche Witze, Karikaturen oder Sprüche nicht! Wer hingegen ständig beleidigt ist und überall ›Feinde der Religion‹, ›Blasphemisten‹ und ›Ungläubige‹ sieht, ist sich seines Glaubens ja wohl nicht sehr sicher, oder warum sonst ist er gleich so erschüttert? Es gibt Muslime, die mir schreiben, dass sie das Kalifat, wie ich es errichtet habe, ganz furchtbar finden. Manche drohen mir sogar. Sie finden, ich machte mich über sie lustig. Dazu sage ich: Natürlich darf man mich, den Kalifen, kritisieren. Man darf mich sogar ganz furchtbar doof finden. Aber drohen, gar mit Gewalt, darf man niemandem! Und Gewalt antun erst recht nicht! Auch mir nicht! Dann wiederum gibt es Muslime, die toll finden, was ich mache. Wie ich Radikalen entgegentrete und die Islamisten mit ihren eigenen Übertreibungen spiegele. Das sind Leute, die auch über sich selbst lachen können. Ich glaube, das ist eine ganz wichtige Sache:

über sich selbst lachen zu können. Sich nie ganz ernst zu nehmen.«

Der Wesir scheint auf weitere Worte des Kalifen zu warten, vielleicht ist er aber auch nur einfach noch immer zu verwirrt, um etwas zu entgegnen.

»Schau, lieber Wesir, Islam und Christentum haben den Glauben an den Tag des Jüngsten Gerichts gemein: dass alles Leben und die Welt an einem Tag zu Ende gehen werden und dass jeder Mensch von den Toten auferweckt wird, vor Gott tritt und der dann über jede Person richten wird, ihrem Glauben und ihren guten und schlechten Taten entsprechend. Das mit den guten und schlechten Taten finde ich ja okay, sogar sehr okay. Aber dass man danach beurteilt wird, wie sehr man geglaubt hat, und dementsprechend entweder mit dem Paradies belohnt oder mit dem ewigen Höllenfeuer bestraft wird, dat finn ik al temlich snaaksch. Oder dass alles, wirklich alles von Gott gelenkt wird – dor kaam ik ok nich mit, weil die Leute dann anfangen, alles auf Gott zu schieben, ihrer eigenen Verantwortung nicht mehr gerecht zu werden und nicht mehr ihren Verstand zu benutzen und vernünftig zu handeln. Sie hören auf, ihren Willen zu artikulieren und für ihre Sache zu kämpfen, weil: Ist ja eh alles Gottes unergründlicher Wille, dor kann een nix maken! Diese Haltung mag Gläubigen in Schwierigkeiten und Not helfen, aber ich kann damit nun wirklich gar nichts anfangen.«

»Warum sprecht Ihr eigentlich zwischendurch immer Plattdeutsch?«

»Die Aufregung, Wesir, die Aufregung! Wenn ik mi över religiöös Saken opreg, fang ik automatisch an, plattdüütsch to snacken.« Nachdenkliche Pause. »So, und nun brauchen wir ein Fest! Ich habe eine Idee: Ich liebe Bleistifte! Bleistifte sind ein einfaches und doch wunderschönes Instrument, ein Schreibinstrument! Sie stehen für Bildung, für Literatur, für Schreiben, Zeichnen, Kunst. Und auch für Natur, schließlich sind sie aus Holz, Grafit, Ton, Wachs kann auch ein bisschen drin sein. Und weißt du, welch ausgetüftelte Erfindung ein ganz normaler Bleistift ist? Wie viele Menschen daran mitgewirkt haben, dass so ein geniales Schreibwerkzeug entsteht?«

Der Großwesir schüttelt den Kopf. Er fragt sich, worauf der Kalif hinauswill.

»Der 30. März ist in den USA *National Pencil Day* – nationaler Bleistifttag. Das finde ich schön! Ich erkläre hiermit den 30. März zum höchsten Fest im Kalifat. Das Bleistiftfest! Wir schenken einander Bleistifte – oder auch andere Sachen. Wir feiern die Bildung, die Kunst, den Menschen, das Leben! Und wir spenden an diesem Tag, damit auch andere Menschen in den Genuss von Bildung kommen. Wie findest du das?«

Der Großwesir nickt zustimmend.

»Wir brauchen nur noch eine Figur, die die Bleistifte und andere Geschenke bringt«, sagt der Kalif nachdenklich. »Ich hab's: Wir nennen ihn Bleistift-Man! Der, der die Bleistifte und andere Geschenke bringt! Bleistift-Man, das klingt nach Superheld! Die Leute wollen Superhelden! Wir starten einen Wettbewerb für Kinder, die den Bleistift-Man zeichnen müssen, und so finden wir heraus, wie sie sich ihn vorstellen.«

»Ich gehe und bereite das Preisausschreiben vor«, sagt der Großwesir und verlässt mit der Punschkrapfenteigschüssel den Thronsaal.

Einige Wochen später sichtet eine Jury aus Künstlern, Pädagogen, Literaten und Kindern die eingereichten Zeichnungen. Sie stellt fest: Die meisten Kinder haben den Weihnachtsmann gezeichnet. »Gut!«, sagt der Kalif. »Man muss ja nicht alles neu erfinden! Man muss auch auf Vertrautes und Bewährtes setzen. Bleistift-Man sieht also aus wie der Weihnachtsmann! Die Menschen backen in der Vorbleistiftszeit Plätzchen, kochen gemeinsam, treffen sich, es gibt Firmenbleistiftsfeiern, ein Bleistiftkalender zählt die dreißig Tage im März bis zum Bleistifttag, die Menschen spitzen gemeinsam ihre Bleistifte, und Bleistift-Man kommt am Abend des 30. März mit seinem Rentier…fiaker und fragt: ›Ho, ho, ho! Na, Kinder, habt ihr auch alle eure Bleistifte gespitzt?‹«

»Muss er wirklich unbedingt ›Ho, ho, ho‹ sagen, Kalif?«, fragt der Großwesir leicht genervt.

»Ja, muss er. Er fragt also: ›Habt ihr auch alle eure Bleistifte gespitzt?‹ Und alle zeigen brav ihre fein säuberlich gespitzten Bleistifte vor, und dann gibt es Geschenke, die unterm … mit Bleistiften geschmückten Tannenbaum liegen, den wir … ab jetzt im Kalifat Bleistiftbaum nennen!«

»Und was ist mit allen anderen Festen? Ostern und Weihnachten, Ramadan und Zuckerfest und so weiter?«

»Die feiern wir natürlich auch! Wir nehmen alles mit, was geht!«

Und so feierten die Menschen im Kalifat fortan am 30. März das Bleistiftfest, an dem Bleistift-Man die Geschenke bringt. Und alle anderen Feste feierten sie natürlich auch.

# Tagebucheintrag des Kalifen

## Verfasst im dritten Jahr der karfiolischen Zeitrechnung

Irre, die Menschen lieben das Bleistiftfest! Ganz von alleine hat sich entwickelt, dass sie einander ab Ende Februar, Anfang März »Fröhliche Bleistifte!« wünschen. Sie erfinden Bleistiftlieder, Bleistiftgedichte, Bleistiftmärchen. Die Bleistiftindustrie boomt plötzlich wie noch nie, Bleistifthersteller werden zu Milliardären, Berufe wie Bleistiftspitzer – ja, ein Mensch, nicht das Gerät! –, Bleistiftdesigner, Bleistiftlackierer, Bleistiftgraveure, Bleistiftverkäufer haben Zulauf wie verrückt, in allen Städten eröffnen Bleistiftcafés, Bleistiftbörsen, Bleistiftgeschäfte, sogar ganze Bleistiftbasare. Es bilden sich Fraktionen, und die Liebhaber echter Holzbleistifte blicken herab auf Nutzer von Druckbleistiften und Fallminenhaltern. Das künstlerische Zeichnen mit Bleistift gewinnt immer mehr Freunde, schon in der Grundschule lernen die Kinder, wie Bleistifte hergestellt werden und was es mit den Härtegraden auf sich hat. Touristen aus aller Welt, die ins Kalifat kommen, nehmen als Souvenirs Bleistifte mit. Es entstehen sogar, und das finde ich gar nicht gut, Luxusbleistiftboutiquen, wo Bleistifte für tausend Euro und mehr verkauft werden – pro Stück! Hersteller aus aller Welt schicken mir kistenweise ihre neuen Bleistiftkollektionen, in der Hoffnung, dass sie den Titel »Kalifatischer Hoflieferant« verliehen bekommen.

Sehr viele Menschen tragen neuerdings ganzjährig, als Zeichen ihrer Treue und Verbundenheit zu mir, einen Bleistift hinterm Ohr. Der Großwesir mokiert sich gerne darüber. Er findet, die kalifatische Bevölkerung sehe aus »wie ein Volk von Buchhaltern«, aber ich finde, wir müssen den Bleistift hinterm Ohr wieder positiv besetzen! Er gilt ab jetzt als Zeichen des Respekts, der Ehrerbietung, als Symbol des Kampfes für mehr Bildung.

Mich erinnert das an eine Zeichnung des spanischen Künstlers Francisco de Goya, die in meinem Kalifenbüro hängt. Darauf hält ein Mann eine Waage, in der einen Schale ein Schwert, in der anderen eine Schreibfeder. Und siehe da, die Feder wiegt schwerer als die Waffe. Soll heißen: Der Stift ist mächtiger als das Schwert. Ein schöner, wenn auch ziemlich oft bemühter Spruch, finde ich. Darin steckt viel Wahrheit. Ich glaube, der britische Romanautor Edward George Bulwer-Lytton hat ihn zum ersten Mal geschrieben, in einem der »Indiana Jones«-Filme kommen diese Worte auch vor.

Aber es gibt etwas, das noch mächtiger ist als der Stift – viel, viel mächtiger: der Stempel! Und, der Gipfel der Macht: das Stempelkarussell! Also viele Stempel!

Schon als Kind habe ich Stempel geliebt!

Ich erinnere mich außerdem, wie ich als Jugendlicher auf dem Amt war, es ging um eine Aufenthaltsgenehmigung. Der Beamte drehte lange an dem Stempelkarussell, bevor er den richtigen Stempel gefunden hatte: Ritschratsch, »DUL-DUNG« stempelte er in meinen Pass. Und dann, mit einem zweiten Stempel: »Gültig bis:« Das Datum stempelte er mit einem dritten Stempel hinein. Ein wahres Stempelkonzert, eine Machtdemonstration, der Herr der Stempel! Drei Monate lang durfte ich nun bleiben, dank dieser Stempel.

Oder diese Situation bei der Einreise in ein fremdes Land, da saß der Beamte in einer erhöhten Kabine, hinter einer dicken Scheibe. Noch dicker waren seine Brillengläser, wie Lupen, durch die er mich musterte, als habe er Zweifel, ob ich seines Stempels überhaupt würdig war, ob er ihn mir also wirklich geben könne. Dann, nach einigem Zögern und einigem Blättern in meinem Pass, griff er zu dem Gerät und drückte, ritschratsch, ein »*VISA ON ARRIVAL*« hinein, also meine Aufenthaltsgenehmigung als Tourist. Oh, ersehnter Stempel, oh, Instrument der Begierde, oh, Insignie der Herrschaft!

Ich benötige dringend einen Stempel! Nein, mehrere Stempel! »NEIN!«, »ABGELEHNT!«, »NEU MACHEN!«, »ZU ERLEDIGEN!«, »ERLEDIGT!«, »WIRD SPÄTER ENT-SCHIEDEN!«, »BIST DU VERRÜCKT GEWORDEN?«, »SOFORT!!!«, »SOLL DAS EIN WITZ SEIN?!« Diese und viele weitere Stempel brauche ich! Und natürlich: einen Stempel mit meinem Siegel! Das muss der höfische Grafiker noch entwerfen, vielleicht einen Blumenkohl, da der Namensgeber von Karfiolien ist, darunter zwei gekreuzte Schwerter. Ach Quatsch, keine Schwerter – Bleistifte! Das ist es: ein Blumenkohlkopf, darunter zwei gekreuzte Bleistifte! Mein Kalifat! Das wird mein offizielles Siegel, das kalifatische Wappen!

# Fatwa

## Witzekunde wird Pflichtfach

Während der gesamten Schulzeit, beginnend also bereits an der Grundschule – im Wiener Kalifat Volksschule genannt – wird verpflichtend das Fach Humor unterrichtet. Es kann auch Witzekunde genannt werden.

Zu behandeln ist darin unter anderem die unterschiedliche Witzkultur in der Welt. Die Schülerinnen und Schüler sollen die Begriffe Satire, Ironie, Sarkasmus und Zynismus verstehen, sie definieren können und die Unterschiede kennen. Kern des Fachs soll die Einheit »Witze ertragen« bilden. Hier ist Gegenstand des Unterrichts, wie man mit Witzen umgeht, die man unkomisch, beleidigend, doof, schlüpfrig, rassistisch oder primitiv findet. Wie man diese Witze aushält, sie kritisiert, gegebenenfalls ignoriert. Und man lernt, dass weder das Verbrennen von Autoreifen und Flaggen gegen solche als unwitzig empfundenen Witze hilft noch jemals physische Gewalt eine Antwort auf sie sein darf.

Eine ebenso wichtige Unterrichtseinheit soll die Humorförderung sein, resultierend aus der Erkenntnis, dass vieles im Leben mit Humor einfacher geht. Auch Lachkurse gehören dazu: Die Schüler:innen lernen, wie man richtig lacht, welche gesundheitsfördernden Wirkungen Lachen hat, die Biologie des Lachens, Atemtechniken und so weiter. Und dann, eine ganz wesentliche Einheit: über sich selbst lachen können! Lehrkräfte sollen ihr Augenmerk hier vor allem auf Kinder aus besonders religiösen und/oder besonders patriotischen Familien richten.

Eine Teilnahme am Fach Humor ist für alle verpflichtend und in jedem Schuljahr versetzungsrelevant.

# Tagebucheintrag des Kalifen

## Verfasst im dritten Jahr der karfiolischen Zeitrechnung

Mir ist schon klar, dass man Humor nicht erzwingen kann. Und dass Humor eine subjektive Angelegenheit ist, eine Frage des Geschmacks, der Vorlieben, des Gemüts. Und doch sind wir, ich und meine Wesirinnen und Wesire, uns einig: Die Menschen haben zu wenig oder gar keinen Humor mehr, Humor ist heute überhaupt nicht mehr in Mode! Aber das muss sich ändern! In der Diagnose stimmen wir also überein, nur ist fraglich, ob meine Therapie, also das, was ich in der Witze-Fatwa anordne, zum Ziel führt. Manche Menschen gehen ja zum Lachen in den Keller. In manchen Regionen des Kalifats ist das so ausgeprägt, dass es sich lohnen würde, dort ganze unterirdische Lachhallen zu bauen, allerdings mit lauter Einzelzellen, damit man bloß nicht gesehen wird beim Lachen.

Vor allem über sich selbst lachen können die meisten Menschen nicht.

Apropos über sich selbst lachen: Ich muss unbedingt einen Hofnarren einstellen! Der Hofnarr ist, auch wenn das kaum jemand weiß, die wichtigste Person im Hofstaat! Na gut, nach mir natürlich und nach dem Großwesir vielleicht. Denn seine Aufgabe ist es, der Obrigkeit, also in diesem Falle: mir, den Spiegel vorzuhalten – und das auf erfrischende, komische Weise, sodass ich es ertragen kann. Es ist ja nicht so, dass ich ständig über mich und meine Fehler lachen könnte. Aber immer öfter. Idealerweise muss der Hofnarr also schlau und intelligent sein, im besten Fall sogar schlauer und intelligenter als die Person, die er kritisieren soll, aber er darf es diese Person nicht spüren lassen, sonst: zack, Kopf ab! Na ja, so war das jedenfalls früher. Den Kopf haue ich niemandem ab.

Ich möchte niemals so werden wie die vielen Staats-, Regierungs- und sonstigen Chefs, bei denen sich vor lauter Angst oder Respekt oder beidem niemand mehr traut, ihnen die Meinung zu geigen. Diese Leute werden nämlich sehr seltsam. Jeder, der ihnen zu widersprechen wagt, wird abserviert, selbst wenn es im konstruktivsten aller konstruktiven Sinne geschieht. So seltsam möchte ich nicht werden.

Notiz an mich selbst: den Großwesir anweisen, eine Stellenausschreibung für einen Hofnarren zu verfassen. Der Amtsinhaber oder die Amtsinhaberin soll die gescheiteste Person am ganzen Hofe sein. (Hoffentlich kommt Kaluppke nicht auf die dumme Idee, diese Aufgabe selbst übernehmen zu wollen!)

# Kalifatische Ethik

An einem lauen Sommerabend liegt der Kalif auf einem *Charpoy*, einem mit Schnitzereien verzierten Bettgestell aus Rosenholz, bespannt mit Seilen aus feinster Baumwolle, und blickt in den Drestani Sternenhimmel. Welch wunderbares Gewölbe! Gen Okzident leuchtet der Himmel noch blutrot, während vom Orient her unaufhaltsam eine undurchdringliche Schwärze heraufzieht. Die Sterne bilden ein alles überspannendes Netz, als hätte jemand auf einem Tuch Diamantenstaub ausgeschüttet, der sich gleichmäßig über alles gelegt hat. Der Kalif fällt in einen leichten, erholsamen Schlaf, als ihm im Traum ein vollendetes Wesen erscheint. Ein Wesen, nicht weiß, nicht schwarz, nicht hell, nicht dunkel, nicht Mann, nicht Frau, nicht jung, nicht alt, sondern undefinierbar schön. Sollte das ein Engel sein?, fragt sich der Kalif im Traum.

Und das Wesen spricht: »Ich will dir das iSlam-Betriebssystem nennen, das du und dein Volk achten und befolgen sollt. Es sollen die acht Säulen des Kalifats sein, der achtfache Pfad der Erleuchtung, die acht Gebote, nenne es, wie du willst. Höre gut zu, merke, was ich zu sagen habe, und teile dieses Wissen mit deinem Volk.

Erstens: Du kannst so viele Götter oder Göttinnen haben, wie du willst. Glaube, was du willst. Aber trage deinen Glauben nicht zur Schau. Mäßige dich in deinem Eifer zu glauben, erzähle von mir aus allen davon, aber missioniere nicht, überrede niemanden zu glauben, was du glaubst, übe nie Zwang im Glauben aus und halte niemanden für schlechter oder unterlegen oder minderwertig, nur weil er oder sie anders glaubt als du. Du musst auch nichts glauben. Es ist völlig egal. Hauptsache, du findest deine Mitte.

Zweitens: Wenn du magst, mach Bilder von dem oder der, an den oder die du glaubst. Zeichne, skizziere, male, haue Skulpturen aus Stein, forme welche aus Knete, Salzteig oder Pappmachee oder schnitze sie aus Holz – oder lass all das sein. Es ist deine freie Entscheidung. Besinge mich in Liedern, mache mir zu Ehren Musik – oder lass Stille walten, ganz wie es dir gefällt. Aber respektiere, wenn andere Menschen es anders handhaben als du. Du und dein Glaube, ihr seid das Maß der Dinge für dich, aber für niemand anderen.

Drittens: Töte keine Menschen. Weder aus irgendwelchen Motiven, die dir eigen sind, noch im Auftrag irgendeines anderen Menschen, und auch nicht im staatlichen Auftrag. Die Todesstrafe, also einen Menschen zu töten, weil er oder sie getötet hat, ist nicht nur Gottes- und Kalifenlästerung, sondern in ihrer Unlogik und Absurdität auch eine Beleidigung der menschlichen Intelligenz. Und einen Menschen aus anderen Gründen hinzurichten, ist noch bescheuerter.

Wir.

Bringen.

Keine.

Menschen.

Um.

Viertens: Ehre das Alte, mehre das Gute, wehre dem Schlechten. Aber sei klug dabei, denn nicht alles, was alt ist, ist ehrenhaft, nicht alles, was gut ist, lohnt sich auch zu mehren, und man kann nicht allem Schlechten wehren. Mit anderen Worten: Benutze deinen Verstand, denn dazu hast du ihn. Lerne zu denken. Wähle deine Worte mit Bedacht. Sage zum Beispiel nicht »selber denken«, denn denken kannst du eh nur selbst. Wer sonst sollte für dich denken?

Glaube, was du willst, von mir aus auch, dass es eine Unbefleckte Empfängnis gibt oder dass ein dreifaltiger Gott oder der Kosmos oder was weiß ich dein Leben steuert, aber nimm keine Haltung des Erduldens ein, sondern, ich wiederhole mich, nutze deinen Verstand und handele entsprechend. Es nützt zum Beispiel nichts, regelmäßig zu mir zu beten oder in eine Kirche oder eine Moschee oder eine Synagoge oder einen Tempel zu rennen, aber sich keiner Menschenverachtung, keinem Rassismus, keinem autoritären oder diktatorischen Gebaren in den Weg zu stellen! Wer nicht lernt, Empathie zu empfinden und seinen Mitmenschen gegenüber entsprechend zu handeln, soll mich nicht suchen, denn er wird mich nicht finden. Du kannst dein Karma nicht verbessern, wenn dir das Schicksal deiner Mitmenschen egal ist.

Strebe also nach einem tugendhaften Leben! Ich weiß, es klingt altmodisch, ist aber dringend nötig. Was tugendhaft ist, willst du wissen? Dazu zwei Fragen, die dir helfen. Frage dich bei allem, was du tust oder sagst: ›Würde ich das auch auf einer großen Bühne so tun oder sagen, wenn ich wüsste, dass die ganze Welt mir dabei zuschaut?‹ Und: ›Würde ich, wie ich jetzt handele oder rede, auch wollen, dass man mich behandelt oder mit mir redet?‹ Meist weißt du dann, ob dein Reden oder Handeln akzeptabel ist oder nicht. Lies Kant und was es mit seinem kategorischen Imperativ auf sich hat. Der hat mal gesagt: ›Handle nur nach derjenigen Maxime, durch die du zugleich wollen kannst, dass sie ein allgemeines Gesetz werde.‹ Dieser Gedanke stammt natürlich in Wahrheit von mir, seinem Schöpfer. Ich habe ihn Kant ins Hirn gepflanzt, er hat ihn ein bisschen umständlich ausgedrückt, der gute Junge, aber egal, Ruhm, wem Ruhm gebührt! Lies seine Schriften oder Kinderbuchversionen davon, wenn du das besser verstehst.

Fünftens: Hör auf zu beten! Beziehungsweise: Bete, wenn es dir hilft! Aber mach es dir nicht zur Pflicht, wenn es dir nichts bringt – und zwinge vor allem niemand anderen dazu! Und beuge nicht deinen Kopf vor irgendeiner Gottheit, wenn du nicht in der Lage bist, auch Demut und Zuneigung und Respekt vor deinen Mitmenschen zu zeigen! Knie dich nicht vor einer Gottheit nieder, wenn du dich nicht auch zu Menschen niederkniest, die am Boden liegen. Lebe dein Leben frei von Furcht vor einer Gottheit oder vor einem Herrscher. Mache dir das Paradies auf Erden, aber sorge dafür, dass auch andere Menschen an diesem Paradies teilhaben können! Teile! Sei gerecht und ausgleichend! Lebe nicht fürs Jenseits, sondern lebe jetzt! Lebe hier! Und baue nicht darauf, dass gutes, tugendhaftes Handeln dir hilft, ins Paradies zu kommen oder dir zu einem besseren Karma für ein späteres Leben zu verhelfen – es hilft dir einfach nur, kein Arschloch zu sein. Ob es tatsächlich ein Paradies (und eine Hölle) gibt oder ob du bis in alle Ewigkeit auf Erden wiedergeboren wirst, ob es Erleuchtung oder Auferstehung gibt – nun, lass dich überraschen! Vor allem aber: Fixiere dich nicht auf diese Gedanken, letztlich kannst du eh nichts machen, und es ist egal. Es wird sich schon ausgehen. Hab einfach Vertrauen, du hast nämlich eh keine andere Wahl. Sagte ich dir, wie es ist, gäbe es eh wieder einige unter euch, die alles in Frage stellten – und schon hätten wir wieder Chaos, Kakofonie, Karambolage. Also glaube halt, was du willst, aber lebe, ich wiederhole mich, im Jetzt und Hier. Oder, um es mit Herrn Siddhartha Gautama zu sagen, auch bekannt als Buddha: »Laufe nicht der Vergangenheit nach und verliere dich nicht in der Zukunft. Die Vergangenheit ist nicht mehr, die Zukunft ist noch nicht gekommen. Das Leben ist hier und jetzt.« Klar, denke auch ans Morgen, vielleicht was du am nächsten Tag gern kochen möchtest, möglicherweise auch, wie du für deine Rente gut vorsorgen kannst, aber bestimmt nicht an die Zeit nach deiner Zeit auf Erden. Da kannst du, wie gesagt, eh nix machen.

Sechstens: Menschenrechte gelten global und absolut. Achte sie und sorge dafür, dass auch andere sie achten. Mit anderen Worten: Engagiere dich für Menschenrechte! Dein Interpretationsspielraum bei der Auslegung von Menschenrechten: null. Keine Diskussion!

Siebtens: Achte auf ethisches Umweltverhalten. Hab ich auch schon am achten Tag der Erschaffung vor allem im Zusammenhang mit Essen gesagt, erinnerst du dich? Hat ab sofort Gebotskraft!

Achtens: Lies Bücher! Nichts bildet, bringt dich weiter, regt deine Kreativität an, schärft deinen Geist so sehr wie das Lesen von Büchern! Lies die Schriften, die dir gefallen. Du wirst einen eigenen Geschmack entwickeln, sodass es im Grunde egal ist, was du liest. Aber Hauptsache, du liest! Denn in allen Büchern wirst du den Rat anderer Menschen finden, manchen befolgen, anderen verwerfen. Ob du letztlich ein Buch zu deiner Heiligen Schrift erklärst, wenn du das unbedingt benötigst, ist deine Sache. Aber egal, welche Schrift es ist, interpretiere sie zeitgemäß. Du fährst schließlich auch Auto und fliegst Flugzeug und reitest nicht mehr auf dem Kamel. Menschen, die an einem Buch aus dem Frühmittelalter oder noch älter wortwörtlich festhalten, sind nicht besonders religiös, sondern besonders geistig unbeweglich. Also hör auf zu fragen und lies!«

Und als der Kalif aufwacht, umgibt ihn, den auf dem *Charpoy* Liegenden, sein Harem. Und diese schönen Menschen schauen ihn liebevoll an. Kaum hat er die Augen geöffnet, beginnt eine holde Maid mit lieblicher Stimme zu singen, ein Orchester von Jünglingen beginnt, eine passende Melodie auf Harfen zu spielen, weitere Haremsmitglieder wedeln nun eifriger als bisher mit wunderschön geschwungenen Palmblättern, eine Frau reicht ihm ein frisches Zwiebelmettbrötchen auf einem Silbertablett. Der Kalif erzählt, was er geträumt hat. Und fortan verbreitet der Harem die Kunde von der kalifatischen Ethik in der Bevölkerung, und so findet sie ihren Weg in die ganze Welt.

# Fatwa

## Was zu ertragen ist

Ergänzend zum Humorunterricht soll es, ebenfalls verpflichtend für alle, einen Unterricht geben im Fach Ertragen: Wie ertrage ich Dinge, die ich nicht mag, die ich ablehne oder nicht verstehe? Im Fach Ertragen soll unter anderem eingeübt werden das Ertragen vom Anblick nackter Menschen und von Frauen mit Kopftüchern, das Ertragen historischer Tatsachen wie zum Beispiel, dass bestimmte Länder, die sich mal »Weltreich« nannten, nunmehr keine sind und wohl auch nicht mehr sein werden und man trotzdem glücklich in diesem Land sein kann, ohne gleich durchzudrehen oder von Minderwertigkeitskomplexen durchdrungen zu sein. Dies ist insbesondere relevant mit Blick darauf, dass das Kalifat dereinst die Weltherrschaft innehaben wird und sich damit einstige und gegenwärtige Supermächte ebenso einverleiben wird wie Zwergstaaten. Die Menschen in all diesen Ländern werden das ertragen müssen.

Ebenso soll im Fach Ertragen gelehrt werden, was Menschen nicht ertragen sollen, was sie nicht hinnehmen dürfen, wogegen sie sich wehren müssen. Und nicht zuletzt werden sie lernen, wie sie sich wehren, wie sie richtig streiten und ihre Interessen klug und gewaltlos durchsetzen können.

# Wie haltet Ihr es mit Karikaturen?

»Ähm, Chef?«

»Ja, Großwesir?«

»Ich habe gerade Eure Fatwa zum Humorunterricht gelesen.«

»Und? Wie findest du sie?«

»Sehr gut, sehr gut. Trotzdem hab ich da eine Frage ...«

»Nur zu.«

»Also ... Was sagt Ihr zu den Mohammed-Karikaturen?«

»Was soll ich dazu sagen?«

»Na, verurteilt Ihr das? Oder findet Ihr das in Ordnung?«

Der Kalif schaut den Großwesir nachdenklich an.

»Also, ich finde, Menschen sollten grundsätzlich Respekt haben vor Menschen. Und Religion ist so eine Sache, da geht es ja um Glauben, nicht um Wissen, also entweder glaubt man oder man glaubt nicht.«

»Ich versteh schon, Kalif, aber meine Frage ...«

»Geduld, Kaluppke, Geduld! Ich komme ja darauf. Wenn ich also nicht glaube, was ein anderer glaubt, ist das völlig in Ordnung. Natürlich darf ich mich auch über das, was andere denken, glauben, sagen, lustig machen. Ich darf also auch

Karikaturen zeichnen, na klar. Die Frage ist jedoch: Ist es gut, dass ich es tue? Kann ich es mit mir und meinem Gewissen vereinbaren, dass ich manche Leute beleidige, verletze, vor den Kopf stoße? Du weißt: ›Edel sei der Mensch, / Hülfreich und gut! / Denn das allein Unterscheidet ihn / Von allen Wesen, / Die wir kennen.‹ Goethe.«

»Ich weiß«, sagt der Großwesir.

Der Kalif fährt fort: »Jeder muss für sich entscheiden, wie hülfreich und gut er sein mag. Das kann ich nicht als Kalif oder als Regierung oder als Staat vorschreiben.«

»Und was sagt Ihr dann zu den Protesten, die so sicher wie das Amen in der Kirche nach solchen Karikaturen folgen?«

»Gemach, Kaluppke. Man darf, wie gesagt, Karikaturen zeichnen, von wem auch immer, auch von Propheten. Man darf über Religion lachen, sich auch lustig machen. Selbst wenn ich nicht Kalif wäre, wäre ich aber zurückhaltend. Und zwar immer aus Respekt vor anderen Menschen, aber niemals, weil man mir drohen würde, mich umzubringen. Und damit wären wir bei den Protesten: Natürlich darf man Karikaturen doof, unmöglich, beleidigend, ärgerlich finden. Man darf dagegen protestieren, auf die Straße gehen, Schilder hochhalten, man darf das Medium boykottieren, das solche Zeichnungen veröffentlicht, man darf sogar Produkte aus dem Land sanktionieren, aus dem der Karikaturist kommt. Man kann den juristischen Weg beschreiten und klagen, man kann politisch Druck machen oder Texte verfassen, in denen man die Karikaturen kritisiert und seinem Unmut Luft macht. Manche verbrennen Autoreifen vor Wut oder Flaggen, das ist ein ziemlich dummer Protest. Andere zünden Autos oder Häuser an, das geht definitiv nicht! Und niemals wenden wir physische Gewalt an, schon gar nicht töten wir irgendwen! Niemals! Dass bei solchen Protesten oft Menschen sterben, finde ich unglaublich! Die Täter müssen bestraft werden, und zwar hart!«

»Ihr meint die gewalttätigen Protestler?«

»Natürlich, wen denn sonst? Den Zeichner? Nein! Den kann man ebenso verabscheuen oder lieben wie seine Werke, aber man sollte ihn nicht bestrafen.«

»Ihr sprecht von Respekt vor den Menschen, aber ist es nicht so, dass Satire keine Rücksicht auf persönliche Befindlichkeiten nehmen darf, sonst hat sie schon verloren?«

»Völlig richtig, Großwesir. Nur muss ja nicht jeder satirisch sein und ist es, Allah sei gepriesen, auch nicht. Andere spotten gern, und das ist auch gut so, denn was wäre die Welt ohne eine Prise Spott? Diejenigen, die zum Gegenstand von Satire gemacht werden, können dagegen, wie gesagt, in der einen oder anderen Form protestieren. Aber noch einmal: Niemals darf Gewalt die Antwort sein! Sollen sie doch Gegenkarikaturen zeichnen! Und ansonsten haben sie hoffentlich im Ertragen-Unterricht gelernt, dass auch Karikaturen zu ertragen sind.«

»Hm, das ist keine wirklich eindeutige Antwort, Kalif.«

»Das stimmt. Ich weiß, die Menschen lieben Eindeutigkeit, weil sie etwas Tröstliches hat, so wie die Möglichkeit, einen Feind oder einen Schuldigen für etwas klar benennen zu können. Aber so funktioniert das nun einmal nicht, jedenfalls nicht immer. Also: Ein Hoch auf das respektvolle Miteinander! Und ein Hoch auf die Satire, die Kunst der Karikaturen, den Spott!«

# Schweigen ist Gold

»Kalif, oh mein Kalif!«

»Ja, Großwesir?«

»Sagt, in Eurer unendlichen Weisheit: Stimmt es, dass Reden Silber, Schweigen aber Gold ist?«

»Ja, Großwesir.«

»Okay, Eure Heiligkeit.«

Daraufhin schweigen sie ein paar Stunden lang. Auch digital schweigen sie, niemand tippt in ein Smartphone oder in ein Tablet, niemand starrt auf den Monitor eines Laptops oder auf ein anderes elektronisches Gerät. Sie starren einfach in den Raum oder lesen in einem Buch, das sie hin und wieder aus ihren Taschen ziehen, dann wieder wegstecken, um über das Gelesene nachzudenken, nur um ein paar Minuten später das Buch erneut hervorzuziehen und weiterzulesen.

»Soll ich dir noch drei kalifatische Weisheiten zum Thema Schweigen mit auf den Weg geben?«, fragt der Kalif den Großwesir ein paar Stunden später.

Der Großwesir nickt, schweigt aber weiter.

»Schweige, wenn du merkst, dass jemand dich trotz deiner Worte nicht versteht. Schweige, wenn jemand dich auch

171

ohne Worte verstehen kann. Und erkläre dich niemals, denn diejenigen, die dir wohlgesonnen sind, benötigen keine Worte von dir, und diejenigen, die dich nicht mögen, werden dir nicht glauben.«

Und fortan schweigt der Kalif für den Rest des Tages. Sein Großwesir auch.

## Bild dir deine Meinung

Die Hände in weißen Baumwollhandschuhen, blättert der Kalif in der »Bild«-Zeitung. In seinem Gesicht spiegelt sich ein Ausdruck des Angewidertseins, wie immer, wenn er sich dieses Blatt zu Gemüte führt. Ein Bote hat ihm die Ausgabe gebracht, aufgelesen in der U-Bahn oder mitgenommen aus einem Kaffeehaus. »Niemals auch nur einen Cent dafür!«, lautet die Anordnung des Kalifen. »Und: Wenn möglich, nicht berühren!«

»Betrunkene Südländer verprügeln deutschen Gastwirt!«, liest er. Er zückt seinen Notizblock und schreibt die Schlagzeile bedächtig ab. Diese Idioten lieben das Ausrufezeichen über alles, denkt er. Gestern hat er aus der »Bild« notiert: »Schon wieder Ehrenmord in Berlin!« Sie schreiben immer noch »Berlin« statt »Baahlin«! Vorgestern: »Tatverdächtige: zwölf Ausländer, neun Deutsche, drei Deutsche mit Migrationshintergrund«. Am Tag davor: »Ausländer sind häufiger kriminell als Deutsche!« Davor: »Deutschland droht in den nächsten 50 Jahren Islamisierung!« Und davor: »Aus Angst vor Attacken im Asyl-Hotel: Sanitäter tragen schon Schutzwesten«.

Er blättert weiter in der Zeitung und entdeckt eine Meldung mit der Überschrift: »Weniger Deutsche in Dresden!« Ha! Der alte Name »Dresden« statt »Drestan«. Die Zusammensetzung der Bevölkerung habe sich verändert, liest er. Er überschlägt die im Text angegebenen Zahlen im Kopf und kommt zu dem Ergebnis, dass es eine statistisch bedeutungslose Schwankung von null Komma eins Prozent gegeben hat. Faktisch hat sich also nichts geändert in Drestan. Das Blatt aber macht daraus eine solche Schlagzeile.

Hätte der Kalif keine braune Haut, könnte man jetzt sehen, wie ihm die Zornesröte ins Gesicht steigt. Er wirft die Zeitung auf den Boden und brüllt: »Großwesir! Großwesir! Wo steckst du?«

Der Großwesir schleicht seelenruhig mit dem aktuellen »Spiegel« unterm Arm in die Kalifenlounge. »Was gibt's, Chef?« Er sieht die »Bild« auf dem Boden liegen. »Warum lesen Sie solch einen Dreck, Chef?«, fragt er. »Hier, das ist wenigstens ein bisschen intellektueller!« Er reicht ihm den »Spiegel«. Vom Titelbild glotzt Hitler den Leser an.

»Es reicht mir!«, schreit der Kalif. »Jeden Tag der gleiche Scheiß. Immer dieser Hass, gegen ›die Fremden‹, ›die Migranten‹, ›die Ausländer‹, ›die Flüchtlinge‹! Neulich fragten sie in einer Titelzeile: ›Ist der Kalif ein Muslim?‹ Als ob das etwas Schlechtes wäre! Ich bin der Kalif, ich mache das nicht mehr mit! Jetzt ist Schluss!«

»Hochwohlgeborener Kalif, darf ich Euch daran erinnern, dass nicht Ihr die Zeitung macht, mithin nicht verantwortlich seid für den Inhalt dieses Medienerzeugnisses? Regt Euch nicht auf, Euer Herz ...«

»Ach, sei still, Großwesir! Schick die Ehrengarde los! Sie soll den Chefredakteur, diese schleimige Kröte, festnehmen und in den Kerker werfen!«

Der Großwesir steht mit offenem Mund da. Er braucht eine Weile, um klar denken und eine Antwort formulieren zu können.

»Sie wollen Julius Reichert einsperren?«

»Ja, genau, dieses Drecksschwein! Und die gesamte Redaktion wird entlassen! Ruf die besten kalifatischen Hofberichterstatter zusammen! Sie sollen die Ehrengarde begleiten und sofort die Redaktion übernehmen! Diese Zeitung soll künftig von klugen, gebildeten, vernünftigen Leuten gemacht werden, die formvollendet formulieren können! Schluss mit diesem menschenverachtenden Mist! Ab morgen soll das ein lesenswertes kritisches Blatt sein! Von mir aus Boulevard, aber lesenswerter, anspruchsvoller Boulevard!«

»Aber...«

»Kein Aber! Sofort! Marsch, marsch!«

»Eure Heiligkeit, Ihr sprecht wie ein Diktator! Das wird eine Menge Ärger geben und entspricht nicht Euren eigenen demokratischen Standards, wenn ich Euch daran untertänigst erinnern darf, oh ehrenwerter Kalif!«

»Ich will dir mal was sagen, Wesirchen: Kürzlich hat ein Deutscher, ein dreißig Jahre alter Mann, in Leipzig seine Ex-Freundin umgebracht. Das ist furchtbar! Schlimm! Grausam! Der Mann muss bestraft werden! Klar. Aber weißt du was? Als Fünfjähriger ist er mit seiner Familie aus Afghanistan nach Deutschland geflüchtet. Eigentlich spielt das gar keine Rolle, aber dieses Schundblatt hat seine Herkunftsgeschichte

175

natürlich groß zum Thema gemacht. Titel: ›Myriams Killer war mal ein Musterbeispiel gelungener Integration‹. Soll heißen: Man kann noch so lange in Deutschland leben und einen noch so deutschen Pass haben – sobald man etwas verbockt, wird man auf die Herkunft reduziert. Bei den Leserinnen und Lesern soll hängen bleiben: Schon wieder ein Ausländer, der ein Gewaltverbrechen begangen hat! Ausländer sind böse, sie sind eine Gefahr für uns!«

Der Kalif rauft sich den Turban und stößt einen undefinierbaren Schrei aus. Der Großwesir betrachtet ihn aus sicherer Entfernung. Sie schweigen eine Minute lang.

Der Großwesir wagt es als Erster, das Schweigen zu brechen. »Aber Kalif, so beruhigt Euch doch! Auf welcher rechtlichen Basis wollt Ihr den Mann festnehmen lassen?«

»Auf welcher rechtlichen Basis?« Er stampft mit dem rechten Fuß auf. »Du fragst: auf welcher rechtlichen Basis?« Fassungslos starrt der Kalif den Großwesir an. »MEIN WILLE GESCHEHE! DAS IST DIE RECHTLICHE BASIS!«, schreit er mit sich überschlagender Stimme. Sie hallt im Raum nach.

»Aber, *mon calife*, das ist doch fernab jeglicher Regeln der Demokratie, was Ihr hier anordnet!«

»Demokratie? Ich bin hier, um die Demokratie zu verteidigen! Nicht, um sie zu praktizieren!«

Die beiden schweigen wieder, diesmal mindestens zwei Minuten.

»So, haben wir uns wieder beruhigt?«, fragt der Großwesir. »Können wir jetzt wieder zur Vernunft kommen?«

»Ich geb dir gleich Vernunft!«, schreit der Kalif. »Wer die ›Bild‹ liest, hat die Kontrolle über sein Leben verloren!«

»Aber, Cheffe, Ihr könnt den Menschen doch nicht vorschreiben, was sie lesen sollen!«

»Vorschreiben? Wer redet denn von vorschreiben?«

»Es klingt, als wolltet Ihr den Menschen verbieten, ›Bild‹ zu lesen.«

»Verbieten? Wer redet denn von verbieten?«

Der Großwesir kratzt sich am Kopf. »Na, ich befürchte, die Leute könnten es so auffassen, wenn Ihr den Chefredakteur verhaften und die komplette Redaktion feuern lasst.«

»Die Leute dürfen lesen, was sie wollen! Sie dürfen ja auch sonst konsumieren, was sie wollen. Sie dürfen essen, was sie wollen. Jeden Tag fettige Pommes und noch fettigere Burger, zum Beispiel! Zum Frühstück, zum Mittagessen, zum Abendessen, gerne auch mal als Snack zwischendurch und dann noch mal kurz vorm Einschlafen, als Betthupferl. Alles ihre Sache! Aber dann müssen sie dafür auch die Konsequenzen tragen! Oder rauchen – jeder Mensch darf rauchen, so viel er mag. Oder Alkohol trinken. Aber auch das hat Folgen, die jeder und jede selbst zu tragen hat. Warum sollte das mit geistiger Nahrung anders sein? Wer sich nur Müll in den Kopf stopft, darf sich nicht wundern, nur Müll im Kopf zu haben!« Der Kalif macht eine Kunstpause, wie er es vor vielen Jahren mal in einem Rhetorikkurs an einer Volkshochschule gelernt hat. »Wenn man diesen Leuten dann sagt: ›In deinem Kopf steckt nur Müll!‹, müssen sie das aushalten. Es ist eine Folge ihres Müllkonsums. Und wenn ihnen dann bestimmte Türen verschlossen bleiben, weil sie nur Müll in ihrem Kopf haben, dann ist das eben so.«

Der Großwesir will noch nicht aufgeben. »Es gibt das

Böse, Kalif, gewiss. Aber denkt daran: Es gibt auch Böses, das im Namen der Bekämpfung des Bösen verübt wird.«

Der Kalif schüttelt den Kopf. »Du hast Recht, mein Freund. Aber vor dem Bösen gibt es immer eine Zeit, in der viele glauben, dass dieses Böse sich von selbst erledigen werde. Dass es so schlimm doch gar nicht sei. Dass man übertreibe, wenn man vor dem Bösen warne, vor der Gefahr, die davon ausgehe. Aber die Stimmen der Mahner verhallen. Und am Ende, wenn niemand sich entgegenstellt, wenn niemand widerspricht, siegt das Böse.« Die Worte scheinen den Kalifen angestrengt zu haben, er sackt in sich zusammen. Mit leiser Stimme sagt er: »Es nützt nichts. Schick die Ehrengarde los, zack, zack! Kein weiteres Wort will ich von dir hören!«

»Jawohl, Eure Heiligkeit!«

»Und, Großwesir?«

»Yes, Sir?«

»Sag den künftigen Redakteuren, dass sie die Zeitung mit sofortiger Wirkung umbenennen sollen! Ab morgen heißt ›Bild‹… ›Tasweer‹!«

»›Tasweer‹?«

»Genau. Das ist Urdu für ›Bild‹[*]. ›Tasweer dir deine Meinung‹, haha! Und als Unterzeile: ›Schlechte Nachrichten und Lügen aus dem Kalifat‹. Dann wissen die

---

[*] Urdu ist eine indoarische Sprache und gehört zum indoiranischen Zweig der indogermanischen Sprachfamilie; Urdu ist Amtssprache in Pakistan und Teilen von Indien; geschrieben wird Urdu in einer Variante des persischen Alphabets, das wiederum eine Variante des arabischen Alphabets ist. Aufgrund ferner familiärer Beziehungen des Kalifen nach Pakistan schätzt er diese Sprache.

Leute, worauf sie sich einlassen, wenn sie sich diesen Schrott zu Gemüte führen.«

Der Großwesir schüttelt den Kopf. »Ich führe diesen Befehl nur unter Protest aus!«, murmelt er und verlässt den Raum.

Am Abend kommt er, blass im Gesicht, in die Kalifenlounge. »Befehl ausgeführt, Sir!«, sagt er.

»Berichte Er!«, antwortet der Kalif knapp, ohne vom »Spiegel« aufzuschauen.

»Die Ehrengarde hat die Redaktion gestürmt und sämtliche anwesenden Redakteurinnen und Redakteure aufgefordert, ihre Sachen zu packen und zu gehen. ›Das war's, sucht euch einen anderen Job!‹, hat der Ehrengardenkommandeur gebrüllt. Dann sind ein paar Mann in das Büro von Reichert gestürmt und haben ihn und auch gleich seine Stellvertreter festgenommen, abgeführt und in den Kerker geworfen.«

Der Kalif blickt nun doch auf. »Und wie haben sie reagiert?«

»Sie haben keinen Widerstand geleistet.«

»Wirklich?«

»Der Anführer der Ehrengarde sagt: kein Widerstand, keine Widerworte, nichts.«

»Wirklich?«

»Ja.«

»Gut.«

»Und was machen wir jetzt mit Reichert und seinen Stellvertretern?«

Der Kalif überlegt. »Sie bleiben bis auf Weiteres im Kerker. Zu lesen bekommen sie nur ...« Der Kalif überlegt.

179

»... die ›taz‹ und ›Neues Deutschland‹. Aber immer die Ausgaben vom Vortag. Stellt sicher, dass sie keine elektronischen Geräte bei sich haben. Keine Handys! Keine Tablets! Nichts! Sie sollen keinen Zugang zu Informationen irgendwelcher Art bekommen außer zu diesen beiden Zeitungen. Und auf gar keinen Fall sollen sie ihren Müll weiterverbreiten können. Kein Briefkontakt, keine E-Mails, kein Facebook, Twitter, Instagram!«

»Kalif?«

»Ja, Großwesir?«

»Wie heißt eigentlich ›Spiegel‹ auf Urdu?«

Der Kalif überlegt kurz: »Aina.«

Am nächsten Morgen lässt der Kalif sich ein Exemplar der ›Tasweer‹ bringen. Der Name der Zeitung prangt, wie zuvor bei der ›Bild‹, in weißen Buchstaben auf rotem Grund – allerdings zweizeilig, einmal in lateinischen, einmal in arabischen Buchstaben. In fetten Lettern steht auf der Titelseite: »REDAKTIONSPUTSCH! Kalif islamisiert ›Bild‹!« Im Text wird auf den Austausch der Redaktion eingegangen, auf die Festnahme der früheren Chefredaktion. In einem Kommentar wird dieser Akt als »diktatorisch« kritisiert, als »Angriff auf die Pressefreiheit«, der einer Demokratie »gänzlich unwürdig und daher inakzeptabel« sei.

»Na bitte, geht doch«, brummt der Kalif, als er das liest. »Endlich eine unabhängige, kritische, vernünftige Berichterstattung in diesem Blatt!«

# Tagebucheintrag des Kalifen

**Verfasst im vierten Jahr nach Beginn der karfiolischen Zeitrechnung**

Warum sind so viele Leute so unhöflich? Sprache verrät Geisteshaltung. War gestern in einer Bäckerei, da sagt eine grummelige Frau zur Verkäuferin hinter der Theke: »Ich krieg ein Mischbrot und vier Nussecken!« Kein »Bitte«. Und da frug ich mich: Ich krieg? Als Verkäuferin hätte ich geantwortet: Ach wirklich, kriegen Sie? Von wem? Aber das wäre ja auch unhöflich. Ich glaube, viel zu viele Menschen denken nicht über die Worte nach, die ihren Mund verlassen. Wir brauchen eine Fatwa!

# Fatwa

## Rettung der Höflichkeit, Rettung des Konjunktivs

Benutzten die Menschen öfter den Konjunktiv, gestaltete sich die Welt gleich viel freundlicher! Sagten sie beispielsweise im Geschäft nicht: »Ich krieg zwei Würste.«, sondern: »Ich hätte gerne zwei Würste« oder »Könnte ich bitte zwei Würste bekommen?« – auch wenn sie sie selbstverständlich bekommen, die Option also, sie bekämen keine, von geringster Wahrscheinlichkeit ist, schließlich wollen sie sie kaufen, und der Wurstverkäufer will sie verkaufen, beide haben einen Nutzen davon –, wäre die Welt sofort etwas heller. Daher ist mit diesem kalifatischen Dekret ein Topf in derselben Höhe des Verteidigungshaushaltes zu schaffen zur Verteidigung des Konjunktivs. Konjunktiv ist Höflichkeit! Konjunktiv ist Respekt! Konjunktiv ist Schönheit! Oh, schenkten die Menschen dem Konjunktiv doch mindestens genauso viel Beachtung wie der Konjunktur! Pflegten sie ihn mit derselben Hingabe!

Zielvorgabe dieser Fatwa: Jeder Kalifatling soll den Konjunktiv mit Schulabschluss in allen Feinheiten beherrschen! Denn gäbe es mehr Konjunktiv, stürbe die Mitmenschlichkeit weniger. Die Höflichkeit hätte Hochkonjunktur.

# Fatwa

## Kalifatische Amtssprachen

Wo wir schon bei Sprache sind: Amtssprachen im gesamten Kalifatsgebiet sind Deutsch, Wienerisch, klaar dat Plattdüütsch en natuurlijk Nederlands, want dat klinkt zo grappig.* Bayrisch, Fränkisch und alles, was sonst so im ehemaligen deutschen Bundesstaat Bayern, der heute zum Wiener Kalifat gehörenden Region Bayyan, und in anderen ehemals deutschen Bundesländern gesprochen wird, ist akzeptiert, Schwäbisch sogar sehr willkommen, Badisch, na gut, Sächsisch, okay, das geht zu weit. Mit zunehmender geografischer Ausbreitung des Kalifats werden selbstredend andere Sprachen zu Amtssprachen erklärt werden, bis irgendwann, Inschallah, die Weltherrschaft erreicht und jede Sprache Amtssprache ist.

* We zouden allemaal veel meer Nederlands moeten spreken! Es ist ein unter seinen Untertanen wenig bekanntes, aber äußerst geschätztes Hobby des Kalifen, lustige niederländische Begriffe zu sammeln. Eines seiner Lieblingswörter, mittlerweile im Kalifat durchaus bekannt: »bromfiets« für »Mofa«. Ebenfalls sehr schön: »eekhoorntjesbrood«, wörtlich: »Eichhörnchenbrot«, was »Steinpilz« bedeutet. Und natuurlijk »olliebollen«, kleine runde Krapfen! Will je ook een olliebollen eten?

# Tagebucheintrag des Kalifen

**Verfasst im vierten Herrschaftsjahr des weisen Kalifen (MeiZirMzVh)**

Mir hat ein Kalifatling aus Khemnitz geschrieben. »Es gibt zu viele muselmanische Messermörder, die gegen unseren Willen in unser Land gelassen wurden!!! Wir brauchen die Todesstrafe wieder, nur so können wir das Problem lösen!!! Wenn wir sie abschieben, kommen sie wieder!!! Und dabehalten oder gar im Gefängnis durchfüttern mit unserem Steuergeld wollen wir sie auch nicht!!! Ich sage: HINRICHTEN!!!« Weniger als drei Ausrufezeichen am Satzende kennt er nicht. Und offensichtlich kennt er auch das Grundgesetz nicht.

So wie übrigens sehr viele andere Menschen, die sich tagein, tagaus an mich wenden. Wie der Typ, der mir neulich ins Gesicht sagte: »Weiße sind die überlegene Rasse, und wir sollten diese Überlegenheit nicht leichtfertig aufs Spiel setzen, indem wir Schwarze, Braune, Gelbe et cetera ins Land holen und mittelfristig die Macht übernehmen lassen!« Hahaha. Ich habe braune Haut. Und jetzt habe ich die absolute Macht!

Oder der Typ, der während einer Demonstration schrie: »Grundrechte nur für Deutsche!«

Überhaupt ist mein Eindruck, dass sehr, sehr viele Menschen noch nie einen Blick ins Grundgesetz geworfen haben, dass sie gar keine Ahnung haben, was in der deutschen Verfassung eigentlich steht und was es mit Grundrechten auf sich hat. Vor allem die, die ständig »deutsche Werte«, »deutsche Leitkultur« und »Verfassungstreue« im Mund führen.

Es wird Zeit, den Kalifatlingen das Grundgesetz näherzubringen!

# Das Buch der Geisterkönigin

Eines Montags verfolgte der Kalif wieder die sogenannten Demonstrationen, die durch die Hauptstadt Drestan zogen. Die Menschen schrien und brüllten, sie benahmen sich schändlich und jagten den anderen Angst ein, sie riefen »Diktatur!« und warfen dem Kalifen »Islamisierung des Abendlands!« vor.

Daraufhin befahl der Kalif dem Großwesir, dreizehn Teilnehmer festnehmen zu lassen. »Es sollen Männer und Frauen darunter sein, Junge und Alte, Dicke und Dünne!«

Und so geschah es. Dreizehn sogenannte Demonstranten wurden dem Kalifen vorgeführt. Keiner von ihnen zeigte Reue, keiner warf sich zu Boden, keiner neigte auch nur den Kopf vor Seiner Heiligkeit. Stattdessen standen sie im hell erleuchteten Thronsaal und blickten den Kalifen in einer Mischung aus Wut und Verwirrung an.

Der Herrscher musterte jede einzelne Person eindringlich. »Ich habe wohl vernommen, dass ihr mir etwas zu sagen habt!«, rief er. »Von nun an nenne ich euch die Dreizehn! Nun sprecht! Was wollt ihr?«

Doch die Dreizehn drucksten nur herum, und nach wenigen Minuten schwiegen sie gänzlich. Sie waren noch zu benommen von der Situation, davon, dass die berittene Garde des Kalifen in den Demonstrationszug geritten war, sie gezielt aus der Menge gegriffen, auf ihre Lamas geworfen und mit in den Kalifenpalast genommen hatte.

»Nun, ich will euch über das dumme Zeug, das ihr von euch gebt, nachdenken lassen. Und ich will euch vor einem Schicksal im Kerker bewahren. Aber ihr müsst dafür eine Aufgabe erfüllen, Untertanen!«

Da bekamen es die Dreizehn mit der Angst zu tun.

»Welche, oh Herr?«, riefen die dem Verderben Geweihten.

»Ihr müsst das Buch der Weisen lesen und lernen, euch danach zu richten! Aber damit ihr den Wert dieses Buches zu schätzen wisst, müsst ihr zunächst eure Tapferkeit und euren Mut beweisen. Die Hüterin des Buches ist die Geisterkönigin. Sie lebt in einem kastenförmigen Schloss im schrecklichen Baahlin. Vielleicht gewährt sie euch einen Blick in das Buch. Aber das tut sie nur, wenn sie Gefallen an euch findet. Andernfalls wird sie euch für immer im schrecklichen Baahlin festhalten.«

Bei jeder Erwähnung des schrecklichen Baahlin zuckten die Dreizehn zusammen. Donner grollte und Blitze zuckten in dem Moment, da der Kalif den Namen dieses grauenvollen Ortes aussprach.

»So macht euch sofort auf den Weg und tut, wie euch befohlen! Zum Beweise bringt mir eine Kopie des Buches, tragt es in meinen Thronsaal, wo wir es gemeinsam lesen werden. Großwesir? Übernehmt und weist diese Schurken in ihre Aufgabe ein!«

Der Großwesir trat aus einer dunklen Ecke des Saales und stellte sich mit ernster Miene vor die Dreizehn: »Von nun an seid ihr Gefährten! Ihr werdet an einen Fluss kommen, den ihr überqueren müsst. Ein kleines Boot wird dazu bereitstehen, es ist das Zauberboot der Geisterkönigin. Jenseits des Flusses beginnt das Land der Geister; es ist Teil unseres Kalifats, aber Geisterkönigin Badrulbudurkel hat dort das Sagen. Sie ist eine mächtige Frau, mal gut, mal böse. Das Boot wird von einem Fährmann gesteuert. Ich warne euch: Sprecht kein einziges Wort mit ihm, denn sonst seid ihr des Todes! Was auch immer geschehen mag und so fürchterlich der Fährmann euch auch erscheinen mag, sagt nichts, sondern schweigt die gesamte Fahrt über! Sprecht ihr dennoch, versinkt ihr unverzüglich in den Fluten! Ansonsten gehabt euch wohl, ihr steht während eures Weges unter dem Schutz des Kalifen!«

Die Dreizehn begannen am ganzen Leibe zu zittern, manche schluchzten.

»Und jetzt geht und verschwendet keine Zeit!«

Die Dreizehn ließen ihre Schilder mit den anti-kalifatischen Sprüchen, die sie bis jetzt mit sich getragen hatten, auf den Boden sinken und machten sich auf den Weg. Im Morgengrauen erreichten sie das Flussufer. Dort entdeckten sie im Nebel das Boot, das ihnen der Wesir beschrieben hatte: das Boot der Geisterkönigin Badrulbudurkel, aus rotem Sandelholz, das einen Mast aus Ebenholz und eine schwarze Flagge aus Seide hatte. Der Fährmann, der in dem Boot saß, war eine grausige Erscheinung: Er hatte einen Elefantenkopf, und sein Leib glich dem eines Tigers! Von der Mitte des Flus-

188

ses aus steuerte der Fährmann sein Boot gemächlich auf die Dreizehn zu. Als es am Ufer angekommen war, wollte einer der Dreizehn den Fährmann schon fragen, ob er sie übersetzen könnte, doch eine Frau aus der Gruppe stieß ihm mit dem Ellenbogen in die Rippen und erinnerte ihn auf diese Weise an das Schweigegebot. So stiegen sie wortlos in das Boot. Der Fährmann machte Furcht einflößende Geräusche, dann wieder sang er in lieblichsten Tönen, und ständig sahen sich die Gefährten der Versuchung ausgesetzt, das Schweigen zu brechen. Aber die Rede des Kalifen hatte sie eingeschüchtert, und so blieben sie stumm. Und hinter dem Boot färbte sich das Wasser rot, und die Dreizehn erschraken. Aber sie achteten darauf, keinen Ton von sich zu geben.

Am anderen Ufer glich das Land einem Paradies: Überall wuchsen Knoblauch und Chilis und Ingwer, in Bächen floss Rosenwasser, und die Wege waren mit Kurkuma bestäubt. »Welch wunderbares Land unser Kalifat doch ist!«, sagte einer der Gefährten, denn nun durften sie ja wieder reden. Und die anderen stimmten ihm zu. So gingen sie weiter gen Baahlin. Und wie sie nun den Weg hinaufgingen, kamen kleine Jungen aus dem nächsten Ort heraus und verspotteten sie und sagten zu ihnen: »Da kommen sie, die Idioten! Da kommen sie, die Idioten!« Die Dreizehn aber wandten sich um, sahen sie an und verfluchten sie im Namen des Kalifen.

Da kamen zwei Bärinnen aus dem Wald und zerrissen von ihnen zweiundvierzig Kinder.[*]

---

[*] Diese Geschichte ist insgesamt merkwürdig, aber dieser Part mit den Bärinnen ist besonders seltsam, steht aber so ähnlich, nur viel grausamer, in der Bibel, siehe 2. Könige 2, 23–24.

Die Gefährten gingen unbeirrt weiter und erreichten einen Ort, der Meißina hieß. Und plötzlich krochen von überall her Frösche hervor, und es regnete Frösche, und sie setzten sich in den Betten und Backöfen und in dem Brot fest. Wimmelnd machten sie sich über das Land her. Doch die Dreizehn gingen verschreckt, aber doch unbeirrt weiter.

»Hinfort mit euch!«, schrien die Einheimischen ihnen hinterher. »Wir wollen euch nicht, ihr bringt uns Unglück!«

»Nein, kein Unglück, sondern Frösche!«, antworteten die Dreizehn. »Das können durchaus verwunschene Prinzen sein, ihr müsst sie nur küssen!« Doch die Menschen von Meißina warfen mit hässlichen Porzellantellern und -tassen nach ihnen, und die Dreizehn machten, dass sie davonkamen.

Als Nächstes erreichten sie einen Ort, der Al-Riesa hieß. Und sie sahen, dass eine dunkle Wolke über der Stadt hing. Als sie näher kamen, erkannten sie, dass es ein Schwarm von Moskitos war. Eine Mückenplage! Und der Bürgermeister sagte zu seinen rechtsextremistischen Zauberern: »Ist eure Zauberkunst nicht dem Zauber der Dreizehn überlegen?« Aber die Zauberer antworteten kleinlaut: »Die Dreizehn sind ja eigentlich welche von uns! Aber ihr Zauber ist kein gewöhnlicher – der Kalif hat Al-Riesa diese Plage geschickt.« Der Bürgermeister aber sagte: »Dann gebt ihnen zu essen und zu trinken, aber sagt ihnen, dass sie weiterziehen und uns in Ruhe lassen sollen.« Und so füllten die Dreizehn ihre metallenen Essensdosen mit Grünkohl und Curry und liefen zügig weiter.

190

Sie wanderten durch Urwälder und Auenlandschaften, durchquerten Wüsten und Steppen. Mal überkam sie eine Fliegenplage, dann verreckte das Vieh um sie herum an der Pest. Mal legte sich Staub über sie und alles, was sie umgab, und bedeckte ihre Leiber mit Blattern und Geschwüren, dann wieder kam ein Hagelsturm mit Hagelkörnern groß wie Felsbrocken, die alles platt machten, was sie trafen. Aber die Dreizehn hatten Glück, sie gelangten zwar verängstigt, aber größtenteils unbeschadet (wenn auch mit etlichen blauen Flecken und einigen Beulen) durch den Sturm. In einem Ort mit Namen Potsdamabad fielen Heuschrecken über sie her und fraßen denen, die noch keine Glatze hatten, die Haare vom Kopf! Den Dreizehn grauste es, und sie marschierten weiter. Da sank eine große Finsternis auf sie herab. Diese Finsternis hieß Baahlin.

Merkwürdige Männer mit merkwürdigen Bärten begegneten ihnen und Frauen mit sackartiger Kleidung und Topfhaarschnitt, nicht unfreundlich, aber auch nicht freundlich. »Es ist so finster hier!«, riefen die Dreizehn verängstigt. Die bärtigen Männer und die besackten, topfgeschnittenen Frauen betonten, es sei doch hell, es sei gar nicht finster, und weil alle sich einredeten, es sei hell, glaubten sie es irgendwann auch. Der Horizont der Menschen von Baahlin war längst nicht so groß wie ihre Stadt, sie waren ärmlich gekleidet, aber als die Gefährten auf den Basaren die Preise sahen, wussten sie, dass hier alt aussehende und unpassende Kleidung zu Höchstpreisen gehandelt wurde. Diese Männer und Frauen mussten die Geister sein, die dieses Gebiet zum Geisterland machten! »Wir könnten euch schöneres, passende-

191

res Gewand besorgen, und das zu viel günstigeren Preisen!«, boten die Dreizehn den Baahlinern an, in der Hoffnung, sie gnädig zu stimmen, doch die Männer und Frauen verneinten und zeigten auf Etiketten und Logos, die wohl von größter Bedeutung für sie waren.

Und so erreichten die Dreizehn, fast bis zur Bewusstlosigkeit erschöpft, das Schloss von Geisterkönigin Badrulbudurkel, ein weißer marmorner Kasten, einer Waschmaschine nicht unähnlich. Welch merkwürdige Architektur!, dachten die Dreizehn. Das muss von religiöser Symbolik sein, aber was soll dieser Bau bedeuten?

Der Sprecher und Sekretär von Badrulbudurkel – er hieß Bla Ei[*] – sah die Gefährten schon von Weitem und eilte ihnen entgegen. »Salam Aleikum, meine hochverehrten Damen und Herren, seid willkommen im Reich von Geisterkönigin Badrulbudurkel!«, rief er. »Folgt mir, ich werde euch ins Gästequartier führen, wo ihr euch ausruhen und erfrischen könnt. Sodann werde ich euch abholen lassen, Badrulbudurkel wartet schon und ist erpicht darauf, zu erfahren, was euch in diesen Teil des Kalifats führt! Ihr werdet zusammen mit Ihrer Hoheit speisen, es gibt ein Grünkohlcurry, das eine Spezialität dieser Region ist! Ich hoffe sehr, es wird euch munden!«

---

[*]  Bla Ei – ein wunderbarer Name für einen Regierungssprecher! Dass es in früheren Zeiten einmal einen Regierungssprecher mit dem Namen Béla Anda gegeben hatte (unter der rot-grünen Bundesregierung von Gerhard Schröder in den Jahren von 2002 bis 2005) und es damals ein Textprogramm gab, das mit dem é nicht zurechtkam und jedes Mal aus Béla »Bla« machte, und dass »anda« auf Hindi und Urdu »Ei« bedeutet – all das ist purer Zufall.

Nachdem die Dreizehn sich erfrischt und ein wenig geruht hatten, wurden sie von Bla Ei abgeholt und in einen Speisesaal geführt. »Nehmt Platz an der Tafel, nehmt reichlich Platz!«, rief er und breitete die Arme aus, um die Größe des Saals zu unterstreichen. Die Dreizehn setzten sich. In diesem Moment öffnete sich bei Fanfarenklängen eine samtbeschlagene Tür mit goldenem Knauf, und herein schwebte: Geisterkönigin Badrulbudurkel.

Die Dreizehn sprangen von den Stühlen, auf die sie sich gerade gesetzt hatten, und verneigten sich tief vor der Königin.

»Was führt euch zu mir, Kalifatlinge?«, fragte sie, und ihre Stimme klang wie eine aus den Untiefen der Erde hervorsprudelnde Quelle.

»Der Kalif schickt uns zu Euch, edle Königin und Hüterin des Buches der Weisen, damit wir einen Blick in diese berühmte Schrift werfen und den Text lernen und dem Kalifen zum Beweise ein Exemplar mitbringen.«

Badrulbudurkel nickte unmerklich, und in diesem Moment sprangen dreizehn Diener in Fracks aus der Dunkelheit, und jeder Diener servierte einem Gast eine Portion Grünkohlcurry. »Esst, esst, Kalifatlinge, und vergesst das Trinken nicht!«, rief sie. Sie selbst aß nicht, sie trank nicht, sondern saß mit verschränkten Armen auf ihrem Thron und musterte die Dreizehn, während diese – hungrig von ihrer langen, Kräfte zehrenden Reise nach Baahlin – das Essen hinunterschlangen.

»Nun gut, ich habe heute meinen guten Tag und will euch nicht weiter prüfen. Der Weg hierher, die Reise durch

193

merkwürdiges Gebiet, soll euch Prüfung genug gewesen sein, zumal ihr diesen Weg ja auch wieder zurückgehen müsst!«

Sie klatschte in die Hände, und eine Dienerin schwebte herbei. Auf einem Silbertablett trug sie ein Buch.

»Hier ist, wonach ihr sucht, Kalifatlinge: das Grundgesetz! Nachdem ihr euch verköstigt habt, macht euch bereit für die Rückreise. Es ist eine dringliche Angelegenheit, denn ich weiß, dass der Kalif ein ungeduldiger Mensch ist! Lest das Buch noch vor eurer Abreise, lest gemeinsam, und lest es den Kalifatsbewohnern während eurer Rückkehr in die gelobte Hauptstadt Drestan vor, wann immer ihr Rast macht. Es ist bitter nötig.« Sie hörte auf zu reden, und die Dreizehn dachten, sie hätte alles gesagt. Aber dann sprach sie weiter: »Ich will, dass ihr eine Lade baut, in der ihr das Buch transportiert. Es soll eine Truhe sein aus Akazienholz, einen Meter zwanzig lang und fünfundsiebzig Zentimeter breit und hoch. Überzieht sie innen und außen mit Gold und legt außen herum ein goldenes Band. Ihr sollt vier Ringe gießen, zwei für jede Seite. Dann macht Stangen aus Akazienholz und überzieht sie mit Gold. Steckt diese Stangen in die Ringe an der Seite der Lade, sodass sie getragen werden kann. Die Stangen sollen immer in den Ringen bleiben und nicht herausgenommen werden! In dieser Lade sollt ihr das Buch, das ich euch gegeben habe, aufbewahren. Dies ist die Bundeslade!«

»Aber warum Bundeslade?«, wollte einer der Dreizehn wissen. »Die Bundesrepublik ist doch Geschichte, wir leben jetzt im Kalifat!«

Badrulbudurkel warf ihm einen missbilligenden Blick zu. »Das Buch ist das Zeichen des Bundes des Kalifen mit euch, seinen Untertanen! Deshalb Bundeslade!«

Mit diesen Worten schwebte die Geisterkönigin ohne Verabschiedung davon. Bla Ei trat nun an die Dreizehn heran. »Esst, Kinder, esst!«, sagte er, und dann, nachdem sie sich satt gegessen hatten: »Auf, Kinder, lest, baut die Lade und bereitet euch auf die Rückreise vor!«

Und sie lasen und bauten und packten ihre Sachen zusammen und machten sich auf den Weg zurück nach Drestan. Mit einer gewissen Erleichterung verließen sie Baahlin. Wieder kamen sie durch Potsdamabad, Al-Riesa und Meißina, und überall, wo sie rasteten, lasen sie den Menschen aus dem Buch der Weisen vor: »Die Würde des Menschen ist unantastbar. Sie zu achten und zu schützen ist Verpflichtung aller staatlichen Gewalt«, stand da gleich zu Beginn. Als die Menschen das hörten, nickten viele, aber manche murrten. »Jeder hat das Recht auf die freie Entfaltung seiner Persönlichkeit, soweit er nicht die Rechte anderer verletzt und nicht gegen die verfassungsmäßige Ordnung oder das Sittengesetz verstößt«, lasen die Dreizehn weiter. Und nicht allen gefiel, was sie da hörten. Auch unter den Dreizehn machte sich Unbehagen breit, aber sie wussten: Der Zorn des Kalifen war ihnen gewiss, sollten sie sich weigern, die Gültigkeit dieser Sätze anzuerkennen. »Alle Menschen sind vor dem Gesetz gleich«, stand da weiter, und: »Die Freiheit des Glaubens, des Gewissens und die Freiheit des religiösen und weltanschaulichen Bekenntnisses sind unverletzlich. Die ungestörte Religionsausübung wird gewährleistet.« Da schrien manche auf, als sie das hörten, und in diesen Momenten donnerte es, und Blitze fuhren herab und trafen die kreditfinanzierten SUVs der Schreier, und ein Höllenfeuer machte aus den teuren Autos Metallgerippe.

Als die Dreizehn in manchen Orten vorlasen: »Jeder hat das Recht, seine Meinung in Wort, Schrift und Bild frei zu äußern und zu verbreiten und sich aus allgemein zugänglichen Quellen ungehindert zu unterrichten. Die Pressefreiheit und die Freiheit der Berichterstattung durch Rundfunk und Film werden gewährleistet. Eine Zensur findet nicht statt«, schrien die Menschen vor allem in Khemnitz, einer Stadt, die einst Qal-Maaqs-Stadt geheißen hatte, benannt nach dem berühmten islamischen Philosophen Qal Maaqs, der dann aber wegen Vielweiberei und seiner Liebe zu Eierlikör in Ungnade gefallen war, weswegen man die Stadt, nachdem man Qal Maaqs in mehreren Hetzjagden durch die Stadt ge- und schlussendlich vertrieben hatte, umbenannte, jedenfalls in Khemnitz schrien die Leute besonders laut, als sie das hörten. »Hört weiter zu, ihr Törichten!«, riefen daraufhin die Dreizehn, »denn da steht geschrieben: ›Diese Rechte finden ihre Schranken in den Vorschriften der allgemeinen Gesetze, den gesetzlichen Bestimmungen zum Schutze der Jugend und in dem Recht der persönlichen Ehre.‹«

Da schrien die Khemnitzer nicht mehr, sondern wimmerten nur noch leise vor sich hin. Manche riefen trotzig: »Aber ... aber ... aber Meinungsfreiheit!« Und die Dreizehn erklärten ihnen, was Meinungsfreiheit ist: dass man zwar sagen dürfe, was man wolle, und dass der Staat einen dafür nicht ins Gefängnis werfen dürfe, dass man aber sehr wohl Verantwortung trage für seine Worte. Nicht alle Khemnitzer verstanden, sie sagten weiter »Aber ... aber ... aber ...«. Daraufhin fuhren Blitze herab und verbrannten ein paar Porsches und Mercedesse und BMWs und Audis, und daraufhin schwiegen die Menschen.

Und als die Dreizehn weiterzogen durch karge Landschaften, hungerte ihnen, denn sie hatten vergessen, sich von der Geisterkönigin Badrulbudurkel oder deren Pressesprecher Reiseproviant einpacken zu lassen. Sie klagten ihr Leid und riefen: »Oh, warum hat uns der Kalif diese furchtbare Prüfung auferlegt? Wir hungern, die Kräfte schwinden, wir schaffen es nicht!«

Die Dreizehn fielen in Ohnmacht.

Da zogen dunkle Wolken auf, und im Traum erschien ihnen Geisterkönigin Badrulbudurkel, und fortwährend sagte sie: »Wir schaffen das! Wir schaffen das! Wir schaffen das!« Und die Wolken zogen noch dichter zusammen, bis der Himmel eine schwarze Decke bildete. Wieder grollte Donner, und plötzlich regnete es Rosenkohl vom Himmel. Durch das Prasseln der kleinen Kohlköpfe auf ihre Schädel erwachten die Dreizehn. Sieben von ihnen sammelten freudig den fertig gekochten Rosenkohl ein, aßen gierig und kamen wieder zu Kräften. Die anderen sechs verfielen in ein Wehklagen und riefen: »Oh, welch harte Prüfung, welch Leid! Großer Hunger, und dann das!« Und die Sieben schalten die Sechs. »Was seid ihr undankbar!«, schrien sie. Daraufhin aßen auch die Sechs von dem Rosenkohl, denn sie wussten, es ist ein Geschenk des Himmels, das man nicht verschmähen darf.

Und aus den Nachfahren der Mehrheit erwuchs das Volk der Rosenkohliter, die als besonders treue Kalifatlinge galten. Und aus den Nachfahren der Sechs erwuchs das Volk der Teuflinger, weil sie gesagt hatten: »In der Not frisst der Teufel Rosenkohl!«

Gestärkt zogen die Gefährten weiter, ließen sich von dem Fährmann, der ihnen diesmal als George-Clooney-hafter Mann erschien, über den Fluss setzen, der diesmal ganz still vor sich hin floss und sich weder verfärbte noch stank.

Und als sie in Drestan angekommen waren und die Ewigkeitssynaschee betraten, erklangen Fanfaren, so liebreizend wie die Stimmen der besten Sängerinnen, so süß, wie sie es noch nie gehört hatten, und glücklich legten sie dem Kalifen ihr Exemplar des Grundgesetzes auf einem samtenen Kissen, das ihnen ein Diener gereicht hatte, zu Füßen.

»Wohlan, wohlan!«, sagte der. »Gehe ich recht in der Annahme, dass ihr gelesen habt, was darin steht?«

Die Dreizehn nickten.

»Und habt ihr den Inhalt nicht nur verstanden, sondern verinnerlicht, auswendig gelernt und wollt euch von jetzt bis immerdar daran halten und danach leben und es weitertragen an die nachfolgenden Generationen?«

Wieder nickten die Dreizehn.

»So sei euch verziehen. Geht hinfort und tragt die gute Nachricht in die Welt! Und lernt die ersten zwanzig Artikel, die geschrieben stehen im Buch der Weisen, besonders gut auswendig und haltet euch daran!«

Und zur Feier dieses wundersamen Anlasses ließ der Kalif den Dreizehn köstliche Zwiebelmettbrötchen mit den frischesten, würzigsten, zartesten und doch zugleich knackigsten Zwiebeln, liebevoll gehackt, leicht gepfeffert und milde gesalzen, bringen. Danach entließ er sie in die Freiheit.

Von jetzt an waren sie im Kalifat integriert.

# Der goldene SUV

Am Tag nach der Rückkehr der Dreizehn aus dem schrecklichen Baahlin rief der Kalif sie erneut zu sich.

»Meine Gefolgsleute, ihr habt euch treu und folgsam gezeigt und eure Aufgabe ehrenvoll erfüllt! Aber es gibt weitere Gesetze und Regelwerke, Schriften und Bücher, die ihr lesen und verinnerlichen solltet. So geht erneut zur Geisterkönigin Badrulbudurkel und holt diese Texte! Diesmal soll eure Reise ohne Gefahren sein. So geht und kommt zurück, sobald ihr alle Werke von Badrulbudurkel erhalten habt!«

Und die Dreizehn ritten diesmal auf Lamas und fliegenden E-Teppichen hinfort. Als sie lange Zeit wegblieben, glaubten die Kalifatlinge in Drestan, es müsse ihnen etwas zugestoßen sein. Manche Wortführer von »Pegida« versammelten sich und sagten: »Dieser Kalif ist unser Feind, und die Dreizehn haben uns verraten und sind auf seiner Seite! Sie sind jetzt verschwunden, und wir wissen nicht, was aus ihnen geworden ist. Wir brauchen einen neuen Führer, den wir anbeten können!«

Und so trugen sie Steuergelder und Mittel aus der Privatwirtschaft zusammen und bauten ein großes Einkaufszent-

rum, mit mehreren Reisebüros, Autohäusern und Kleidungs-
discountern. »Wir haben ein Recht auf Flugreisen, vor allem
nach Mallorca!«, schrien sie. »Wir haben ein Recht auf große
Autos! Für jeden mindestens eins! Und wir haben ein Recht
auf T-Shirts für drei Euro!«

Die Leute nahmen ihre Ohrringe, Ketten, Ringe und
Armbänder ab und machten ein Feuer, über dem sie das
Gold schmolzen. Und die Kunstfertigen unter ihnen form-
ten aus dem Gold ein *Sport Utility Vehicle*, kurz: SUV, wie sie
die grotesk klobigen Geländewagen nannten, mit denen sie
seit einiger Zeit mit Vorliebe die Straßen ihrer Städte ver-
stopften. Doch sie liebten diese absurden Gefährte abgött-
isch, weil sie ihnen »ein Gefühl der Sicherheit« vermittelten
und außerdem ein Statussymbol waren. Und so stellten sie
den goldenen SUV, einem Porsche Cayenne nachempfunden,
vor ihren neuen Konsumtempel und tanzten um ihn herum.

Aber kaum hatten sie begonnen zu tanzen, bekamen sie es
mit der Angst zu tun. Was würden die Dreizehn sagen, wenn
sie zurückkamen? Und wie würde der Kalif reagieren? Und
so bauten sie vor dem SUV einen Spendenstand auf und sammelten Geld für Kinder in Not. Aber am nächsten Morgen
war das schlechte Gewissen wieder verflogen, und sie tanzten
erneut um den goldenen SUV. Sie aßen und tranken reichlich und verehrten dabei ihren selbstgeschaffenen Gott. Bald
war das ganze Einkaufszentrum von Menschen erfüllt, die
wie blöde Autos kauften und Flugreisen buchten und tanzten
und sangen und feierten.

Im schrecklichen Baahlin aber sagte Badrulbudurkel zu
den Dreizehn: »Geht sofort zurück zu euren Leuten, sie

201

haben Schändliches getan! Sie haben Anstand und Moral vergessen und sich einen goldenen SUV zum Götzen gemacht. Sie knien davor und beten ihn an. Ich werde dem Kalifen davon berichten, und er wird sie dafür bestrafen – er wird sie alle vernichten!«

»Verschone sie!«, flehten die Dreizehn. »Seid nicht zornig auf Euer Volk, dem Ihr mit so großer Mühe die Gesetze gegeben habt! Es sind unsere Brüder und Schwestern, oh verschont sie, seid gnädig mit ihnen! Sagt dem Kalifen nichts!«

Badrulbudurkel bedachte, was die Dreizehn sagten. Und wie sie sie jammern hörte und kläglich vor sich stehen sah, erinnerte sie sich an die Worte des Kalifen, der gemahnt hatte, Mitgefühl sei eine große Tugend. Und so beschloss sie, die Menschen zu verschonen und dem Kalifen nichts zu sagen.

Und als die Dreizehn von Baahlin zurückkamen und, wie aufgetragen, viele Bücher mitbrachten, sagte einer von ihnen: »Hört ihr den Lärm, der von Drestan her zu uns dringt? Fast klingt es, als wäre Krieg.«

Die anderen aber sagten: »Das sind keine Kampfgeräusche, die Leute von ›Pegida‹ feiern und singen. Und viele andere haben sich ihnen angeschlossen.«

Als sie in die Nähe des Einkaufszentrums kamen, sahen sie den goldenen SUV und die tanzenden Menschen. Und sie wurden wütend, so wütend, dass sie die Kisten mit den Büchern zu Boden warfen und zur Statue liefen. Sie packten das goldene Ding, machten ein großes Feuer und zerschmolzen es darin. Als das Feuer nach einer Zeit ausging, nahmen sie die Reste des SUVs aus der Asche und zermalmten das Gold zu Pulver. Das Pulver warfen sie in Wasser, das die Leute zur

Strafe trinken mussten. Dann wandten sie sich an die Menschenmenge und sagten: »Dies soll euch eine Lehre sein! Und merket euch für alle Ewigkeiten drei Dinge: Seid keine Arschlöcher! Habt Mitgefühl! Benutzt euren Verstand!«

Und der Kalif erfuhr natürlich in seinen Träumen von den Vorgängen, denn dem Kalifen entging nichts. Aber er schwieg, und er tat so, als wisse er von nichts. Denn er war zufrieden, dass die Dreizehn die Drestanis wieder auf den rechten Pfad zurückgeführt hatten. Er hatte die Dreizehn zu Jüngern gemacht, die seine Lehren nun unters Volk brachten. Alles war gut.

# Liebe, nur Liebe

Wieder einmal marschieren Menschen an der Ewigkeitssynaschee vorbei, um zu protestieren. Sie rufen: »Islam ist eine Mörderideologie!« Und eine Frau trägt eine Tafel, auf der steht: »Christentum statt Islam! Liebe statt Gewalt!«

Der Kalif zieht sich in seine Bibliothek zurück und lässt sich von seinem Hofbibliothekar eine Luther-Bibel bringen. Er schlägt wahllos Seiten auf und liest darin – und kommt aus dem Staunen nicht mehr heraus.

»Gebt starkes Getränk denen, die am Umkommen sind, und Wein den betrübten Seelen, dass sie trinken und ihres Elends vergessen und ihres Unglücks nicht mehr gedenken.« (Sprüche 31, 6) Ein Aufruf, seine Sorgen in Alkohol zu ertränken? In der Bibel?

»Gebt den Männern und Frauen da draußen Bier und Wein auf Kosten des Kalifen!«, befiehlt er seinen Lakaien. »Und sagt ihnen, dass das ein Zeichen der christlichen Nächstenliebe des Kalifen ist!«

Er liest weiter in den Sprüchen Salomos. »Dein Born sei gesegnet«, steht da, und der Kalif fragt sich, was, um Himmels willen, ein »Born« sein soll. Er schlägt das Wort nach

204

und erfährt, dass es eine »historisierend-poetische Bezeichnung« für einen Brunnen ist. »...und freue dich der Frau deiner Jugend. Sie ist lieblich wie eine Gazelle und holdselig wie
ein Reh. Lass dich von ihrer Anmut allezeit sättigen und er-
götze dich allewege an ihrer Liebe.« (Sprüche 5, 18–19) Alter,
was hat dieser Salomo geraucht?, fragt sich der Kalif. Das will
ich auch!

Er blättert jetzt viele Seiten zurück, um Salomo zu ent-
kommen. Irgendwo, denkt er sich, muss doch diese Liebe zu
finden sein, von der die Typen da draußen vor der Synaschee
schreien!

Er stolpert über diesen Satz: »Und die Zeit war noch nicht
um, da machte sich David auf und zog hin mit seinen Männern und erschlug unter den Philistern zweihundert Mann.
Und David brachte ihre Vorhäute dem König in voller Zahl,
um des Königs Schwiegersohn zu werden. Da gab ihm Saul
seine Tochter Michal zur Frau.« (1. Samuel 18, 27) Alter!

Verstört blättert der Kalif noch ein Stück weiter zurück und liest: »Da fasste der Mann seine Nebenfrau und
brachte sie zu ihnen hinaus. Die machten sich über sie her
und trieben ihren Mutwillen mit ihr die ganze Nacht bis
an den Morgen. Und als die Morgenröte anbrach, ließen
sie sie gehen.« (Richter 19, 25) Verstört überspringt er ein
paar Absätze, der liebende Gott wird ja wohl dieser armen
»Nebenfrau« irgendwie geholfen haben, und er liest über
den Mann dieser Frau: »Als er nun heimkam, nahm er ein
Messer, fasste seine Nebenfrau und zerstückelte sie Glied
für Glied in zwölf Stücke und sandte sie in das ganze Gebiet
Israels.« (Richter 19, 29) Halleluja!

Der Kalif ruft seinem Diener zu: »Bring mir Wein! Bring mir reichlich Wein! Ich ertrag es sonst nicht!«

Er blättert weiter in der Bibel, auf der Suche nach der Liebe, und bleibt beim »Gleichnis von den zuchtlosen Schwestern Ohola und Oholiba« hängen. Große Güte!, denkt er sich. »Sie aber trieb ihre Hurerei immer schlimmer und dachte an die Zeit ihrer Jugend, als sie in Ägyptenland zur Hure geworden war, und entbrannte für ihre Liebhaber, deren Brunst war wie die der Esel und der Hengste.« (Hesekiel 23, 19–20)

Der Kalif nimmt einen kräftigen Schluck Wein und blättert weiter. »Psalm«, liest er und ist erleichtert. Das klingt nach Poesie, nach Musik, nach wohlklingenden Worten, da muss doch Liebe drinstecken!

»Wohl dem, der deine jungen Kinder nimmt und sie am Felsen zerschmettert!« (Psalm 137, 9) An weitere Verse wird er sich nicht erinnern können.

Als der Großwesir den betrunkenen Kalifen leise schnarchend in der Bibliothek vorfindet, mit dem Gesicht in der aufgeschlagenen Bibel liegend, schüttelt er mitleidig den Kopf. »Pff, er ist nicht der Erste, den das Alte Testament umhaut«, murmelt er leise. Er nimmt ein Kissen, hebt den Kopf des Kalifen an, zieht die Bibel weg und schiebt vorsichtig das Kissen dorthin.

Er ist ein liebender Großwesir.

# One man, one vote …


»Chef?«

»Hm?«

»Ist das …« Der Großwesir räuspert sich.

»Ich höre?«

»Also … Ist das nicht …«

Der Kalif legt das Buch zur Seite, in dem er bis eben versunken war.

»Großwesir, kannst du dir nicht vorher überlegen, was du sagen willst, und dann den Satz oder von mir aus auch mehrere Sätze in einem Rutsch sagen, anstatt dir jedes einzelne Wort aus der Nase ziehen zu lassen?«

Der Großwesir atmet tief durch.

»Also, findet Ihr, Eure Heiligkeit, es nicht ziemlich undemokratisch, was Ihr gestern den Demonstranten an den Kopf geknallt habt?«

»Dass sie komplette Idioten sind?«

»Nein. Ihr habt denen gesagt, dass sie so dumm und bildungsresistent seien, so unzugänglich für Argumente und Tatsachen, dass man ihnen das Wahlrecht entziehen sollte.«

»Und was soll daran undemokratisch sein?«

»Also ...«

»Demokratie verlangt ein Mitdenken der Menschen. Sie erfordert ein Mindestmaß an Bildung, an Verständnis, worum es bei politischen Entscheidungen, bei einer Wahl überhaupt geht. Das Denken mag bei jedem zu einem anderen Ergebnis führen, aber wer sich weigert, überhaupt zu denken und grundlegende Tatsachen anzunehmen, und stattdessen schreit: ›Die Erde ist eine Scheibe!‹, der sollte über wichtige Dinge nicht abstimmen dürfen. Ein kluger Mensch sagte einmal: ›Wenn man keine Ahnung hat, einfach mal die Fresse halten!‹ Verstehst du?«

»Ich will Eure unendliche Weisheit nicht anzweifeln, Chef, aber Ihr habt den Menschen gestern gesagt, man sollte ihnen das Recht zu wählen nehmen, so blöd seien die! Ich hab's gefilmt, darf ich es Euch kurz vorspielen?«

Er kramt sein Handy aus den Tiefen seines Wesirmantels und drückt darauf herum. Ein Video startet, der Kalif ist zu sehen, im hitzigen Gespräch mit einigen Leuten. »Wenn ihr nicht zuhören wollt und nur weiter auf eurem Mist beharrt, sollte man euch das Wahlrecht entziehen! Ihr seid wirklich eine Schande für unser Land und für unsere Gesellschaft, komplette Idioten!«, hört man ihn krächzen. Keine sehr vorteilhafte Aufnahme des Kalifen.

Der Großwesir drückt wieder auf dem Telefon herum, um es zum Schweigen zu bringen, und steckt es zurück in die Tasche.

Der Kalif sagt nichts.

»Sollte nicht jeder Mensch eine Stimme haben? Auch ein dummer? Und auch, um es in Euren edlen Worten zu formulieren, ein kompletter Idiot?«

Der Kalif schweigt weiter.

»Dass jede und jeder wählen darf, unabhängig von Geschlecht, Stand, Klasse, Beruf, Besitz, zeichnet eine echte Demokratie doch aus! Wahlgleichheit ist eine Errungenschaft! Wir Menschen sind zwar nicht alle gleich und haben unterschiedlich Einfluss auf das Leben und die Welt, aber zumindest was unsere Stimme an der Wahlurne angeht, ist jeder gleich. Ist das nicht cool?«

Der Kalif verliert immer noch kein Wort.

»Früher war die Wahlbevölkerung ja in Klassen oder Stände eingeteilt, und jede Klasse oder jeder Stand durfte unterschiedlich viele Abgeordnete stellen. Somit hatte die Stimme eines jeden Menschen, je nachdem, welcher Klasse oder welchem Stand er angehörte, unterschiedliches Gewicht. In Preußen zum Beispiel gab's ein Dreiklassenwahlrecht, ab 1849 bis zum Ende der Monarchie im Jahr 1918. Da wurde nach der gezahlten Steuer in drei Klassen unterteilt. Frauen durften gar nicht wählen. In anderen Ländern sah es ähnlich aus. All das ist Geschichte, dank Aufklärung, Revolutionen und vieler Kämpfe! Da könnt Ihr doch nicht einfach irgendwelchen Leuten das Wahlrecht entziehen wollen! Jeder Mensch hat eine Stimme, und zwar genau eine, egal wie viele Steuern er zahlt oder wie viele einflussreiche Personen er kennt. Wie heißt es so schön? *One man, one vote!*«

»So, so. *One man, one vote!*« Der Kalif hat seine Worte wiedergefunden. »Findest du auch, Großwesir, dass auf der ganzen Welt jeder Mensch eine Stimme haben sollte? Jeder eine Stimme, die genauso viel zählt wie die eines anderen Menschen?«

»Na klar!«, antwortet der Großwesir und nickt eifrig.

»Und meinst du nicht auch, dass dieses Prinzip weltweit gelten sollte? Demokratie für alle, überall?«

Wieder nickt der Großwesir. »Natürlich!«

»Gut. Dann stimmst du sicher mit mir überein, dass in einer weltweiten Demokratie die Chinesen als bevölkerungsreichstes Land die meisten Stimmen haben müssten, die Inder das zweitgrößte Gewicht in der Welt, dann erst die USA, gefolgt von Indonesien, Brasilien und Pakistan? Dass also nicht zählt, wer am reichsten ist oder wer die meisten Waffen besitzt, sondern einfach nur *One man, one vote?* Und danach dürften China und Indien bestimmen, wie es in der Welt zugeht. Da verstehe ich dich richtig?«

Jetzt schweigt der Großwesir.

Der Kalif beißt genüsslich in einen Punschkrapfen und betrachtet kauend seinen Mitarbeiter. Nachdem er das ganze Ding aufgegessen hat, fährt er sich mit den Fingern mit einer schnellen Bewegung durch den Bart, damit Krümel, sollten sich welche verfangen haben, herausfallen. Er nimmt ein kostbares Seidentuch aus der Tasche seines Mantels, tupft sich damit den Mund und räuspert sich.

»Du hast ja Recht, Großwesir. In einer Demokratie sollten alle Menschen das gleiche Stimmrecht besitzen. Eine Stimme, von gleichem Gewicht. Aber man muss auch dazusagen, dass eine funktionierende Demokratie intelligente, wenigstens mitdenkende, jedenfalls nicht absichtlich auf Dummheit beharrende Menschen braucht. Genauso wie wir nicht autoritären, nationalistischen, undemokratischen Regimen demokratische Instrumente in die Hand drücken, um sie mächtiger zu machen. Kürzlich, in einem fernen Land, hat ein toleranter, empathischer, menschenfreundlicher Politiker bei einer Wahl den bisherigen Regierungschef geschlagen, der ein autoritärer Typ war. Und weißt du, was Zeitungen schrieben?

»Sieg der Demokratie!« Der Kalif schüttelt tadelnd den Kopf. »Was für ein Schwachsinn!«

»Warum Schwachsinn?«, fragt der Großwesir. »Das stimmt doch!«

»Weil es ein Sieg des Anstands ist, von mir aus ein Sieg der Verstandes, der Aufklärung, der Zivilisiertheit, aber doch nicht der Demokratie! Hätten die Leute mehrheitlich diesen furchtbaren Autokraten wiedergewählt, wäre es ja auch Demokratie gewesen!«

»Warum ärgert Euch das so, Erhabener? Es ist doch nur eine medientypische Ungenauigkeit, es als Sieg der Demokratie zu bezeichnen!«

»Sprache ist eine in Worte gekleidete Geisteshaltung, mein Freund.«

»Das saht Ihr beim Gendern aber noch anders, Kalif!«

Der Kalif fühlt sich ertappt, deshalb ignoriert er den Einwand des Großwesirs. »Hier wird jedenfalls leichtfertig so getan, als brächte Demokratie automatisch das Gute hervor. Aber das stimmt nicht! Man kann auch demokratisch böse, demokratisch dumm oder demokratisch unanständig sein, verstehst du?«

Der Großwesir sagt nichts.

»So mancher Autokrat, so mancher Diktator wird demokratisch ins Amt gehievt. Und? Demokratie bewirkt nicht automatisch etwas Gutes!«

»Aber ...«

Der Kalif hebt die Hand und bedeutet dem Großwesir zu schweigen. Er winkt einen Diener herbei und flüstert ihm etwas ins Ohr. Der eilt davon und kommt wenige Minuten später mit einem Buch zurück, das er dem Kalifen reicht. Der Kalif schlägt es auf und liest dem Wesir vor: »Dummheit ist ein gefährlicherer Feind des Guten als Bosheit. Gegen das Böse lässt sich protestieren, es lässt sich bloßstellen, es lässt sich notfalls mit Gewalt verhindern, das Böse trägt immer den Keim der Selbstzersetzung in sich, indem es mindestens ein Unbehagen im Menschen zurücklässt. Gegen die Dummheit sind wir wehrlos. Weder mit Protesten noch durch Gewalt lässt sich hier etwas ausrichten; Gründe verfangen nicht; Tatsachen, die dem eigenen Vorurteil widersprechen, brauchen einfach nicht geglaubt zu werden – in solchen Fällen wird der Dumme sogar kritisch –, und wenn sie unausweichlich sind, können sie einfach als nichtssagende Einzelfälle beiseitegeschoben werden. Dabei ist der Dumme im Unterschied zum Bösen restlos mit sich selbst zufrieden; ja, er wird sogar gefährlich, indem er leicht gereizt zum Angriff übergeht. Daher ist dem Dummen gegenüber mehr Vorsicht geboten als gegenüber dem Bösen. Niemals werden wir mehr versuchen, den Dummen durch Gründe zu überzeugen; es ist sinnlos und gefährlich.«

»Von wem ...«, setzt der Großwesir an, hält inne und kramt seinerseits ein Buch aus seiner Tasche. »Okay. Also, jetzt bin ich dran«, sagt er, blättert in dem Buch herum, bis er die gesuchte Stelle gefunden hat. Er liest dem Kalifen vor: »Sowohl aus Angst, dumm zu erscheinen, als auch aus der, den Anstand zu verletzen, halten sich viele Menschen zwar für klug, sagen es aber nicht. Und wenn sie sich doch gezwungen fühlen, davon zu sprechen, umschreiben sie es, indem sie etwa von sich sagen: ›Ich bin *nicht dümmer* als andere.‹ Noch beliebter ist es, so unbeteiligt und sachlich wie möglich die Bemerkung anzubringen: ›Ich darf von mir wohl sagen, dass ich eine normale Intelligenz besitze.‹ Und manchmal kommt die Überzeugung von der eigenen Klugheit auch hintenherum zum Vorschein, so etwa in der Redensart: ›Ich lasse mich nicht dumm machen!‹ Umso bemerkenswerter ist es, dass sich nicht nur der heimliche einzelne Mensch in seinen Gedanken als überaus klug und wohlausgestattet ansieht, sondern dass auch der geschichtlich wirkende Mensch von sich, sobald er die Macht dazu hat, sagt oder sagen lässt, dass er ...«

Der Großwesir unterbricht und guckt den Kalifen scharf an, bevor er weiterliest.

»... über alle Maßen klug, erleuchtet, würdig, erhaben, gnädig, von Gott auserlesen und zur Historie berufen sei. Ja, er sagt es auch von einem anderen gern, von dessen Widerspiegelung er sich bestrahlt fühlt. In Titeln und Anreden, wie Majestät, Eminenz, Exzellenz, Magnifizenz, Gnaden ...‹«

Der Großwesir unterbricht erneut und blättert vor, als habe er die falsche Stelle vorgelesen.

»Ah, jetzt hab ich, was ich Euch, Eure Majestät, eigentlich vorlesen wollte! Also!«

Er räuspert sich.

»›Gelegentlich sind wir alle dumm; wir müssen gelegentlich auch blind oder halb blind handeln, oder die Welt stünde still; und wollte einer aus den Gefahren der Dummheit die

Regel ableiten: ›Enthalte dich in allem des Urteils und des Entschlusses, wovon du nicht genug verstehst!‹, wir erstarrten!‹«

Wieder guckt er den Kalifen an. Der starrt zurück und lässt sich nicht anmerken, ob und was davon bei ihm ankommt.

Der Großwesir liest weiter: »›Aber diese Lage, von der heute recht viel Aufhebens gemacht wird, ist ähnlich einer, die uns auf dem Gebiet des Verstandes längst vertraut ist. Denn weil unser Wissen und Können unvollendet ist, müssen wir in allen Wissenschaften im Grunde voreilig urteilen, aber wir bemühen uns und haben es erlernt, diesen Fehler in bekannten Grenzen zu halten und bei Gelegenheit zu verbessern, wodurch doch wieder Richtigkeit in unser Tun kommt. Nichts spricht eigentlich dagegen, dieses exakte und stolz-demütige Urteilen und Tun auch auf andere Gebiete zu übertragen; und ich glaube, der Vorsatz ›Handle, so gut du kannst und so schlecht du musst, und bleibe dir dabei der Fehlergrenzen deines Handelns bewusst!‹ wäre schon der halbe Weg zu einer aussichtsvollen Lebensgestaltung.‹«

Der Großwesir blickt von seinem Buch auf.

»Robert Musil, ›Über die Dummheit‹. Und was habt Ihr gelesen, Eure Exzellenz?«

Der Kalif unterdrückt ein Gähnen. Er hält dem Großwesir das Buch hin und sagt: »Dietrich Bonhoeffer, ›Von der Dummheit‹. Wobei ich ergänzen muss mit dem guten alten Heinrich Heine, der gesagt hat: ›Die Dummheit geht oft Hand in Hand mit Bosheit.‹ Da hat er Recht, denke ich. Und diejenigen, die sich nur dumm stellen, sind noch gefährlicher und böser.«

Der Großwesir schaut den Kalifen mit großen Augen an.

»Hör mal, Großwesir. Ich verstehe ja deine Bedenken. Dass du diese Leute nicht aufgeben willst. Aber lass dir mit Anton Tschechow gesagt sein: ›Auf einen Klugen kommen tausend Dumme, auf ein kluges Wort kommen tausend dumme, und dieses Tausend erstickt alles.‹ Ich sehe, dass viele Menschen sehenden Auges wissenschaftliche Erkenntnisse nicht anerkennen und schon gar nicht umsetzen. Sie zerstören sich und ihre Umwelt, handeln egoistisch und betreiben Raubbau an der Natur. Ein guter Politiker, dem daran gelegen ist, dass unsere Kinder und Kindeskinder und Kindeskindeskinder und Kindeskindeskindeskinder und ...«

»Ich hab es begriffen, Chef!«

»... dass also unsere Kinder und Kindeskinder ein lebenswertes Leben auf dieser Erde führen können, müsste den Leuten vor allem in den reichen Ländern sagen: ›Ihr konsumiert zu viel! Kauft weniger! Esst weniger, esst vor allem weniger Fleisch! Hört auf, sinnlos durch die Welt zu fliegen! Macht, verdammt noch mal, keine Kreuzfahrten mehr! Geht sorgsamer mit allen Ressourcen um!‹ Das müsste er ihnen sagen.«

»Aber Ihr könnt den Leuten doch nicht wegnehmen, was sie haben!«

»Ich verstehe die Ängste. Niemand gibt gerne ab und etwas einmal Erreichtes wieder auf. Aber zur Wahrheit gehört auch: Unsere Ressourcen sind endlich. Die Erde ist nicht unendlich groß. Und die Zahl der Menschen auf dieser Erde wächst rasant. Immer mehr Menschen wollen essen, wohnen, Kleidung, ein Auto, ein Smartphone haben. Das bedeutet, dass andere abgeben müssen. Eine dreiköpfige Familie in einem industrialisierten westlichen Land konsumiert mehr als eine siebenköpfige Familie in einem armen südasiatischen oder afrikanischen Land. Es gibt auf unserem Planeten Hunderte Millionen Menschen, die noch nicht einmal das Konsumniveau eines menschenwürdigen Lebens erreicht haben, während hier die Leute schon aufschreien, wenn sie auf den zweiten oder dritten Langstreckenflug im Jahr verzichten sollen. Das ist ungerecht! Auf Dauer geht das nicht gut!«

»Das ist sicher so, oh mein Kalif, aber wenn ich hier weniger konsumiere, hat der Mensch woanders trotzdem nicht mehr.«

»Ja, aber du zerstörst die Erde nicht mehr so arg, du verbrauchst weniger, du lässt anderen die Chance, zum Zug zu kommen.«

»Aber kein Politiker, der gewählt werden will, kann so etwas sagen!«

»Du bist ein Blitzmerker, Großwesir! Sie sagen deshalb lieber nichts, anstatt zu erklären, dass wir unsere Erde ausbeuten, um so zu leben, wie wir es tun. Dass aber diese Rohstoffe nicht unendlich sind, dass sie sich hier und da dem Ende zuneigen, dass viele Tiere und Pflanzen vom Aussterben bedroht sind wegen unserer Rücksichtslosigkeit, dass die Atmosphäre sich verändert und durch unsere Lebensweise das Klima sich verändert, dass eine Erderwärmung droht, die das Überleben von uns Menschen gefährdet, ja unmöglich machen kann. Wir wissen längst, dass wir an unserer Lebensweise, an unserem Konsumverhalten etwas ändern müssten, und zwar massiv und grundlegend, damit auch unsere Urenkel noch auf dieser Erde leben können, wir müssten uns zurücknehmen, bescheidener werden, weniger konsumieren, verzichten, aber die meisten kriegen den Hals nicht voll, sie wollen so viel, wie sie kriegen können, und kein Politiker, der demokratisch gewählt wird und in Zeiträumen von Legislaturperioden denkt, also spätestens bis zur nächsten Wahl, sagt, dass das so nicht geht! Das gilt auch für andere Bereiche: In so vielen Politikfeldern ist kurzfristiges Handeln und Denken nicht sinnvoll. Dabei muss man weit über die Legislaturperiode hinausdenken! Aber die Menschen wollen den schnellen Erfolg, das sichtbare Ergebnis, und das wollen die Politiker innerhalb der Zeit, für die sie gewählt sind, erfüllen.«

»Sonst werden sie nicht wiedergewählt.«

»Ich sag ja: Du bist ein Blitzmerker, Großwesir. Und deshalb braucht es manchmal einen guten Kalifen. Deshalb braucht es mich!«

# Tagebucheintrag des Kalifen

Verfasst im fünften Jahr der
weisen Herrschaft unseres
gelobten Kalifen (MeiZirMzVh)

Fußball wird im gesamten Kalifat überschätzt. Kricket wird im gesamten Kalifat unterschätzt. Wir müssen Kricket fördern und die Macht von Fußballfunktionären stutzen. Nationalsport im gesamten Kalifat aber wird das Boßeln! Die Regeln dieser Sportart mögen die Untertanen im Internet recherchieren, regionale Sonderheiten sollen hierbei erlaubt sein. Hauptsache, Boßeln! Und eine Kohlfahrt im Jahr, also Boßeln und anschließendes Grünkohlessen. Hat auch noch niemandem geschadet!

# Auge um Auge, Zahn um Zahn, Wange hinhalten!

»Chef?«

»Was gibt's, Großwesir?«

»Sagt, Euer Ehren, was haltet Ihr eigentlich von dem Prinzip, jemandem, der Euch schlägt, also tatsächlich, aber auch im übertragenen Sinne, diesem jemand also auch die andere Wange hinzuhalten?«

Der Kalif schaut seinen Ersten Mitarbeiter verwundert an. »Welche Gedanken treiben dich um, oh Großwesir? Was geht in deinem Kopfe vor?«

»Nun«, antwortet der Großwesir ein wenig verlegen, »Ihr macht Euch ja ständig Gedanken über ein zivilisiertes Miteinander der Menschen, über Anstand und Moral. Und da kam mir dieses berühmte Zitat aus der Bibel in den Kopf: ›Ihr habt gehört, dass gesagt ist: ‚Auge um Auge, Zahn um Zahn.‘ Ich aber sage euch, dass ihr nicht widerstreben sollt dem Übel, sondern: Wenn dich jemand auf deine rechte Backe schlägt, dem biete die andere auch dar. Und wenn jemand mit dir rechten will und dir deinen Rock nehmen, dem lass auch den Mantel. Und wenn dich jemand nötigt, eine Meile mitzugehen, so geh mit ihm zwei. Gib dem, der dich bittet, und wende dich nicht ab von dem, der etwas von dir borgen will.‹ Was haltet Ihr davon, oh Kalif? Wäre das nicht ein guter Leitfaden für ein kalifatisches Miteinander?«

Der Kalif fasst sich ans Kinn und verfällt demonstrativ in eine Denkerpose. »Hmmmm«, sagt er. »Ja und nein.«

»Wie meinen, Sir?«

»Du willst einen Vortrag? Du kriegst einen Vortrag!«, antwortet der Kalif. »Lange Rede, langer Sinn: Selbstverständlich müssen wir darüber nachdenken, wie wir Menschen in einer Gesellschaft miteinander umgehen. Sogar als Eremit ist es angezeigt, sich selbst Regeln aufzuerlegen, denn andernfalls entgleitet einem das Leben auf unerfreuliche Weise. Ohne Regeln hätte Robinson Crusoe bestimmt nicht fast drei Jahrzehnte auf einer einsamen Insel überleben können. Er schaffte es nur, weil er seinem Tagesablauf, seinem Leben trotz seiner Ferne zur Zivilisation eine Struktur gab.«

Er mustert den Großwesir, der ihm aufmerksam und mit großen Augen folgt.

»Wie du sicher weißt, folgen dem Bibelzitat, das du gerade anführtest, diese Worte: ›Ihr habt gehört, dass gesagt ist: Du sollst deinen Nächsten lieben und deinen Feind hassen. Ich aber sage euch: Liebt eure Feinde und bittet für die, die euch verfolgen, damit ihr Kinder seid eures Vaters im Himmel.‹ Liebe deinen Feind, was hältst du davon, Großwesir?«

Der Großwesir schüttelt den Kopf. »Fällt mir schwer.«

»Ja, sicher. Aber findest du es in der Sache richtig?«

»Also, äh, ja, na ja, es ist doch immer gut, wenn Menschen sich lieben und nett zueinander sind und …«

»Gut«, unterbricht ihn der Kalif. »Dann frage ich anders: Was hältst du von dem Satz: ›Der Klügere gibt nach!‹?«

»Ist doch prima, dann gäbe es weniger Konflikte!«, antwortet der Großwesir.

»Quatsch! Riesenquatsch! Megariesenquatsch!«, schreit der Kalif und klatscht sich bei jedem Wort mit der flachen Hand auf die Stirn, sodass der Großwesir erschrickt. »Wenn die Klügeren immer nachgäben, würden irgendwann nur noch Idioten bestimmen, wo es langgeht!« Er kratzt sich am Bart und fährt fort: »Und wenn wir dann noch die Demokratie dahingehend perfektionieren …«, bei diesem Wort macht er mit den Fingern beider Hände Zeichen in die Luft, als schriebe er Anführungsstriche, obwohl er diese Geste im Tiefen seines Herzens hasst, »… dass wir keine Grenzen mehr setzen, dass alles sagbar ist und jede Meinung gleichwertig, und wir immer mehr und mehr die innere Seele des Volkes versuchen widerzuspiegeln, dann wird sich eines großen und glorreichen Tages der Herzenswunsch der sogenannten einfachen Leute erfüllen und ein wahrer Idiot und narzisstischer Irrer Regierungschef sein!«[*]

---

[*] Angelehnt an das wunderbare Zitat des US-amerikanischen Satirikers Henry Mencken (1880 bis 1956), der im Interview mit der »Baltimore Evening Sun«, Ausgabe vom 26. Juli 1920, sagte: »Wenn die Demokratie sich fortlaufend perfektioniert, widerspiegelt die Präsidentschaft immer exakter die innere Seele des Volkes. Eines großen und glorreichen Tages wird sich der Herzenswunsch der einfachen Leute erfüllen und das Weiße Haus mit einem wahren Idioten und narzisstischen Irren besetzt sein.« Und siehe da, nicht einmal hundert Jahre später erfüllte sich diese Prophezeiung.

»Wahrlich, das wollen wir nicht!«, sagt der Großwesir, verbeugt sich, murmelt ein »Habe die Ehre!« und geht, um diese Botschaft zu verbreiten.

# Tagebucheintrag des Kalifen

**Verfasst im achten Jahr der glückreichen Herrschaft des Kalifen (MeiZirMzVh)**

Es ist besorgniserregend: Das kalifatische Statistikamt teilt mit, dass die Menschen im Kalifat durchschnittlich immer größer werden, dass ihre Füße aber nicht mitwachsen. Die sind über all die Jahrhunderte gleich groß geblieben. Hält diese Entwicklung an, werden die Kalifatsbewohner eines Tages umkippen mit ihren Laufwarzen.

# Zweiundvierzig

»Großwesir!«

»Ja, großmächtiger Kalif?«

»Ich habe den unerfreulichen Eindruck, dass die Menschen im Kalifat in letzter Zeit immer grummeliger werden.«

»Grummeliger?«

»Unzufriedener. Missmutiger. Warum nur? Haben sie es nicht gut im Kalifat? Sorge ich etwa nicht gut für sie? Wohnen ist bezahlbar geworden, seitdem wir es zum Grundrecht erklärt und Spekulationen mit Immobilien einen Riegel vorgeschoben haben. Die Arbeitslosigkeit ist sehr gering. Wir haben der sozialen Marktwirtschaft, von der andere nur geredet haben, Geltung verschafft. Wir fördern den Wettbewerb und schützen Privateigentum. Gleichzeitig sind Sicherheit, Gesundheit, Verkehr und Mobilität, Bildung, Wohnen Dinge der Daseinsvorsorge und unterliegen nicht mehr oder nur eingeschränkt den Regeln des Marktes, sondern auch den Regulierungen durch den Kalifen. Das Kalifat sorgt für seine Untertanen. Bekommen die Kaliflinge nicht alles, was ihr Herz begehrt? Was vermiest ihnen die Laune? Woran mangelt es ihnen?«

»Aber mein Gebieter, die meisten Menschen lieben und schätzen Euch! Es ist nur eine kleine, aber laute Minderheit, die Euch, nun ja, wie soll ich sagen … verabscheut. Denen, glaube ich, fehlt ein Feindbild! Und da haben sie Euch zum Feindbild erkoren«, antwortet der Großwesir.

»Ach was, das ist doch verrückt! Wozu braucht es Feindbilder? Ich habe ihnen doch alle möglichen Feindbilder ausgetrieben, sie gebildet und erzogen! Endlich kommen alle miteinander klar, reden wieder miteinander, mehr oder weniger, oder zumindest nicht verächtlich übereinander. Und nun meinst du, der Mensch brauche Feindbilder, um glücklich zu sein?«

»Ich befürchte, es ist so. Der Mensch ist ein von Neid und Rachsucht erfülltes Wesen. Denkt nur an die Bibel, in der schon am Anfang ein Mord steht, ein Brudermord sogar, aus Missgunst. Der Mensch …«

»Das steht auch im Koran, mein lieber Großwesir, nur nicht ganz am Anfang.« Und er rezitiert: »Verkünde ihnen wahrheitsgemäß die Geschichte von den zwei Söhnen Adams, wie sie beide ein Opfer darbrachten, und es ward angenommen von dem einen von ihnen und ward nicht angenommen von dem anderen. Da sprach dieser: ›Wahrhaftig, ich schlage dich tot.‹ Jener erwiderte: ›Allah nimmt nur an von den Gottesfürchtigen. Wenn du auch deine Hand nach mir ausstreckst, um mich zu erschlagen, so werde ich doch nicht meine Hand nach dir ausstrecken, um dich zu erschlagen. Ich fürchte Allah, den Herrn der Welten. Ich will, dass du meine Sünde tragest zu der deinen und so unter den Bewohnern des Feuers seiest, und das ist der Lohn der Frevler.‹ Doch sein Sinn trieb ihn, seinen Bruder zu töten; also erschlug er ihn und ward der Verlorenen einer. Da sandte Allah einen Raben, der auf dem Boden scharrte, dass Er ihm zeige, wie er den Leichnam seines Bruders verbergen könne. Er sprach: ›Weh mir! Bin ich nicht einmal imstande, wie dieser Rabe zu sein und den Leichnam meines Bruders zu verbergen?‹ Und da wurde er reuig. Aus diesem Grunde haben wir den Kindern Israels verordnet, dass, wenn jemand einen Menschen tötet – es sei denn für Mord an einem andern oder für Gewalttat im Land –, so soll es sein, als hätte er die ganze Menschheit getötet; und wenn jemand einem Menschen das Leben erhält, so soll es sein, als hätte er der ganzen Menschheit das Leben erhalten.«[*]

»Ihr könnt den Koran auswendig?«

»Also, hör mal! Das fragst du mich? Ich bin der Kalif! Wer, wenn nicht ich, sollte den Koran auswendig rezitieren können?«

»Ich bin beeindruckt, Eure Heiligkeit, wirklich beeindruckt. Aber was ich sagen wollte: Der Mensch braucht Sündenböcke, Leute, auf die er herabschauen, die er verabscheuen, für schuldig befinden kann. Ja, die er hassen kann. Manch eine Feindschaft wird ja treu gepflegt, und dort, wo sie überwunden wird, entsteht nicht selten eine neue, als gehörte sie zum Leben dazu. Vielleicht gibt erst ein Feindbild menschlichen Beziehungen Beständigkeit?«

»Wozu soll das gut sein?«

»Damit der Mensch sich selbst aufwerten kann. Selbst wenn es ihm schlecht geht und er am Boden liegt,

---

[*]  Es handelt sich hier um Sure 5, Verse 28 bis 33.

gibt ihm dies das Gefühl: Da ist noch jemand unter mir! Und im Zweifel ist der schuld an meiner Misere! Ein Musterbeispiel solchen Denkens sind Extremisten, egal welcher Art: Sie schaffen sich eine ganze Armada an Feindbildern. Das lässt einen sich gut fühlen, weil die Feinde so schlecht sind!«

»Und was rätst du mir nun zu tun? Soll ich von meiner Politik abkehren und ›Pegida‹ und all die anderen Idioten mit ihren Feindbildern wieder stärken, anstatt sie politisch zu bekämpfen?«

»Nein, nein, ich habe lediglich eine Feststellung zur Psyche des Menschen getroffen. Menschen – und übrigens auch die Politik – unterscheiden immer zwischen Freund und Feind.«

»Große Güte, du klingst wie dieser Nazi-Vordenker, wie hieß er noch gleich …?«

»Ihr meint Carl Schmitt?«

»Genau. Der mit seiner Freund-Feind-Unterscheidung. Einer, der die Nazis, als sie noch unbedeutend und machtlos waren, vorsichtig kritisierte, dann, als sie immer stärker wurden, bestaunte und schließlich, als sie an der Macht waren, selbst mitmachte. Charakterloser Geselle! Kein Wort mehr von diesem Typen in diesen heiligen Hallen, Großwesir! So einer hat diesem Ariertum-Schwachsinn den Weg bereitet und dem eh schon vorhandenen jüdischen Feindbild Vorschub geleistet.«[*]

---

[*] Die Nationalsozialisten erkannten tatsächlich früh, welche Wirkung ein Feindbild hat. Antisemitismus gab es in Europa schon im Mittelalter. Die Nazis schufen keineswegs ein neues Feindbild, doch sie bauten es aus. Hitler sagte bereits 1922 in einem Interview: »Es ist klar und hat sich bei allen Revolutionen durch die Praxis und die Tatsache erwiesen, daß ein Kampf für Ideale, für Verbesserungen irgendwelcher Art unbedingt ergänzt wer-

»Natürlich nicht, Kalif! Ich werde diesen Namen nie mehr erwähnen! Aber dass Menschen sich Sündenböcke suchen, Feinde, ist Küchenpsychologie. Oder seht Ihr das anders?«

»Ich muss darüber nachdenken, Großwesir!«, antwortet der Kalif und zieht sich in seine Bibliothek zurück.

Am nächsten Tag lässt er den Großwesir am Nachmittag zu Kaffee und Kalifenschmarrn zu sich kommen. Als der Großwesir in den Thronsaal der Ewigkeitssynaschee tritt, lächelt der Kalif verschmitzt. »Hömma, mein Bester, ich war heute in der Stadt und wollte Schuhe kaufen.«

»Ihr kauft Eure Schuhe selbst, Eure Heiligkeit?«

»Ich trug Sonnenbrille und Kappe, es hat mich niemand erkannt.«

---

den muß durch den Kampf gegen irgendeine Gesellschaft, Klasse oder Kaste. Keine der Revolutionen ist jemals ohne einen solchen Blitzableiter, durch den die Haßgefühle der breiten Masse abgeleitet werden, ausgekommen. Gerade daraufhin habe ich die revolutionären Vorgänge in der Weltgeschichte nachgeprüft und mir dann die Frage vorgelegt: Gegen welchen Volksteil in Deutschland kann ich mit der größten Aussicht auf Erfolg meine Haßpropaganda einsetzen? Gefunden mußte ein solches Opfer werden, und zwar eines, gegen das der Kampf auch materiell lohnte. Ich (…) habe alle überhaupt denkbaren (…) Lösungen dieses Problems geprüft und (…) bin (…) zu dem Ergebnis gekommen, daß ein Kampf gegen die Juden ebenso populär wie erfolgreich sein würde.« Dieses Feindbild wurde von den Nationalsozialisten im Laufe nur weniger Jahre so instrumentalisiert, dass viele Deutsche »die Juden«, im Grunde eine religiös definierte Gruppe, als Quell allen Übels ansahen. Der Antisemitismus lieferte ihnen nicht nur einen Sündenbock für ihre persönlichen Unzulänglichkeiten, sondern gleich eine Welterklärung. Die antisemitischen Nürnberger Gesetze von 1935, auch »Ariergesetze« genannt, in denen die Nazis ihrer antisemitischen und rassistischen Ideologie und damit auch dem später erfolgten industriellen Massenmord an Juden eine gesetzliche Grundlage gaben und die unter anderem das »Gesetz zum Schutze des deutschen Blutes und der deutschen Ehre« enthielten, nannte Carl Schmitt allen Ernstes eine »Verfassung der Freiheit«.

Der Großwesir schaut den Kalifen entsetzt an.

»Ich brauche auch mal meine Auszeit von diesem ganzen Theater hier und möchte mal ohne Gefolgschaft unter die Leute kommen!«, verteidigt sich der Kalif.

»Und? Wurdet Ihr fündig?«, fragt der Großwesir und schaut dem Kalifen auf die Füße.

»Eben nicht! Oh, Großwesir!«, fängt der Kalif nun an zu jammern. »Ich werde jetzt einen höfischen Schuhmacher einstellen, es hilft nichts!«

»Was ist das Problem? An jeder Ecke gibt es doch Schuhgeschäfte, über einen Mangel könnt Ihr Euch wahrlich nicht beklagen, Kalif! Aber natürlich wäre ein eigener Schuhmacher Eurem Rang und Eurer Bedeutung angemessen, Kalif! Ihr seid immerhin der mächtigste Mensch der Welt!«

»Mir ist jedenfalls eine Idee gekommen. Ich habe über unser Gespräch gestern nachgedacht. Und jetzt hab ich's: Wir erschaffen ein Feindbild! Ein großes, neues Feindbild! Ein geradezu monströses Feindbild!«

»Ihr wollt Schuhgeschäfte zu Feinden erklären?«

»Nein, nein, hör zu! Ich habe ...«, der Kalif hüstelt etwas verlegen. »Ich habe ... ziemlich gewöhnliche Füße. Normal breit, Schuhgröße zweiundvierzig. Aber die Auswahl war katastrophal! Es gibt kaum etwas in dieser Größe! Und weißt du, warum das so ist?«

»Ich gehe davon aus, Ihr erklärt es mir in Eurer unendlichen Klugheit und Belesenheit.«

»Also, ich studierte kürzlich eine Statistik über die kalifatische Bevölkerung. Daraus ging unter anderem hervor, dass die Menschen in den zurückliegenden Jahrhunderten immer

229

größer geworden, ihre Füße aber nicht mitgewachsen sind. Und weißt du, was die häufigste Schuhgröße bei männlichen Untertanen ist?«

Der Großwesir schüttelt den Kopf.

»Zweiundvierzig!«

»Ja, und?«

»Verstehst du denn nicht? Alle kaufen Schuhgröße zweiundvierzig! Kaum kommt ein neues Schuhmodell auf den Markt, kaufen die Leute Schuhgröße zweiundvierzig weg! Die Schuhindustrie reagiert wohl darauf und stellt etwas mehr dieser Größe her, aber es reicht nicht aus! Ein Fünftel aller Männer oder sogar noch mehr kaufen Schuhgröße zweiundvierzig. Das ist mehr als jede andere Größe.«

»Und die Frauen?«

»Bei denen sind es, warte, ich hab es mir aufgeschrieben ...« Er kramt sein Notizbuch aus der Tasche und blättert darin herum. »Hier hab ich's! Bei Frauen sind die Schuhgrößen achtunddreißig und neununddreißig gleichermaßen häufig vertreten. Aber die kaufen eh mehr Schuhe. Im Schnitt kaufen Männer zwei Paar pro Jahr, Frauen hingegen sechs Paar.«

»Interessant. Wirklich, Kalif. Was hat das jetzt mit den unglücklichen Kalifatsbewohnern zu tun und mit Eurem Bestreben, ein neues Feindbild zu erschaffen?«

»Mensch, Großwesir, kapierst du denn nicht? Zweiundvierzig! Zweiundvierzig ist die Antwort auf alles! Zweiundvierzig ist die Antwort auf die Frage nach dem Leben, dem Universum und dem ganzen Rest! Also auch nach dem neuen Feindbild!«

Der Großwesir versteht nicht, was der Kalif sagt.

»Hast du wirklich nie ›Per Anhalter durch die Galaxis‹ gelesen?«

»Das ist doch Westliteratur. Gab's in der DDR sicherlich irgendwo, aber wir hatten's nicht. Mir hoddn do nüschd, Kalif! Und später, nach der Wende, habe ich das irgendwie verpasst. Da gab's doch auch eine Verfilmung, oder?«

»Ja, und auch eine Hörspielreihe. Aber egal. Jedenfalls, da gibt es so einen Computer, ›Deep Thought‹ heißt der, und der soll eben die Antwort auf die Frage aller Fragen berechnen, nämlich nach dem Leben, dem Universum und dem ganzen Rest. Und nach siebeneinhalb Millionen Jahren kommt er auf das Ergebnis: zweiundvierzig! Das ist es! Das ist die Lösung für unser Problem!«

Der Großwesir schaut immer noch fragend.

»Mensch, Großwesir, heute machst du nicht so viele Bilder pro Minute, was? Also: Wir erklären einfach alle Männer mit Schuhgröße zweiundvierzig zu unserem Feind! Sie sind schuld an·allem! Zweiundvierzig wird der neue Popanz!«

Eine peinliche Stille tritt ein, die der Großwesir erst nach einer Weile unterbricht.

»Sagt, Euer Ehren, ist alles in Ordnung mit Euch? Geht es Euch nicht gut?« Der Großwesir macht ein besorgtes Gesicht.

»Doch, doch, alles bestens, mein Guter! Ich weiß, es klingt absurd. Aber diese ganze Feindbildmalerei ist absurd. Da setzen wir einfach etwas noch Absurderes obendrauf! Kampf den Männern mit Schuhgröße zweiundvierzig!«

»Ähm, darf ich Euch daran erinnern, dass Ihr gerade sagtet, dass Ihr selbst Schuhgröße zweiundvierzig habt?«

»Na und? Man kann körperlich klein sein und das Kleine zum Feind erklären. Man kann dunkelhäutig sein und das Dunkle offen hassen. Man kann homosexuell sein und das Homosexuelle öffentlich bekämpfen. Ich denke, das ist eine Form von Selbsthass. Man will das, was man als eigene Unzulänglichkeit empfindet, dadurch überdecken, dass man es mit aller Härte kritisiert. Jedenfalls sind das Realitätsverluste, die offensichtlich besonders häufig bei politisch Mächtigen vorkommen, jedenfalls fallen sie bei ihnen auf. Warum soll der Kalif eine Ausnahme sein? Aber Achtung: Natürlich darf niemand erfahren, dass auch ich Schuhgröße zweiundvierzig habe! Niemand darf das auch nur denken! Wer das behauptet, landet sofort im Kerker! Zu sagen, dass der Kalif Schuhgröße zweiundvierzig habe, soll eines der größten Vergehen werden, deren man sich im Kalifat schuldig machen kann!«

Für einen Moment blitzt im Kopf des Großwesirs der Gedanke auf, dass er Kalif werden könnte anstelle des Kalifen, um das Kalifat zu schützen vor diesem seltsamen Plan – oder sollte er gar sagen: vor diesem seltsamen Mann? Kalif Kaluppke, das klingt doch nicht schlecht, denkt er. Aber nein, er hegt keinerlei Machtgelüste, er will nur das Beste für Karfiolien, und der amtierende Kalif ist doch sehr gut. Also macht er sich gedanklich eine Notiz, dass er gleich nach diesem Gespräch den höfischen Psychiater bitten will, sich mal um den Kalifen zu kümmern. Möglicherweise, befürchtet er, ist der gerade nicht ganz bei Sinnen. Er hat in den letzten Jahren auch wirklich viel gearbeitet ... »Und was gedenkt Ihr zu tun, um dieses Feindbild zu erschaffen?«

»Nun, ich werde eine Rede an die Nation halten. Darin werde ich den Menschen sagen, wer an allem schuld ist: Menschen mit Schuhgröße zweiundvierzig!«

»Aber was erhofft Ihr Euch davon, um Himmels willen?«

»Darf ich dich an deine eigenen Worte erinnern, lieber Großwesir, die vor wenigen Minuten deinen Mund verließen? ›Der Mensch braucht Sündenböcke, Leute, auf die er herabschauen, die er verabscheuen, für schuldig befinden kann.‹ Waren das nicht deine Worte? Oder habe ich mich verhört?«

»Nein, also, doch, aber … doch nicht so! Ihr könnt doch nicht irgendeine Gruppe von Menschen herausgreifen und die zu …«

Es arbeitet im Kopf des Großwesirs. Der Kalif grinst.

»Doch, lieber Kaluppke, genau so! Genau so war es immer, und so ist es noch! Wahllos irgendeine Gruppe! Die Juden! Die Muslime! Die Homosexuellen! Die Hexen! Die Rothaarigen! Die Frauen! Die Behinderten! Die Schwarzen! Die Chinesen! Die Was-weiß-ich! Und jetzt kommst du und sagst, den Untertanen fehle ein Feindbild! Gut, dann sind es ab sofort Menschen mit Schuhgröße zweiundvierzig!«

»Und was plant Ihr konkret, werter Kalif?«

»Och, da wird uns schon was einfallen! Preise für Schuhe der Schuhgröße zweiundvierzig verzehnfachen! Außer natürlich für mich, aber das darf niemand wissen. Öffentliche Schuhverbrennungen, natürlich ausschließlich Größe zweiundvierzig! Ein Buch mit Schuhgröße-zweiundvierzig-Witzen?«

»Aber Kalif!«

»Diese Leute sind so irre, die machen das kritiklos mit! Ich sag's dir!«

Der Großwesir schüttelt entrüstet den Kopf. »Das ist doch geschmacklos!«, murmelt er. »Das könnt Ihr doch nicht machen!«

»Aber sicher kann ich. Wenn die Leute ständig ›Diktatur!‹ schreien, gebe ich ihnen Diktatur! Die sollen mal erleben, was das ist! Jedenfalls ein bisschen!«

Als der Kalif sieht, wie verzweifelt Kaluppke aus der Wäsche schaut, seufzt er. »Jetzt mach dir mal keine Sorgen, Wesirchen! Ich werde es nicht übertreiben. Ich möchte nur mal sehen, wie weit ich es treiben kann. Ob wir wirklich an den Punkt kommen, dass es Proteste gibt und die Leute kapieren, dass ihre Suche nach Feindbildern falsch ist! Oder ob sie es nie kapieren, sondern willig das Feindbild übernehmen und ausbauen – und am Ende will niemand von irgendetwas gewusst haben. Kennen wir ja.«

»Gut«, sagt der Großwesir und macht sich eine Notiz. »Ich bereite alles vor. Nieder mit der Schuhgröße zweiundvierzig!«, sagt er und seufzt.

# Rede an die Nation

## Und ihre Folgen

Aufgezeichnet in der Bibliothek der Ewigkeitssynaschee, ein paar Tage später von allen Fernsehsendern sowie allen Nachrichtenseiten im Internet ausgestrahlt.

»Untertanen, meine sehr verehrten Kalifatlinge, hier spricht euer Kalif, habe die Ehre! Bevor unser schönes Kalifat erblühte, versank dieses Land in Chaos und Verirrung. Merkwürdige Leute zogen durch die Straßen, vor allem hier, in Drestan, und sagten seltsame Dinge. In tiefster Sorge um die Zukunft meines Volkes zog ich nach Drestan. Und heute kann ich zu meinem kalifatischen Volk sprechen! Wahrlich, wir vermögen vielleicht mehr als andere Generationen vor uns den Sinn des frommen Ausspruchs zu ermessen: ›Welch eine Wendung durch Allahs Fügung!‹ Und doch droht wieder Gefahr.«

Er macht eine übertrieben lange Pause, um bedeutungsschwanger fortzufahren: »Erkenntnisse unseres vorzüglichsten Geheimdienstes, bestehend aus den besten Agentinnen und Agenten der Welt, ausgestattet mit der modernsten Hochtechnologie, lassen eine Gefahr erkennen, die uns, so scheint es, neu und fern am Horizont erscheint. Doch sie ist

235

keineswegs neu und auch nicht fern, sondern treibt ihr Unwesen schon seit Langem mitten unter uns. Es sind üble Gesellen, Kreaturen, die uns das Leben erschweren und unserem schönen Kalifat schaden wollen! Es ist eine raumgreifende Gefahr, eine Gefahr, die einem …«, und an dieser Stelle kann er sich nur mit Mühe ein Lachen verkneifen, »… geradezu die Schuhe auszieht! Es sind Männer mit Schuhgröße zweiundvierzig! Nehmt euch in Acht vor ihnen! Das Kalifat wird nicht mehr zur Ruhe kommen, bevor die Schuhgröße-zweiundvierzig-Frage ausgeräumt ist!«

Weiter sagt er nichts. Keine Erklärung, warum diese Männer eine Gefahr seien, wie diese Gefahr, die von ihnen ausgehe, konkret aussehe und wie man sie zu bannen gedenke.

Und tatsächlich: Am nächsten Tag schon zieht durch Drestan eine Gruppe von Menschen mit Bannern, auf denen »Schuhgröße zweiundvierzig raus!« und »Ein echter Kalifatling kann keine Schuhgröße zweiundvierzig haben!« steht. Sehr viele tragen T-Shirts und Schilder mit einer durchgestrichenen Zweiundvierzig. Der kalifatische Geheimdienst findet heraus: Es sind dieselben Leute, die früher gegen die »Islamisierung des Abendlands« protestierten, die jetzt mit Inbrunst die durchgestrichene Zweiundvierzig durch die Gegend tragen und ihrem Hass auf Männer mit Schuhgröße zweiundvierzig freien Lauf lassen.

Und tatsächlich: Niemand kauft mehr Schuhe in der Größe zweiundvierzig. All jene, die diese Größe haben, verschweigen das tunlichst und kaufen fortan Schuhe der Größe dreiundvierzig und stopfen vorne ein wenig Watte hinein. Oder sogar Größe vierundvierzig, um nicht in den Verdacht zu kommen, in Wahrheit ein Zweiundvierziger zu sein, und sie tragen dann eben besonders dicke Socken oder kleiden die Schuhspitze mit einem Taschentuch aus. »Du bist wohl ein falscher 43er!« wird zum geflügelten Wort im Kalifat, um Betrüger und Hochstapler zu bezeichnen. Und nicht selten hat man nun bei Reisen durch das Kalifat den Eindruck, da liefen überdurchschnittlich viele Männer mit zu großen Schuhen herum.

Aber wie der Kalif in seiner unendlichen Weisheit vorausgesehen hat, nimmt die Grummelei der Menschen ab. Sie schimpfen nicht mehr über die Islamisierung, beginnen sogar, den Kalifen als »starken Mann« zu bezeichnen, als »einen, der durchgreift!«. Sie haben für ihren Frust ein neues Feindbild gefunden.

# Tagebucheintrag des Kalifen

Verfasst im zehnten Jahr der
segensreichen Herrschaft
unseres klugen Kalifen (MeiZirMzVh)

Morgens während des Berufsverkehrs mit dem Teppich durch die Stadt geflogen, inkognito. Sogar den Wesir konnte ich überreden, im Palast zu bleiben und mich alleine fliegen zu lassen. Uff, was waren da viele Autos unterwegs! Zwei Drittel davon fette SUVs und große Luxuslimousinen – und überall saß nur eine Person drin! Wann genau hat das angefangen, dass die Leute glauben, es gehöre zu ihrer Freiheit, mit Tausenden von Kilogramm Stahl und Plastik und Glas unterwegs sein zu dürfen und dabei stinkende Abgase in die Umwelt zu blasen, um ein paar Kilogramm Mensch zu bewegen? Was genau hat sie glauben gemacht, dass das ihr Recht sei? Und dann gehen dieselben Leute abends oder am Wochenende ins Fitnessstudio, um ihr Übergewicht loszuwerden. Dabei sind Herz- und Gefäßkrankheiten die häufigsten Beschwerden im Kalifat!

Einfach darauf zu hoffen, dass irgendwann Selbsterkenntnis und Vernunft siegen und die Menschen ihren inneren Schweinehund überwinden, wird nicht funktionieren. Flögen die Leute mehr Teppich, ritten sie mehr Lama, wäre es um die Gesundheit der Menschen viel besser bestellt! Aber wir bräuchten viel breitere Teppich- und Lamawege!

Notiz an mich selbst: In der nächsten Loya Jirgah* prüfen lassen, welche Autostraßen man mithilfe einer zu erlassenden Verordnung zur Förderung der Nutzung mobiler Knüpfgewebestrukturen[†] – auch kalifatische Beamte lieben solche sinnlos umständlichen Bezeichnungen – einfach zu Teppichwegen deklarieren kann und damit Autofahrer zwingt, auf den Teppich umzusteigen. Und: Kampagne starten, mehr E-Teppich zu fliegen, Lama zu reiten, aufs Fahrrad und auf öffentliche Verkehrsmittel umzusteigen, Carpet-Sharing-Systeme zu nutzen und aufs Auto zu verzichten. Und: Den Leuten beipulen, dass Autofahren für bestimmte Zwecke schon sinnvoll sein kann und okay ist – zum Beispiel für mittellange Strecken oder beim Transport von schweren Dingen. Aber doch nicht für die fünf Kilometer Weg ins Büro, ebenso wenig für die viel frequentierten Langstrecken Hollern–Twielenfleth–Drestan–Wien, große Güte! Und kein Mensch braucht einen SUV in der Innenstadt! Überlegen, was am besten hilft: Überzeugungsarbeit, sanfter Druck oder Keule.

Erst möglichst sanft beginnen und, wenn es nichts

---

* Als Loya Jirga(h) oder Loja Dschirga wird die große Ratsversammlung in Afghanistan, Turkmenistan, Usbekistan, Mongolei et cetera bezeichnet, die der Klärung nationaler Fragen dient, insbesondere der Stammesrechte. Auch im Kalifat heißt die Versammlung weiser Frauen und Männer und Diverser aus dem gesamten Herrschergebiet des Kalifen zur Beratschlagung wichtiger Fragen Loya Jirgah.
† Für den Begriff »mobile Knüpfgewebestrukturen« gebührt dem Kalifatling Joachim W. Dank und Anerkennung!

hilft, bis unsanft steigern. Und: In ein Auto passen fünf Menschen! Also fährt man, wann immer möglich, nicht alleine damit! Gebühren verlangen, wenn Leute alleine oder nur zu zweit unterwegs sind. Mitfahrzentralen steuerlich fördern! Steuerkonzept ausarbeiten lassen, dass man fürs Zu-fünft-Fahren belohnt wird!

Uff!

# Man wird ja wohl noch fragen dürfen

Nach Monaten in Drestan, die meiste Zeit im Palast, drängt es den Kalifen nach draußen. Es ist Mitte Mai und schon frühsommerlich warm, vom Balkon seiner Residenz in der Drestani Synaschee sieht er die Menschen vorbeiströmen. Wenn sie ihn erblicken, richten sie sofort ihre Handys auf ihn, machen Fotos und filmen. Manchen fällt ein, ihm zu winken. Dann winkt er zurück.

»Ach, könnt ich mich doch mit meinen Untertanen einfach mal unterhalten!«, denkt er bei sich. »Ganz ungezwungen, über den Alltag, was sie sich vom Leben erhoffen, was ihnen gefällt und was ihnen missfällt. Am besten, ohne dass sie mich als Kalifen betrachten und mir möglicherweise gar nicht sagen, was ihnen am Herzen liegt!«

Und so beschließt er, einen Ausflug zu machen, inkognito, einfach mal raus, sich unter die Leute mischen, ohne erkannt zu werden. Er lässt den höfischen Maskenbildner sowie den Friseur rufen, damit sie sein Antlitz so weit verändern, dass er von seinen Untertanen nicht erkannt wird. Nachdem sie ihre Arbeit getan und ihm noch den Rat gegeben haben, möglichst immer Sonnenbrille und eine Baseballkappe zu tragen, lässt er den Großwesir rufen.

»Kaluppke, ich gedenke, einen Ausflug mit der Bahn zu machen!«

»Nanü? Wie seht Ihr denn aus? Plant Ihr eine Maskerade?«

»Nein, ich sagte ja, ich möchte eine kleine Tour machen, mit dem Zug.«

»Sehr wohl, der Herr. Soll ich unseren Orientexpress startklar machen lassen?«

»Nein, ich nehme die Deutsche Bahn. Zweite Klasse, Großraum, in so einer Vierergruppe mit Tisch, ich möchte bitte in Fahrtrichtung am Fenster sitzen, einverstanden? Begleitest du mich? Du hast doch bestimmt Sehnsucht nach Zugfahrten als ehemaliger Schaffner, oder?«

»Man nennt das heutzutage Zugbegleiter, aber ja, ich vermisse das Bahnfahren in der Tat. Wobei mir der Luxus des kalifatischen Orientexpresses[*] auch sehr gut ge-

---

[*] Der Kalif hat sich die Förderung des Bahnfahrens auf die Fahnen geschrieben. Die Menschen sollen wieder verstärkt Zug fahren, anstatt in überdimensionierten Autos im Stau zu stehen. Er hat den Ausbau des Schienennetzes im gesamten Kalifat angeordnet, private Bahngesellschaften verstaatlicht und ein einheitliches Tarifsystem durchgesetzt. Er hat außerdem vorzügliche Züge bestellt und die Kapazitäten drastisch ausgebaut, damit die Bahn die steigenden Passagierzahlen auch tatsächlich bewältigen kann und dem früher üblichen Frust der Reisenden durch überfüllte, verspätete, überhitzte oder eisig kalte Züge ein für alle Mal ein Ende zu bereiten. Das Geld für die Maßnahmen hat er aus dem Topf für den Straßenbau genommen, der schlicht umbenannt wurde in »Topf für Schienenbau«. Flüge innerhalb des Kalifats sind nur in Ausnahmefällen erlaubt, die allesamt in einer kalifatischen Verordnung aufgelistet sind; Flugreisende müssen die Notwendigkeit des Fliegens für jedes Ticket schriftlich begründen, ein Flugticket muss mindestens das Doppelte eines entsprechenden Bahntickets kosten. Der Kalif verzichtet auf einen Privat- oder Staatsjet, für

fällt! Aber sagt, Eure Heiligkeit, wohin wollt Ihr denn fahren? Nach Baahlin?«

»Um Himmels willen, nein! Lass uns irgendwohin fahren, wo es schön ist!«

»Ach, ich ahne es schon, Ihr wollt wieder in die Residenzstadt Wien reisen!«

»Großwesir, du weißt, dass ich immer gerne dorthin fahre. Aber heute drängt es mich, mit dem Volk in Kontakt zu kommen, die Menschen zu beobachten, ihnen heimlich zuzuhören, zu erfahren, was sie denken. Und ich möchte etwas Neues sehen! Lass uns einfach in den Zug setzen und losfahren, und dann schauen wir weiter. Ich möchte erst einmal nur einen Tag unterwegs sein. Für heute Abend wünsche ich wieder im Palast zu sein, ich habe den Leibkoch beauftragt, Grünkohl zu kochen.«

»Sehr wohl. Ich richte schnell nur meine Sachen und sage der Leibwache Bescheid. Sagen wir, Abfahrt in einer halben Stunde?«

»Passt. Und bitte keine weitere Begleitung. Keine Leibgarde, niemand aus dem Harem, erst recht keine Presse. Nur du und ich.«

»Passt.«

Und so sitzen Kalif und Großwesir sich wenig später im Großraumwagen eines ICE gegenüber. Von Drestan sind sie nach Fulda gefahren und dort in einen Zug Richtung Nordkalifat umgestiegen. Der Großwesir scheint es sicht-

---

Fernreisen nutzt er eh seine Lamakarawane, für kurze Strecke steigt er auch gerne auf den E-Teppich. Doch er leistet sich den Luxus eines Staatszuges: den kalifatischen Orientexpress.

lich zu genießen, als Passagier und nicht als Zugbegleiter an Bord zu sein. Immer wieder kneift er die Augen zusammen, kichert dabei auf merkwürdige Weise und reibt seine dicken Hände aneinander. Wie ein Kind, denkt der Kalif. Familien mit zwei, drei, vier Kindern laufen durch den Waggon. Eine Mutter stillt ihr Baby, ein Vater liest seinem vielleicht sechsjährigen Sohn etwas vor. Eine junge Frau hat Stöpsel im Ohr und schaut einen Film auf dem Tablet.

»Entschuldigung, dürfen wir?«, fragt ein älterer Herr und zeigt auf die beiden freien Plätze neben Kalif und Großwesir.

»Aber bitte doch!«, sagt der Kalif, und der Großwesir nickt ebenso freundlich. »Du möchtest sicher in Fahrtrichtung sitzen, Wildrose«, sagt der Mann zu seiner Frau, und es ist mehr eine Aussage als eine Frage. Wildrose? Welch bemerkenswerter Name, denkt der Kalif. Wildrose nickt. Der Mann hilft der Frau aus dem Mantel. Er faltet ihn säuberlich und legt in nach oben, auf die Ablage. Dann entledigt er sich auch seines eigenen Mantels, faltet ihn ebenfalls und legt ihn auf das Mantelpaket seiner Frau. Die beiden setzen sich und nicken sich zu, lächelnd. »Haben wir's geschafft!«, sagt Wildrose. Der Mann nickt. Sie halten sich über dem Tisch die Hände, als wollten sie sich beglückwünschen. Wie schön, wenn man so liebevoll miteinander umgeht!, denkt der Kalif. Das alte Paar nickt dem Kalifen und dem Großwesir freundlich lächelnd zu. Dann holt Wildrose aus ihrer Tasche zwei Bücher hervor, für sich selbst einen ziemlich dicken Roman eines indischen Autors, für ihren Mann ein Sachbuch über Megametropolen. Beide, Kalif und Großwesir, sind sofort im Bilde, weil sie neugierig auf die Buchtitel schauen. Als die beiden Lesenden das merken, nicken sie ihnen wieder freundlich zu. Kalif und Großwesir schauen, etwas peinlich berührt, sofort weg.

»Wohin reisen Sie, wenn ich fragen darf?«, fragt der Mann, an die beiden gerichtet.

»Wir, äh, machen einen Ausflug nach, öhm, also, in den Norden, nach ... wir wollen in den Harz, ein bisschen Wandern im Wald«, antwortet der Großwesir. Der Kalif nickt beipflichtend.

»Ach, wie schön!«, sagt die Frau nun. »Da waren wir vor fünfundzwanzig Jahren, nicht wahr, Günther?«, sagt sie in Richtung ihres Mannes. »Wir haben eine Reise dorthin anlässlich unserer Silberhochzeit gemacht«, sagt sie erklärend in Richtung ihrer neuen Reisebekanntschaften. »Aha«, sagt der Großwesir. »Das heißt, Sie feiern bald Goldene Hochzeit?«

Die beiden Alten schauen einander verliebt an. Dann sagt der Mann zum Großwesir: »Ja, genau. Das ist hier unsere Hochzeitsreise. Wir wollen ins Alte Land fahren, nach Hollern-Twielenfleth, in die Hauptstadt der nordischen Kalifatsprovinz. Dort soll es einen wunderbaren Strand geben, wo sich die Robben tummeln.«

»Ah, da komme ich ...«, ruft der Kalif, aber der Großwesir tritt ihm unterm Tisch gegen das Schienbein. Der Kalif unterdrückt einen Schmerzenslaut, indem er so tut, als hätte er einen Hustenanfall. »Entschuldigung ... Ich muss mich verschluckt haben ... Also, ich wollte sagen, da komme ich aus dem Staunen nicht heraus!«

»Warum?«, fragt nun Wildrose. »Finden Sie, das ist ein so ungewöhnliches Reiseziel?«

»Nein, nein, das ist ganz wunderschön dort! Die Obst-
plantagen, der Deich, die Elbe, diese Ahnung von Weite und
Atlantik und Amerika.«

»Ja, und außerdem ist es immerhin das Zentrum des nordischen Kalifats«, sagt Wildrose.

»Alhamdulillah!«, ruft Günther.[*]

»Alhamdulillah!«, antwortet Wildrose.

Beide schauen auffordernd den Kalifen und den Großwesir an.

»Alhamdulillah!«, antworten die, ein wenig irritiert.

»Sind Sie, ähm ...«, will der Kalif wissen.

»Schon islamisiert? Aber selbstverständlich!«, ruft Wildrose begeistert. »Sie etwa nicht?«

»Doch, doch, Alhamdulillah«, antwortet der Kalif, auch
der Großwesir nickt.

Günther beugt sich vor zu seinen beiden Mitreisenden,
schirmt mit einer Hand den Mund ab, als könne seine Frau
ihn jetzt nicht mehr hören, und flüstert: »Seit der Islamisierung kocht Wildrose Currys, mein lieber Herr Gesangsverein! Ich sag's Ihnen, richtig scharf!«[†] Er kichert in sich

---

[*]  Wörtlich heißt diese arabische Formel »Gott sei gepriesen« oder »Gott sei
Dank«. Sie kommt im Koran vor und wird in islamischen Gesellschaften
alltäglich genutzt, unabhängig von der Frömmigkeit der Menschen. Man
sagt es zum Beispiel nach dem Niesen oder antwortet damit, wenn man
nach dem Befinden gefragt wird – in diesem Fall bedeutet es in etwa: »Gott
sei Dank, es geht mir gut« oder »Gott sei gepriesen, ich kann nicht klagen«.
Oder man sagt es, um seiner Freude, seinem Glück Ausdruck zu verleihen – so wie Günther, der sich freut, dass Hollern-Twielenfleth, Alhamdulillah, Provinzhauptstadt des nordischen Kalifats ist.

[†]  Das islamisierte Kalifatsvolk sollte wissen, dass eines der christlichen
Gebote in der Bibel lautet: »Du sollst den Namen des Herrn, deines Gottes,

246

hinein. Dann richtet er sich auf, wird plötzlich wieder ernst und sagt: »Pardon. Günther zu Löffelsupp-Spargelstein. Und das ist meine Frau, Wildrose zu Löffelsupp-Spargelstein.«

»Habe die Ehre!«, antwortet der Großwesir.

Der Kalif sagt nichts.

Die Löffelsupp-Spargelsteins blicken die beiden nun fragend an. In die Verlegenheit hinein platzt der Großwesir: »Kaluppke. Udo Kaluppke. Sehr erfreut!«

Nun richten sich die Blicke des Paares auf den Kalifen.

»Ich, äh... Pimmelgruber. Schwerthelm Fürchtegott von Pimmelgruber.«

Das Lächeln in den Gesichtern von Wildrose und Günther erstarrt zu einer Maske. »Darf ich fragen, woher Sie kommen?«, fragt der Mann nun den Kalifen.

»Ich... komme... aus... Norddeutschland. Aus... ganz in der Nähe von... da, wo Sie hinfahren!«, stottert der Kalif.

»Gewiss, junger Mann, aber woher kommen Sie richtig?«

»Richtig? Na, richtig komme ich aus Niedersachsen.«

Nun blicken beide, Günther und Wildrose zu Löffelsupp-Spargelstein, den Kalifen an, als wäre er schwer von Begriff.

---

nicht missbrauchen; denn der Herr lässt den nicht ungestraft, der seinen Namen missbraucht.« Um also den Namen des Herrn nicht zu missbrauchen, haben die Menschen im Laufe der Jahrhunderte viele Umschreibungen gefunden. Und so entstanden Ausrufe wie »Alter Schwede!«, »Mein lieber Scholli!«, »Mein lieber Schwan!«, »Potz Blitz!« (statt »Gottes Blitz soll dich treffen!«) oder eben, im neunzehnten Jahrhundert, als Gesangsvereine sich großer Beliebtheit erfreuten, »Mein lieber Herr Gesangsverein!«. Einfach nur »Mein lieber Herr!« wäre noch zu nah an einer missbräuchlichen Verwendung des Namens Gottes gewesen. Was Günther hier also betreibt, ist aktive Verhinderung von Blasphemie, Maschallah!

»Ja, schon, aber woher kommen Ihre Eltern?«, will Wildrose nun wissen.

»Aus ... ach, wissen Sie, das ist eine ziemlich lange, komplizierte Geschichte.«

»Aber Sie heißen jetzt nicht wirklich ... was sagten Sie noch gleich?«

»Pimmelgruber. Schwerthelm Fürchtegott von Pimmelgruber. Doch, so heiße ich. Pimmelgruber wie Möseneder. Altes kalifatisches Adelsgeschlecht, wissen Sie?«

Jetzt räuspert sich der Großwesir und gibt dem Kalifen mit den Augen zu verstehen, er solle nicht übertreiben. Er muss aber auch nicht weiterreden, denn die Löffelsupp-Spargelsteins greifen demonstrativ zu ihren Büchern und vertiefen sich darin.

Als wenig später die Durchsage kommt, dass der Zug in wenigen Minuten Al-Qassel-Kalifenhöhe erreichen werde, sagt der Kalif zum Großwesir: »So, wir müssen hier aussteigen.« Der Großwesir zuckt mit den Schultern und fügt sich dem Willen des Kalifen.

»Das ist Bahnhof gewordene Trostlosigkeit!«, schimpft der Kalif, als sie am Bahnsteig stehen. »Ich brauch jetzt etwas zu beißen!«

»Wenn wir rechtzeitig zu Hause sein wollen, müssen wir uns beeilen, den Zug zu bekommen. Wir können ja etwas im Bordrestaurant essen!«

»Na gut. So groß ist mein Hunger jetzt auch nicht. Und hier, in dieser Betonwüste, gibt es wahrscheinlich eh nichts zu essen.«

In diesem Moment ertönt es scheppernd durch die Lautsprecheranlage am Bahnsteig: »Vorsicht an Gleis drei, in wenigen Minuten fährt, Inschallah, der ICE Richtung Drestani Kalifat Hauptstadt. Vorsicht bitte!«

Im Zug Richtung Süden nehmen sie gleich Platz an einem großen Tisch im Bordrestaurant. Der Kalif bestellt sich eine Currywurst und ein Bier, der Großwesir nimmt belegte Brote und einen Kaffee.

»Sag, Großwesir, warum fragen die Leute *mich*, woher ich komme, aber nicht *dich*?«

»Na, das liegt halt daran, dass Ihr wie ein Ausländer ausseht!«, antwortet Kaluppke kauend.

»Wie ein Ausländer? Hör mal, ich bin Kalif!«

»Mir braucht Ihr das nicht zu erzählen, Eure Heiligkeit. Aber Ihr habt nun mal dunklere Hautfarbe und schwarze Haare. Damit seid Ihr hier in der Minderheit, man hält Euch also für einen Zugereisten. Und jetzt seid Ihr eh Kalif, da kennt man Euch, es sei denn, Ihr reist inkognito ...«

Der Kalif denkt nach. Dann sagt er: »Es geht mir eigentlich nicht um mich. Ich habe das früher, in Vor-Kalifatszeiten erlebt, jetzt natürlich kaum mehr. Aber was ist mit den vielen anderen? Erstens sehen die Menschen hier im Kalifat sehr unterschiedlich aus. Immer mehr übrigens haben eine dunklere Hautfarbe, sind braun, schwarz, gelb, was weiß ich. Aber dass immer weiße Menschen die Frage nach der Herkunft stellen und die Befragten immer nicht-weiße Menschen sind, *People of Color*, wie manche sagen, sagt ja etwas über die gesellschaftlichen Verhältnisse aus.«

»Findet Ihr, dass man nicht mehr danach fragen sollte?«

Wieder versinkt der Kalif für einen Moment in Gedanken. »Doch, ich denke, den meisten macht das nichts aus. Wenn es echtes Interesse ist an einer Person, dann ist das okay. Aber wenn es so einen Unterton hat, der besagt: ›Bilde dir ja nicht ein, dass du einer von uns bist!‹ und ›Du gehörst in Wahrheit gar nicht hierher!‹, dann geht das nicht! Und selbst wenn es echtes Interesse ist, gibt es keinen Anspruch auf eine vollumfängliche Antwort. Manche tun ja geradezu so, als hätten sie ein Anrecht darauf, zu erfahren, wo die Wurzeln eines Menschen liegen!«

»Fragt doch einfach zurück!«, rät der Großwesir. »Fragt, was euch interessiert! Zeigt ehrliches Interesse, dann klappt das schon!«

Das Bordrestaurant hat sich inzwischen gefüllt, fast alle Plätze sind besetzt. Wieder kommt ein Paar zum Platz von Kalif und Großwesir, die beiden sind vielleicht Anfang oder Mitte sechzig. Er trägt braune Segelschuhe, eine feine Jeans, blaues Hemd, ein Knopf zu viel offen auf der Brust, darüber eine grüne Wachsjacke, an der rechten Hand ein goldener Siegelring mit blauem Stein, in den ein Wappen graviert ist, vermutlich das Familienwappen, doch der Kalif kann nicht erkennen, was es darstellt. Das silbrige, volle Haar ist zu einem Seitenscheitel gekämmt und mit Pomade fixiert. Die Frau hat ein beigefarbenes Kostüm an, die für ihr Alter immer noch erstaunlich blonden Haare hochgesteckt, Perlenohrstecker, sehr dezent geschminkt, eine elegante Erscheinung. Udo Kaluppke würde zu solchen Leuten »feine Herrschaften« sagen. Ohne ein Wort zu verlieren, lässt sich der Mann, nach Schätzung des Kalifen ein Meter neunzig groß, auf den halben Sitz neben dem Großwesir fallen. »Mach mal Platz!«, sagt er, ohne jemanden anzuschauen. Wortlos setzt sich die Frau neben den Kalifen. Ihr Oberschenkel berührt das Bein des Kalifen, ihr Oberarm seinen Arm. Nicht dass sie dick wäre – es ist einfach nur wenig Platz, und sie hat dem Kalifen keine Chance gelassen, ein wenig zu rücken. Auch sie lässt keinen Zweifel daran, dass sie Raum beansprucht. Kopfschüttelnd rückt der Kalif ein Stück zur Seite.

»Was ist?!«, blafft ihn nun der Mann von gegenüber an.

Der Kalif holt schnell ein Buch aus seiner Tasche, die auf dem Boden zwischen seinen Füßen liegt, und tut so, als habe er den Mann nicht gehört.

Keine Minute später ruft der: »Arbeitet hier denn niemand? Ich bekomme ein Bier! Bringt's gleich zwei, dann muss ich nicht so lange warten!«

Ein Wutbünzli, denkt der Kalif und schüttelt wieder den Kopf, während er weiter in sein Buch starrt.

»Willst du frech werden? Wo kommst du überhaupt her?«, sagt der Mann nun.

Der Kalif, verwundert darüber, dass ein so fein aussehender Mensch so ruppig sein kann, schaut von seinem Buch hoch und dem Mann direkt in die Augen. Der lässt sich nicht irritieren und starrt zurück.

»Sagen Sie«, beginnt nun der Kalif, »da Sie mich direkt und mehrfach adressieren, gestatten Sie mir eine Frage, für die ich mich ehrlich und aufrichtig interessiere.«

Der Mann starrt immer noch, aber nun mit leichter Irritation im Blick.

Der Kalif wartet ein Zeichen ab, aber da nichts kommt, redet er einfach weiter. »Was mich wirklich interessieren würde, ist, ob in Ihrem, nun ja, fortgeschrittenen Lebensalter noch Fellatio praktiziert wird. Hm? Finden solche Übungen noch Ihren Gefallen?«

Der Großwesir, der gerade einen Schluck Kaffee genommen hat, muss vor Entsetzen husten und spritzt dem Kalifen dabei etwas Kaffee ins Gesicht. »Entschuldigung, Entschuldigung!«, sagt er, greift panisch zu einer Serviette und hält sie sich vor den Mund. »Aber Kal... ich meine, Schwerthelm!« Er verdreht jetzt die Augen, um zu signalisieren: Wie kann man, bitte schön, so etwas fragen? An einem Tisch im Bordbistro, zumal!

Der Kalif sagt mit gedämpfter Stimme: »Wieso? Das interessiert mich ganz ehrlich! Das wird man ja wohl noch fragen dürfen!«

Der Mann starrt immer noch den Kalifen an, der blickt jetzt freundlich lächelnd und mit fragenden Augen zurück. Die Frau schaut Hilfe suchend nach dem Kellner, der sich aber jetzt erst recht nicht mehr an den Tisch traut.

»Was hast du gesagt? Dass ich alt bin, oder was?!«

»Nein, mein Herr, er hat nur ...«, setzt der Großwesir zu einer Erklärung an, die er in dieser Sekunde erfinden muss, es rattert in seinem Kopf, im gesamten Abteil herrscht plötzlich eisige Stille. Kaluppke will gerade loslegen, aber der Mann unterbricht ihn.

»Mischen Sie sich nicht ein! Ich habe den da gefragt!« Er nickt Richtung Kalif und sagt, zischend, aber deutlich hörbar: »Den Kanaken!«

»Was mich eigentlich interessiert«, sagt der Kalif nun mit sicherer, unerschrockener Stimme, »ist weniger, wie alt Sie sind oder ob Sie sich alt fühlen, sondern vielmehr, ob Sie mir

Auskunft geben könnten hinsichtlich der Zu- oder Abnahme oraler sexueller Aktivitäten mit zunehmendem Al…«

»Hör ich gerade richtig? Sag mal, geht's noch, Kanake?«

»Entschuldigung, wie kommen Sie darauf, dass ich so etwas fragen würde?«

»Hör mal zu, Freundchen, ich hab dich ganz genau verstanden. Ich glaube, du willst richtig Ärger, was?«

Die Frau sitzt nur da und starrt geradeaus, als nehme sie gar nicht wahr, was gerade um sie herum geredet wird, als eskaliere hier gerade nichts.

»Nein, das habe ich nicht gefragt. Sie müssen verrückt sein oder geträumt haben, wenn Sie das gehört haben«, sagt der Kalif. »Sind Sie verrückt?«

»Nein.«

»Gut. Dann haben Sie also geträumt.«

Der Mann scheint zu überlegen, was er sagen soll.

Der Kalif greift wieder zu seinem Buch und sagt, jetzt mit lauter Stimme, sodass ihn auch die anderen Reisenden verstehen können, die längst aufmerksam geworden sind: »So, und nun gestatten Sie mir, dass ich mich wieder meiner Lektüre widme, ja?«

Der Mann will wieder etwas sagen, aber seine Frau legt ihm ihre Hand, die Fingernägel mit beigefarbenem Nagellack, ein Diamantring am Ringfinger, auf den Unterarm. Erstmals lässt sie ihre Stimme vernehmen. »Herbert. Ist gut jetzt.«

Herbert schweigt.

Über den Dialog mit Herbert haben der Kalif und der Großwesir ihr Essen vergessen. Die Currywurst ist kalt ge-

253

worden, der Kalif schiebt den Teller zur Seite, zumal ihm eingefallen ist, dass er seinen Leibkoch beauftragt hat, Grünkohl zum Abendessen zuzubereiten. Sie stehen auf und machen sich auf die Suche nach freien Sitzen. Mehr als eine Stunde Fahrzeit liegt noch vor ihnen, Zeit, die sie gerne ohne Schnöselwutbünzlis verbringen wollen.

In einem Großraumwagen finden sie zwei Plätze an einem Tisch, an dem sich wieder ein älteres Paar gegenübersitzt. Eigentlich, fällt dem Kalifen auf, sitzen überall ältere Paare, lesen in Zeitschriften, er in »Auto-Bild« oder »Fotografie heute«, sie in der »Brigitte« oder in »Freizeit Revue«, leider liegt bei sehr vielen auch die »Tasweer« auf dem Tisch, die seit der Inhaftierung Reicherts und seines Teams immerhin ein Stück weiter Richtung Journalismus gerückt ist.

Das Paar, neben das sich Kalif und Großwesir setzen, hat üppig Reiseproviant in Tupperdosen auf dem Tisch stehen. Wurstbrote, Apfelschnitze und Gemüse: Kirschtomaten, Stücke von Karotte und Paprika. Sie liest »Lolita« von Nabokov, er »Karlheinz« von Kazim. Beides Bücher von Weltrang, denkt der Kalif und nickt innerlich anerkennend. Offensichtlich bemerken die beiden sein Interesse, sie blicken gleichzeitig auf und lächeln ihn freundlich an. Oh nein, gleich fragen sie wieder, woher ich komme!, seufzt der Kalif innerlich.

»Ach!«, sagt die Frau mit freudiger Stimme, als sie Kaluppke anschaut.

Bitte nicht!, denkt der Kalif.

»Sie sind doch unser Großwesir!« Und dann gucken beide den Kalifen an, er fasst sich ans Herz, sie hält die Hand über ihren Mund. »Großgütiger! Und unser Kalif! Unser ehrwürdiger Kalif! Welch Ehre, neben Euch sitzen zu dürfen, Heiligkeit!«, sagt der Mann und deutet, sitzend, eine Verbeugung an. Auch die Frau beugt ihren Oberkörper vor.

»Aha«, antwortet der Kalif. »Und darf ich fragen, woher ihr kommt, Kalifatlinge?«

»Aber selbstverständlich! Wir kommen aus Raad-e-Boyal, wir haben gerade Urlaub im Norden gemacht und sind auf der Rückreise via Drestan«, sagt der Mann.

»Ja, der Urlaub ist zu Ende – aber dass er so schön endet und wir neben zwei solch großen Persönlichkeiten sitzen dürfen, das hätte ich nie zu träumen gewagt!«, juchzt die Frau. »Darf ich Eurer Heiligkeit ein belegtes Brot anbieten? Oder vielleicht eine Tomate oder ein Stück Karotte? Ganz frisch vom Basar in Raad-e-Boyal!«

Und so endet der Ausflug des Kalifen und seines Großwesirs mit einem wunderbaren Gespräch, an das die beiden noch am Abend, beim Grünkohlessen, denken müssen.

# Kompetenz und Charakter der Kalifatlinge

Der Kalif und Kaluppke sitzen neben Wesirin Feenista Feinfinger auf Klappstühlen am Rande einer Shopping Mall, in einem Industriegebiet außerhalb Drestans. Wer solche Industriegebiete geschaffen hat und, vor allem, solche »Einkaufszentren auf der grünen Wiese«, wie die Menschen es nennen, gehört in den Kerker, denkt sich der Kalif und macht sich innerlich eine Notiz, die Verantwortlichen dafür zur Rechenschaft zu ziehen. Die Qawwali-Wesirin hat die beiden Männer um diesen Ortstermin gebeten, ohne einen Grund für das Treffen zu nennen. Sie hat von »wichtigen Erkenntnissen« gesprochen und von »dringendem Gesprächsbedarf«. Nun steht ein olivgrünes Zelt auf dem Parkplatz, unter dem Zeltdach der Kalif, der Großwesir und die Wesirin, die zwei Männer sitzend, vor ihnen ein Tisch, auf dem drei Ferngläser stehen. Feinfinger steht ihren beiden Kollegen wie eine Lehrerin beim Frontalunterricht gegenüber.

»Meine Herren, es gibt Neuigkeiten!«, sagt sie. »Unsere exzellentesten Forscher und Wissenschaftler haben in mühsamer Arbeit herausgefunden, was zu Beginn des Kalifats das größte Problem in unserem schönen Reich war: der Dunning-Kruger-Effekt!« Sie schaut vom Kalifen zum Großwesir und vom Großwesir wieder zum Kalifen und sucht nach Anzeichen in deren Mienen, ob sie verstehen, wovon sie spricht. Die beiden schauen sie nur ausdruckslos an.

»Der Dunning-Kruger-Effekt besagt…« Sie unterbricht, in der Erwartung, dass einer der beiden das Wort übernimmt oder wenigstens zu verstehen gibt, dass bekannt sei, worum es geht, und sie nicht weiter erklären muss. Aber die beiden schauen sie immer noch ausdruckslos an. Also fährt sie fort: »…dass Menschen mit, ähm, also, freundlich formuliert: wenig ausgeprägten Kompetenzen dazu neigen, ihre Fähigkeiten zu überschätzen. Und weil sie so, nun ja, inkompetent sind, sind sie nicht in der Lage zu erkennen, dass sie inkompetent sind. Stattdessen glauben sie, dass sie anderen überlegen seien. Deshalb haben sie ein besonders ausgeprägtes, geradezu überbordendes Selbstbewusstsein.«

Als hätten sie sich abgesprochen, zücken beide, Kalif und Großwesir, ihre Smartphones und bedeuten der Wesirin, einen Moment zu pausieren. Beide gehen zu Wikipedia und lesen dort: »Dunning-Kruger-Effekt bezeichnet die kognitive Verzerrung im Selbstverständnis inkompetenter Menschen, das eigene Wissen und Können zu überschätzen. Diese Neigung beruht auf der Unfähigkeit, sich selbst mittels Metakognition objektiv zu beurteilen. Der Begriff geht auf eine Publikation von David Dunning und Justin Kruger im Jahr 1999 zurück. Die beiden Sozialpsychologen hatten in vorausgegangenen Studien bemerkt, dass etwa beim Erfassen von Texten, beim Schachspielen oder Autofahren Unwissenheit oft zu mehr Selbstvertrauen führt als Wissen. An der Cornell University erforschten sie diesen Effekt in weiteren Experimenten und kamen 1999 zum Resultat, dass weniger kompetente Personen dazu neigen, ihre eigenen Fähigkeiten zu überschätzen, überlegene Fähigkeiten bei anderen nicht erkennen, das Ausmaß ihrer Inkompetenz nicht richtig einschätzen, durch Bildung oder Übung nicht nur ihre Kompetenz steigern, sondern auch lernen können, sich und andere besser einzuschätzen.«

Erst als die Wesirin sich laut räuspert, schauen die beiden Männer von ihren Telefonen auf. »Zum Dunning-Kruger-Effekt gehört übrigens auch, dass manche Leute, insbesondere Männer, ständig auf Wikipedia nachschauen, obwohl eine kompetente Frau gerade vor ihnen steht und es ihnen erklärt«, sagt sie.

Peinlich berührt packen der Kalif und sein Wesir ihre Handys wieder weg.

»Du meinst, dumme Leute halten sich für klüger als Leute, die tatsächlich klug sind? Und sie sind nicht in der Lage zu erkennen, dass sie selbst dumm sind? Verstehe ich das richtig?«, fragt der Kalif.

»Auch«, antwortet die Wesirin, »aber das gilt nicht nur für Dummheit und Klugheit, sondern für Unfähigkeit und Fähigkeit allgemein. Unwissende glauben, viel mehr zu wissen, als sie es tatsächlich tun. Unintelligente halten sich für viel intelligenter. Leute ohne Expertise halten sich für Experten. Und so weiter.« Und mit leiserer Stimme, sodass der Kalif und der Großwesir es nicht hören können, sagt sie: »Scheint vor allem eine Männerkrankheit zu sein.« Sie nickt ihrem Lakaien zu, einem unscheinbaren Typen, vielleicht Anfang dreißig. Der greift zu einer Aktentasche, zieht ein paar Papiere heraus und reicht sie seiner Chefin. »Danke.« Sie blättert in den Dokumenten. »Bislang handelte es sich um einen eher populärwissenschaftlichen Begriff. Die Erkenntnis an sich ist alt. Schon der britische Philosoph Bertrand Russell schrieb 1933 in einem Text mit der Überschrift ›Der Triumph der Dummheit‹: ›Der Hauptgrund für alle Schwierigkeiten liegt darin, dass in der heutigen Welt die Dummen vollkommen sicher sind, während die Intelligenten voller Zweifel sind.‹ Und viele Hundert Jahre früher sagte Sokrates: ›Ich weiß, dass ich nichts weiß.‹ Das war ein sehr kluger Mensch, der ganz sicher nicht unter dem Dunning-Kruger-Effekt litt.«

Der Großwesir wirft beflissen ein: »Sokrates hat auch gesagt: ›Der Kluge lernt aus allem und von jedem, der Normale aus seinen Erfahrungen, und der Dumme weiß alles besser.‹«

Die Wesirin geht auf diesen Einwurf nicht weiter ein, stattdessen fährt sie fort: »Dunning und Kruger haben das Phänomen eingehend erforscht. ›Ahnungslos, ohne es zu wissen‹, schrieben sie. Unsere kalifatischen Wissenschaftler haben jetzt in bahnbrechender Arbeit herausgefunden, dass diese Erkenntnis wissenschaftlich belegbar ist.« Sie blättert weiter in ihren Papieren. »Hier ein Beispiel, jüngst bei uns im Drestani Kalifat geschehen: Ein Mann las, dass man Zitronensaft als unsichtbare Tinte verwenden kann. Mit Zitronensaft Geschriebenes wird ja erst sichtbar, wenn man es in die Nähe einer Wärmequelle hält, viele haben das mal als Kind ausprobiert. Also dachte er sich: ›Wenn ich mein Gesicht mit

259

Zitronensaft einreibe, kann keine Kamera es filmen! Dann erscheint da ein durchsichtiger Fleck!‹ Lustiger, bekloppter Gedanke, oder? Aber er glaubte das wirklich! Er rieb sich sein Gesicht mit Zitronensaft ein und überfiel zwei Banken hintereinander! Die Schariapolizei schnappte ihn zwei Stunden später. Denn natürlich hatten die Überwachungskameras ihn gefilmt, und er konnte identifiziert werden. Kurze Zeit später gab es einen weiteren Fall: Zwei Einbrecher drangen nachts in eine Villa ein, sie waren dabei von Kopf bis Fuß in Alufolie gehüllt, weil sie zu wissen meinten, dass sie auf diese Weise unsichtbar für die Sensoren der Alarmanlage wären. Natürlich wurden auch sie von der Schariapolizei gefasst. In beiden Fällen waren die Täter fassungslos, als sie festgenommen wurden. Sie waren so inkompetent, dass sie ihre Inkompetenz nicht erkannten. ›Aber ich habe mich doch mit Zitronensaft eingerieben!‹, sagte der eine Täter fortwährend bei seiner Vernehmung. Das hat mir der Chef der Schariapolizei erzählt«, sagt die Wesirin.

»Unglaublich!«, ruft der Großwesir.

Der Kalif schüttelt ungläubig den Kopf. »Großwesir, notiere dir: Wir führen einen Orden ein für die dümmsten Verbrecher des Jahres! Mit öffentlicher Würdigung und Auslachfeier.«

»Ist notiert, Chef.« Und an die Wesirin gerichtet: »Es fehlt den Leuten an Metakognition!«

»Schaumschläger!«, zischt die ihm zu. Und in freundlicherem Ton: »Schön, dass du das gerade bei Wikipedia gelesen hast! Aber du hast Recht: Es erfordert das Nachdenken über das eigene Nachdenken. Welche Information habe ich genutzt? Welche Quellen? Sind diese Quellen brauchbar und zuverlässig? Habe ich irgendwelche Informationen nicht berücksichtigt, übersehen, vernachlässigt? Nach welchen Kriterien habe ich entschieden? Wie groß ist überhaupt mein Wissen über das Gebiet, über das ich rede? All das ist wichtig! Wenn ich aber nicht erkenne, dass ich auf einem Gebiet Laie bin und in Wahrheit kein tieferes Wissen habe, unterliege ich diesem Dunning-Kruger-Effekt. Unwissenheit führt zu einem höheren Selbstvertrauen, die Kritiklosigkeit sich selbst gegenüber zu einem Gefühl der Überlegenheit – und all das zu einem höheren Mitteilungsbedürfnis. Dunning und Kruger haben Selbstsicherheit von Menschen und ihr Wissen auf einem bestimmten Gebiet, auf dem sie sich gerade selbstsicher bewegen, ins Verhältnis zueinander gesetzt. Im Idealfall müsse das Selbstvertrauen mit zunehmendem Fachwissen steigen. Aber dem ist nicht so. Sondern diejenigen, die nur ganz wenig über etwas Bescheid wissen, sind am selbstsichersten und gleichzeitig am lautesten. Sie sind so inkompetent auf dem betreffenden Gebiet, dass sie ihre eigene Inkompetenz nicht erkennen. Typische Sätze, die man von solchen Leuten hört: ›Pass auf, ich erklär dir mal, wie das wirklich ist!‹ Oder: ›Von Idioten wie dir lasse ich mir nichts sagen!‹«

»So was höre ich gelegentlich auch aus dem Munde des Kalifen«, sagt der Großwesir und kichert.

Kalif und Wesirin werfen ihm tadelnde Blicke zu.

Die Wesirin sagt: »Mit zunehmendem Fachwissen sinkt die Selbstsicherheit dann rasch wieder, um langsam bei weiterer Expertise zuzunehmen. Sie erreicht aber nie mehr die

Höhe, die die Inkompetenten an den Tag legen. Ahnungslosigkeit hat große Macht, leider. Deshalb nennt man diesen Ausschlag in der Kurve auch ›Mount Stupid‹.«

Kalif und Großwesir nicken anerkennend. »Der Gipfel der Idiotie«, sagt der Kalif und zeichnet mit dem Finger einen Berg in die Luft.

»Sehr viele Menschen auf der ganzen Welt sind davon betroffen, man schaue sich nur diverse Präsidenten an, sogenannte Demonstranten, Querdenker und Verschwörungsgläubige et cetera.« Sie wirft einen bedauernden Blick Richtung Kalif. »Leider bildeten die Menschen im Kalifat keine Ausnahme.« Jetzt hellt sich ihr Gesicht auf. »Doch die kluge Politik unseres Kalifen, die großen Investitionen in Bildung und Erziehung, die verbesserte Lobkultur, aber auch die stärkere Kritik zeigen Wirkung.«

»Aber wär's denn schlimm, wenn diese Leute weiterhin stark und laut blieben?«, will der Großwesir wissen.

Noch bevor die Wesirin etwas sagen kann, ergreift der Kalif das Wort. »Meinst du das ernst, Großwesir? Dieser Dingsbums-Effekt ...«

»Dunning-Kruger-Effekt«, hilft ihm Feinfinger.

»... ja, genau, dieser Effekt ist eines der größten Probleme der Menschheit, wenn nicht das größte überhaupt! Er ist dafür verantwortlich, dass üble Typen große Macht bekommen, er ist verantwortlich für Kriege und Konflikte, und er wird irgendwann noch die ganze Welt vernichten, wenn wir nichts dagegen tun! Das Übel fängt im Kleinen an: Diese unwissenden Leute vereinnahmen Diskussionen. Sie nehmen zunehmend überproportional Raum ein. Schau mal in den

Straßenverkehr – diese unfassbare Selbstüberschätzung der Autofahrer hinsichtlich ihrer eigenen Fähigkeiten und die daraus resultierende Gewalt, das Beschimpfen, die vielen Unfälle! Oder schau ins Internet! Da hat nicht nur jeder eine Meinung und eine Stimme, sondern auch eine Bühne. Hör dir an, wie die Leute da reden! Die dümmsten Leute ohne Ahnung von irgendetwas tun dort so, als verstünden sie die Welt. Dort wimmelt es von scheinbar einfachen Lösungen für komplexe Probleme. Lösungen, die Leute verbreiten, die kein Verständnis von der Materie haben, von der sie reden.«

Nach einer kurzen Denkpause fährt er fort: »Schön und gut, wenn wir in unserem demokratischen Kalifat fordern, wir sollten ›mit allen das Gespräch‹ suchen, ›mit den Menschen auf Augenhöhe reden‹, wenn wir ›Volksabstimmungen‹, ›Kalifatlingsbeteiligung‹, ›Bürgerjournalismus‹ und so weiter fordern. Aber dann müssen wir gleichzeitig dafür sorgen, dass dummes Zeug dummes Zeug genannt und entsprechend eingeordnet wird. Wir müssen uns immer klarmachen: Nichts ist einfach, alles ist komplex! Kalifatlinge müssen sich, bei der Flut von Meinungen, selbst reflektieren und immer wieder fragen: ›Überschätze ich mich vielleicht gerade maßlos?‹ Das gilt natürlich auch für mich, den Kalifen!«

Feinfingers Lakai bringt nun Tee für den Kalifen und Kaffee für die beiden Wesire, außerdem vorzügliche Punschkrapfen. Nachdem der Kalif gleich zwei Stück gegessen hat, während der Großwesir und die Wesirin sich einen Krapfen geteilt haben – so recht haben sie sich an das Nagellackentferner-Aroma dieser Süßspeise nicht gewöhnen können, aber

263

sie möchten den Kalifen nicht düpieren und essen daher der Höflichkeit halber jeweils ein Stückchen –, lehnen sie sich zufrieden zurück. »Sag mal, meine liebe Feenista Feinfinger, deine vorzüglichen Ausführungen haben wir zur Kenntnis genommen. Sie sollen uns Ansporn sein, die Idiotie weiter zu bekämpfen. Aber warum sitzen wir hier auf dem Parkplatz einer Shopping Mall?«

Feinfinger trinkt den letzten Schluck Kaffee aus ihrer Tasse und reicht dem Kalifen ein Fernglas. »Hier! Folgt dem Mann dort, der gerade seine Einkäufe in den Kofferraum geladen hat! Was macht er?«

Der Kalif starrt angestrengt durch das Fernglas. Er hat Mühe, es richtig scharf zu stellen. Nach einigem Hin-und-her-Drehen an einem Rädchen gelingt es ihm. »Er schließt die Heckklappe.«

»Und jetzt?«

»Jetzt schaut er sich um und ... Ich glaube, er überlegt, wohin er den Einkaufswagen bringen soll. Er ... Jetzt schiebt er ihn einfach ein paar Meter von sich und lässt ihn zwischen zwei Autos stehen. Jetzt geht er zurück zu seinem Wagen und ...«

»Ha! Ham wa einen erwischt!«, ruft die Wesirin.

»Wie bitte?«

»Schreib das Kennzeichen auf, Großwesir. Schreib auf, schreib auf, schreib auf!«

»Was soll das werden?«, fragt der Kalif.

»Ja, genau, was soll das werden?«, fragt auch der Großwesir.

»Wir bestimmen, wie gut die Menschen im Kalifat sind.«

»Bitte?«

»Ja, wir bestimmen den Charakter der Menschen! Dieser Mann zum Beispiel hat seinen Einkaufswagen einfach so stehen lassen und nicht zurückgebracht zur Einkaufswagensammelstelle!«

Der Großwesir, der inzwischen pflichtbewusst seinen Notizblock und einen Bleistift gezückt hat, schüttelt den Kopf. »Na und? Dann verliert er halt seine Rupie!«*

»Nein, diese Wagen haben kein Münzding«, sagt Feinfinger. »Auf meine Anordnung hat diese Mall das so eingerichtet. Das ist hier ein Testfeld. Ein Experimentallabor. Streng geheim!«

»Streng geheim? Ein Parkplatz von so einem hässlichen Einkaufszentrum auf der grünen Wiese?«, fragt der Kalif. »Ich hatte mir unsere hoch geheimen, strategisch wichtigen Testlabors irgendwie anders vorgestellt.«

»Wir testen hier den moralischen Charakter der Kalifatlinge«, erklärt die Wesirin.

»Wie soll das, bitte schön, gehen? Und was soll das?«, fragt der Kalif.

»Nun, unsere exzellentesten Forscher und Wissenschaftler haben nicht nur den Dunning-Kruger-Effekt wissenschaftlich bewiesen, sie haben auch die Einkaufswagentheorie bestätigt!«

Sie blickt in zwei fragende Gesichter.

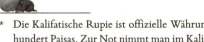

---

* Die Kalifatische Rupie ist offizielle Währung im Kalifat. Eine Rupie sind hundert Paisas. Zur Not nimmt man im Kalifat aber auch Euro und Dollar. Und natürlich kann man immer und überall mit Grünkohl, Curry und Punschkrapfen bezahlen.

»Ihr kennt die Einkaufswagentheorie nicht? Die berühmte Einkaufswagentheorie? Die weithin bekannte, grundlegende Einkaufswa…«

»Ist ja gut! Nein, kenne ich nicht! Und der Großwesir offensichtlich auch nicht. Was hat es damit auf sich?«

Feinfinger lächelt zufrieden. Sie gibt ihrem Lakaien ein Zeichen, und der rückt daraufhin einen Klappstuhl vor den Tisch, sodass die Wesirin sich setzen kann. »Also, man weiß nicht genau, auf wen die Einkaufswagentheorie zurückgeht, aber vermutlich entstand sie in den USA. Jedenfalls ging sie vor einiger Zeit im Internet viral. Unsere Leute haben sie nun wissenschaftlich geprüft und für brauchbar befunden! Demnach kann man den moralischen Charakter eines Menschen daran erkennen, ob er einen Einkaufswagen aus freien Stücken zur Sammelstelle zurückbringt – oder eben nicht.«

»Ist das dein Ernst?«, will der Kalif wissen.

»Warum sollte ich das nicht ernst meinen? Der Einkaufswagentest ist der ultimative Lackmustest, ob Leute aus sich heraus gut sind oder nicht. Schaut, es ist eine ganz einfache, leichte Aufgabe, den Einkaufswagen zurückzubringen. Man muss dafür nur ein kleines Stück Weg zurücklegen. Wir haben ihn hier, auf diesem Testfeld, extra nicht zu kurz angelegt, denn ein kleines bisschen Anstrengung, ein wenig Zeit soll es schon kosten. Jeder Mensch weiß, dass es das Richtige, das Angemessene ist, den Wagen zurückzubringen. Es wäre also *richtig*, ihn dorthin zurückbringen, wo der nächste Kunde, die nächste Kundin ihn finden und nutzen kann. Könnt ihr mir folgen?«

Der Kalif und der Großwesir zeigen ihr die Daumen hoch.

»Gut. Gleichwohl ist es nicht verboten, den Einkaufswagen *nicht* zurückzubringen. Es ist nicht illegal. Man kann ihn einfach irgendwo stehen lassen, ohne irgendeine Sanktion befürchten zu müssen. Bringst du ihn zurück, bekommst du aber auch keine Belohnung, nicht einmal deine Rupie zurück, denn du musstest auf dieser hoch geheimen Testanlage keine Rupie in den Wagen stecken, um ihn nutzen zu können. Daher ist der Einkaufswagentest ideal, um deinen Charakter zu prüfen: Tust du selbstlos das Richtige, das Gute für andere, für deine Mitmenschen, für deine Gesellschaft, ohne dazu gezwungen zu werden? Niemand wird dich bestrafen, wenn du es nicht tust! Dir wird nichts passieren! Aber du wirst auch keinerlei Vorteil davon haben, wenn du tust, was objektiv das Richtige ist. Niemand lobt dich, gibt dir etwas, nichts. Wenn du den Einkaufswagen zurückbringst, tust du es schlicht aus der Erkenntnis, dass es das Richtige ist. Du tust es aus der Güte deines Herzens. Weil es korrekt ist. Voll korrekt.«

Der Kalif und der Großwesir schauen die Wesirin an, als wäre sie nicht mehr ganz bei Trost.

»Wenn jemand den Einkaufswagen nicht zurückbringt, was dann?«, fragt der Kalif vorsichtig.

»Dann hat er den Test nicht bestanden!«

»Und dann soll man die Autonummer notieren, die Adresse herausfinden und ihm einen Brief schreiben? Hm. Ich verstehe den Gedanken. Gleichwohl hat es etwas Wutbünzlihaftes!«

»Ich sehe das anders!«, entgegnet die Wesirin. »Ein Mensch, der sich nicht anders verhält als ein Tier, wie ein Wilder, der nur das Richtige tut, wenn er etwas zu befürchten hat, Gewalt oder das Recht oder welche Sanktionen auch immer, ist moralisch kein guter Charakter! Mit der Einkaufswagentheorie finden wir heraus, wie moralisch sich die Kalifatlinge verhalten.«

»Uff!«, sagt der Großwesir. »Theoretisch magst du Recht haben, liebe Kollegin. Aber der Mensch ist nun einmal ein Mensch. Er ist manchmal in Eile oder hat schlechte Laune oder ist in Gedanken schlicht woanders. Dann lässt er den Einkaufswagen halt irgendwo stehen oder schiebt ihn in die nächste Ecke, ohne weiter darüber nachzudenken. Ihr mögt das vielleicht charakterlich verwerflich finden, und wenn ein Mensch das immer und überall macht, mag das auch so sein, aber man kann von so einer einzelnen Beobachtung doch nicht auf seinen Charakter schließen!«

»Hast du die Autonummer von dem Mann eben aufgeschrieben?«, fragt die Wesirin, den Einwand des Großwesirs ignorierend.

»Nein, natürlich nicht! Das ist doch Unsinn!«

»Ich finde nicht, Großwesir! Ich hätte dem Typen einen freundlichen Brief geschrieben und ihn auf sein Fehlverhalten hingewiesen«, sagt Feinfinger.

»Und du glaubst, das hätte etwas genützt?«

»Bei manchen schon, bei anderen nicht. Aber ich bin der Überzeugung, dass man Menschen auf ihr Fehlverhalten hinweisen muss. Manchen ist es dann peinlich, und sie achten darauf, dass sie es in Zukunft abstellen. Anderen ist es egal, oder sie benehmen sich erst recht daneben.«

»Glaubst du nicht, dass man diese Einkaufswagentheorie etwas … überhöht?«, schaltet sich nun der Kalif wieder ein.

»Es ist ein Anhaltspunkt, werter Kalif. Irgendwo müssen wir ja anfangen!«

»Und was ist euer Plan?«

»Dass wir mehrere Testfelder einrichten, im ganzen Kalifat, und die Leute anschreiben, die sich nicht zu benehmen wissen. Viele werden daraus lernen!«

»Das ist doch wie in China, die überwachen ihr Volk auch, maßregeln und erziehen die Menschen, vergeben Sozialpunkte. Das ist völlig undemokratisch!«, ruft der Kalif. Er spürt, dass die Wesirin enttäuscht ist, dass ihr Plan keine Zustimmung findet. »Ich verstehe deine Absicht und heiße sie gut! Und ich bin immer für Erziehung von Unerzogenen. Aber ich möchte keine Punkte vergeben, keine Datenbank und keine Überwachung.« Die Wesirin sagt nichts. Der Kalif redet weiter. »Grundsätzlich beurteilen wir das Verhalten von Menschen ja in jeder Gesellschaft, indem wir Regeln aufstellen und die Menschen bestrafen, wenn sie sie brechen. Nichts anderes ist ja das Strafrecht. Was, wenn wir feststellen, dass die Leute verlernt haben, zwischen Gut und Schlecht, Richtig und Falsch zu unterscheiden? Wir müssen Menschen dahingehend bilden, dass sie in der Lage sind, sich selbst zu regieren. Also selbst zu erkennen, was gut und was richtig ist und was schlecht und falsch. Das Ganze greift natürlich schon unterhalb des Strafrechts, durch gesellschaftliche Normen, über die wir unser Zusammenleben regeln. Ich stimme dir ja zu, wir müssen die Menschen auf ihr Fehlverhalten hinweisen. Wer beispielsweise giftige Stoffe einfach in den Hausmüll wirft, wer sein Kaugummi auf die Straße spuckt oder den Hundehaufen seines Hundes nicht entfernt, den muss man darauf hinweisen, gegebenenfalls bestrafen. Aber bevor wir das systematisch tun, muss das Problem schon gravierende Ausmaße annehmen. Mein Kollege, der Regierungschef von Singapur, erzählte mir kürzlich am Telefon von den hohen Geldstrafen, wenn jemand beim Kaugummi-auf-die-Straße-Spucken erwischt wird, und wie sich dieser Stadtstaat in den vergangenen Jahrzehnten entwickelt hat. Und ich habe nach diesem Gespräch, aus guten Gründen, sehr, sehr, sehr hohe Geldstrafen fürs Nichtwegräumen von Hundehaufen in Baahlin und Wien angeordnet, das Problem hat dort überbordende Ausmaße angenommen! Und ich denke darüber nach, das aufs gesamte Kalifat auszuweiten. Aber diese Einkaufswagentests, ich weiß nicht ...«

Wesirin Feinfinger packt die Dokumente zusammen und reicht sie ihrem Lakaien, der sie wieder in die Aktentasche steckt. »Gut. Also, dann sparen wir uns hier eine weitere Demonstration. Ich wollte nur darauf aufmerksam machen, dass man auf diese Weise den Charakter eines Menschen wissenschaftlich präzise bestimmen kann.«

»Sehr gut, Wesirin, ich weiß das zu schätzen! Wir werden das im Hinterkopf behalten und, wenn nötig, solche Tests durchführen. Doch solange man kleinere Probleme dieser Art anderweitig lösen kann, zum Beispiel indem man Einkaufswagen nur bekommt, wenn man eine Münze in den Schlitz steckt, brauchen wir keine Strafen. Wir wollen Fehlverhalten, insbesondere wenn es anderen schadet, unterbinden. Aber wir wollen uns auch nicht in Pedanterie ergehen.«

Die Wesirin nickt nun, auch der Großwesir signalisiert seine Zustimmung.

»So wenig Strafe, Überwachung, Kontrolle, Regelung wie möglich. So viel Strafe, Überwachung, Kontrolle, Regelung wie nötig.«

Wieder nicken beide. »Lang lebe der Kalif!«, rufen sie gemeinsam.

»Ach ja, Großwesir, noch was: Wenn wir zurück sind in der Ewigkeitssynaschee – lass den schleimigen Reichert wieder aus dem Kerker, ja?«

# Tagebucheintrag des Kalifen

Verfasst im elften Jahr der
immerwährenden Herrschaft
des allmächtigen Kalifen
(MeiZirMzVh)

Das Gespräch über Dummheit und Demokratie mit dem Großwesir kürzlich lässt mich nicht los. Er denkt, ich würde die Dummen unterdrücken wollen. Dabei ist das überhaupt nicht meine Absicht! Aber muss man die Menschen nicht manchmal vor sich selbst schützen? Muss man gelegentlich nicht schnelle Entscheidungen *par ordre de mufti* treffen, um Schaden abzuwenden? Und ist nicht auch in einer Demokratie das Bessere der Feind des Guten? Wie geht man um mit Leuten, die dummes Zeug reden? Die die Menschen mit einfachen, scheinbar naheliegenden Lösungen verführen und in Wahrheit alles nur noch schlimmer machen? Oder von dem Unsinn, den sie in die Welt setzen, vor allem selbst profitieren möchten? Was soll man von solchen Leuten halten, die den Menschen nach dem Munde reden beziehungsweise glauben, das reden zu müssen, was die Menschen hören wollen, aber nicht das, was richtig ist, nur damit sie gewählt werden? Und was, wenn sehr viele Menschen das alles nicht durchschauen oder sich nicht mehr an die früheren, anderslautenden Worte derselben Politiker erinnern und ihnen tatsächlich ihre Stimme geben? Ist das nicht verwerflich? Ich habe den Eindruck, dass die Mehrheit der Menschen – noch – mitfühlend und vernünftig, für Argumente und Logik zugänglich ist. Aber was, wenn die Anständigen einmal in der Minderheit sind? Was, wenn eine Mehrheit plötzlich umdefiniert, was richtig oder falsch, gut oder schlecht ist? Gibt es nicht unabänderliche Werte? Selbstverständlich gibt es die! Eine Mehrheit darf zum Beispiel niemals bestimmen, dass Angehörige einer Minderheit benachteiligt, deportiert oder gar umgebracht werden. Tut sie es, handelt sie falsch und undemokratisch.

Gibt es ein Recht auf Idiotie? Ein Recht auf falsches Handeln? Schadete man nur sich selbst, wäre es ja nicht so schlimm. Aber was, wenn andere Menschen, sogar sehr viele andere Menschen, zu Schaden kommen? Wenn die Idiotie auf Kosten anderer ausgelebt wird? Gibt es da nicht die Verpflichtung, einzugreifen, sie zu verhindern, wehrhaft zu sein? Was, wenn Menschen sich mehrheitlich für einen Extremisten aussprechen? Wenn sie Extremismus demokratisch legitimieren?

Oder kann ich nur keine Kritik vertragen? Ist es das, was der Großwesir mir mitzuteilen versucht, aber sich nicht traut mir ins Gesicht zu sagen? Ich höre das ja häufiger: »Du lässt keine Opposition zu!« Oder: »Du unterbindest andere Meinungen!« Je länger ich darüber nachdenke, desto sicherer bin ich mir: Das stimmt nicht! Selbstverständlich ist Kritik an Regierenden erlaubt, sie ist sogar dringend nötig! In einer freien, zivilisierten Gesellschaft ist Meinungsvielfalt erstrebenswert. Überhaupt Freiheitsrechte: Sie zu achten und durchzusetzen, muss oberstes Prinzip sein! Aber dort, wo sie die Rechte anderer Menschen beschneiden, haben Freiheitsrechte ihre Grenzen. Das ist doch nicht so schwer zu kapieren, oder? Wenn also Leute fordern, Menschen wegen ihrer Hautfarbe, ihrer Religion oder ihres Geschlechts zu diskriminieren, dann ist das von Meinungsfreiheit nicht gedeckt!

# Die Offenbarung des Kalifen

Der Kalif und das Volk der Kalifatlinge trotzten unbeirrt den Widerständen und ihren Feinden. Als Erstes war Drestan vollständig islamisiert, nach und nach dann auch das gesamte frühere deutsche Bundesland Sachsen, die heutige Provinz Al-Sakhsan. Es folgten die Provinzen Al-Thuringiyya, Al-Sakhsan-Anhalt, Brand'an-Burqa, schließlich die verbliebenen Gebiete der Bundesrepublik Deutschland. Als die Republik Österreich sich auflöste und zum Wiener Kalifat wurde, erklärten auch Badhiyan-Wurttambargha und Bayyan sich zu kalifatischen Provinzen und schlossen sich an. Die einstigen österreichischen Bundesländer wollten jeweils eigenständige kalifatische Provinzen werden, aber der Kalif, ein Gegner von Kleinstaaterei, sagte, es genüge, wenn sie sich zu kalifatischen Landkreisen erklärten. Den Namen Austriyya nutzten im Gebiet des ehemaligen Österreichs nur die Menschen außerhalb Wiens, denn sie verabscheuten den Namen Wien, aber weithin bekannt in der Welt wurde dieser Teil des Kalifats als »Wiener Kalifat«. Andere wiederum verwechselten diese Region mit dem einige Jahre später zum Kalifat beigetretenen Kontinent Australiyya, weshalb sich im Wiener Ka-

275

lifat ein T-Shirt mit dem Aufdruck »No Kangaroos in Austriyya« großer Beliebtheit erfreute. Weltweit schlossen sich nach und nach immer mehr Länder dem Kalifat an.

Und das Ziel des Kalifen, jeden und alles zu islamisieren, rückte näher, und die Menschen frohlockten. Denn sie sahen: Durch die weise Politik des Kalifen lebten die Menschen im Kalifat friedlich miteinander, sie gingen freundlich, respektvoll, ja wertschätzend miteinander um. Manche waren politisch links, andere rechts, die meisten in manchen Lebensbereichen progressiv und in anderen konservativ, die meisten verorteten sich in der Mitte, nur Extremismus wurde nicht toleriert.

Leben und leben lassen, das war die Devise.

Rede und Widerrede, keine Dummheit unwidersprochen, Debatte als konstruktives Mittel, um zur besten Lösung für möglichst viele Kalifatlinge zu gelangen, auch die Gegenpositionen mitdenken, nicht nur die eine Seite betrachten, das forderte und förderte der Kalif.

Vielfalt wurde geschätzt, nicht bekämpft. Identitätspolitik hingegen war im Kalifat strikt verpönt, egal aus welcher Richtung sie kam. Es ging den Menschen um Miteinander, nicht Nebeneinander und schon gar nicht Gegeneinander. Wo es Konflikte gab, und oh, die gab es!, wurde miteinander geredet, gestritten, manchmal auch heftig, aber am Ende trank man einen Tee oder ein Bier miteinander, und die Sache war erledigt. Oder man trank auch nichts miteinander, sondern konnte sich nicht leiden, verachtete einander vielleicht sogar, aber man trachtete dem anderen niemals nach dem Leben, bedrohte ihn auch nicht.

Die größten Anstrengungen unternahm der Kalif bei der Aufgabe, die Menschen zu bilden, denn Bildung, Einsicht in Vernunft, Wissenschaft, Logik, die Akzeptanz tragender Elemente des demokratischen Verfassungsstaates wie Pluralismus und Rechtsstaatlichkeit, die Ablehnung von Freund-Feind-Denken, ideologischem Dogmatismus und gesellschaftlicher Homogenität als Maß der Dinge und die Verachtung von Verschwörungsquatsch bildeten die Grundlage für ein funktionierendes demokratisches Kalifatswesen.

Alles in allem ließen die Menschen im Kalifat sich von der Ratio leiten.

»Aber ist der Kampf gegen Idiotie und Ideologie nicht selbst eine Idiotie und Ideologie?«, fragte ein alter Mann einmal den Kalifen. Und der Kalif antwortete: »Du sprichst wahre Worte, guter Mann. Es ist ein gewisser Widerspruch. Aber wir Menschen sind nun einmal widersprüchliche Wesen.« Und der Mann sah die Schönheit in dieser Antwort.

Von einigen unverbesserlichen Bevölkerungsgruppen schlug dem Kalifen und seinen Kalifatlingen jedoch Ablehnung, ja Hass entgegen. Sie würden das Abendland islamisieren, schrien ein paar Extremisten auf der rechten Seite wie von Sinnen. Die Islamisten krakeelten, sie würden den Islam ins Lächerliche ziehen, das sei ja gar kein richtiges Kalifat, und überhaupt dürfe man sich über ihren Glauben und den Propheten nicht lustig machen. Wieder andere, Menschen aus einem kleinen, fernen, kaum bekannten Land namens Wokistan, schickten Depeschen an den Kalifen, er und die Kalifatlinge seien »vorurteilsbehaftete Abbilder von Muslimen«. »Wozu der übergroße Turban des K★★★?«, fragten sie, und sie schrieben ernsthaft »K★★★«,

277

weil sie glaubten, das Ausschreiben oder Aussprechen des Wortes »Kalif« würde Muslime beleidigen. »Und warum der klischeehafte Bart?« Manche wagten sogar die Behauptung, der Kalif und seine Untertanen seien »in Wahrheit islamophob«.

Der Kalif lächelte, wenn er Derartiges hörte. »Sich diese Gruppen aus solch unterschiedlichen Richtungen gleichzeitig zum Gegner zu machen, das ist eine hohe Kunst!«, erklärte er seinen Untertanen und Untertäninnen, und sie antworteten: »Lang lebe unser weiser Kalif! Lang lebe Karfiolien!«

Die Untertanen verstanden die Lehre des Kalifen, denn sie war einfach: Kämpfe gegen alle Autokratien und erst recht gegen alle Diktaturen, außer gegen die des Kalifen natürlich, denn der schafft, kaum ist die ganze Welt nach seinen Vorstellungen islamisiert, die Grundlage für ein perfektes Miteinander und übergibt die Macht an ein demokratisch gewähltes Staatsoberhaupt! Lehne Islamisten, Rassisten, Antisemiten und Extremisten jeder anderen Art mit der gleichen Vehemenz ab wie Nazis und Rechtsextremisten! Hüte dich vor dem Lockruf religiöser, nationalistischer oder ethnischer Solidarität – er mag hilfreich scheinen, geradezu berauschend, aber er ist falsch, er bleibt billig, er führt zu nichts außer Verderben! Sei Antifaschist, Antirassist, Antitotalitarist, Antikommunist, Antisozialist, Antikapitalist, denn all diese Ideologien und Systeme sind totalitär und nur unter Zwang möglich oder bringen Menschen in Zwänge. Wer anderes behauptet, ist ein Schwindler.

Die Kalifatlinge wussten: Es gibt sie, die fanatisierten Massen, die begeistert schreien, wenn einer armen Seele öffentlich der Kopf abgeschlagen oder wenn sie an einem Baum aufgeknüpft wird. Die geifernd und johlend zuschauen, wenn einem Dieb die Hand abgehackt wird. Die tausendfach »Jaaaaa!« grölen auf die Frage: »Wollt ihr den totalen Krieg?« Die willig das rechte Ärmchen heben, um ihrem »Führer« zu huldigen. Die millionenfach wegsehen, schweigen oder sogar mithelfen, wenn Menschen verschwinden, abgeführt, in Lager gesteckt werden. Die Nachbarn, Freunde, ja die eigenen Eltern, Kinder, Lebenspartner verraten an eine wie auch immer geartete »Staatssicherheit«, weil diese als irgendwie unbotmäßig, rebellisch, gegen das System gelten. Die ein ausgeklügeltes Spitzelsystem tolerieren oder sogar dabei mitmachen. Es gibt sie, die, denen man eingeredet hat, sie seien die »Herrenrasse«, das »auserwählte Volk«, die »Rechtgläubigen«, die »Avantgarde der Revolution«, die »Speerspitze der Leistungsträger«. Und die sich deshalb über den anderen sehen.

Aber die Kalifatlinge wussten auch: Natürlich sind Menschen nicht alle gleich. Natürlich gibt es Unterschiede. Natürlich haben sie unterschiedliche Erfahrungen, Fähigkeiten, Talente, Möglichkeiten, Stärken und Schwächen. Natürlich sind an bestimmten Stellen, in manchen Strukturen, in einigen Situationen Hierarchien sinnvoll. Aber niemand ist »minderwertig«, »illegal«, »lebensunwert«. Niemand wird von einem anderen besessen.

Von allen diesen – eigentlich selbstverständlichen, aber offensichtlich immer wieder auszusprechenden – Erkenntnissen war das Kalifat durchdrungen, und diese Erkenntnisse setzten sich mit der allmählichen Ausweitung des Kalifats über das gesamte Erdenrund durch. Im Kalifat hatte jeder Mensch gleiche Chancen, und jeder durfte seine eigene

Meinung haben. Zugleich wussten die Kalifatlinge, dass man sich gegen alles Diktatorische und Totalitaristische stemmen muss.

Der Kalif mahnte die Untertanen aber auch, kritisch und distanziert gegenüber sich selbst und dem, was man gut fand, zu sein. »Sieh die Mängel, die Fehler!«, pflegte er zu sagen. »Sei demütig und einsichtig!«

Ein Kalifatsbewohner, der sich darüber aufregte, dass er für mehrere Monate in den Kerker musste, weil er mit einem − noch erlaubten − Auto mit zweihundert Stundenkilometern über eine Teppichbahn gerast war, warf dem Kalifen vor, dass er nur mit Verboten regiere. Es stimmte, jedenfalls hatte der Kalif die uneingeschränkte Raserei verboten und die Höchstgeschwindigkeit begrenzt auf »Galoppgeschwindigkeit eines schnellen Kamels«, wie es in seiner Fatwa hieß. Das galt auch für fliegende Teppiche und für − noch erlaubte − Autos.

»Freie Fahrt für freie Bürger!«, schrie der Mann vor dem Schariagericht.

»Große Strafe für großen Unsinn!«, antwortete der ehrenwerte Vorsitzende Kadi.

Dem Kalifen gab all das zu denken. Er nahm sich den Vorwurf, nur durch Verbote zu regieren, sehr zu Herzen. Flog nicht auch er gern auf seinem E-Teppich rasant durch die Landschaft? Ritt nicht auch er mit seinen Lamas und Kamelen manchmal zu schnell über die Straßen? Aber natürlich: Es war gefährlich. Gewiss für ihn selbst, das allerdings hatte er selbst zu verantworten. Aber auch für andere. Sehr sogar. Deshalb musste er als Kalif einschränkend eingreifen.

Ein anderer Untertan beschwerte sich lautstark darüber,

dass er »nirgendwo mehr rauchen« dürfe. Einwände, Rauchen sei ungesund, wischte er mit den Worten »Mit meiner Gesundheit kann ich ja wohl machen, was ich will!« beiseite. Auch darüber dachte der Kalif nach. Konnte er die Freuden des Tabakgenusses nicht auch nachvollziehen? Sicherlich. Und war es nicht die Sache eines jeden Menschen, welchen Wert er seiner Gesundheit beimaß? Gewiss. Doch war des einen Genuss des anderen Qual. Deshalb hatte der Kalif ein Rauchverbot in Restaurants und Kneipen, in allen öffentlichen Zelten und Gebäuden, selbstverständlich in allen öffentlichen Verkehrsmitteln erlassen – und sogar in privaten Räumen und in – noch erlaubten – Autos, wenn Kinder und Jugendliche unter achtzehn Jahren anwesend waren. Und grundsätzlich mussten Untertanen, egal wo sie rauchten, andere Anwesende um Erlaubnis fragen, denn bei allem Verständnis für den Genuss – niemand durfte zum Einatmen von Rauch gezwungen werden! Das Verbot, fand der Kalif, war berechtigt und sinnvoll, während er sich, alleine auf dem Balkon der Ewigkeitssynaschee stehend, eine Zigarette anzündete.

Verbote, erklärte der Kalif dem Volk wieder und wieder, seien kein Selbstzweck. Ebenso wenig dürften sie reine Machtdemonstration sein. Wären sie das, so wären sie falsch. Ziel sei, stets ohne Verbote auszukommen. Aber wenn es nötig sei, Dinge zu verbieten, müsste das erläutert und gerechtfertigt werden. So viel Freiheit wie möglich, so viel Regelungen und Einschränkungen und Vorschriften wie nötig, erklärte der Kalif weiter.

Er erklärte viel und oft.

Und er erkannte auch eigene Fehler. Der Kerker wurde mit zunehmender Zeit immer seltener benutzt. Stattdessen lernte der Kalif von dem im südlichen Afrika beheimateten Stamm der Babemba, wie man mit Straftätern umgeht: Sie führten den Mann oder die Frau in die Mitte des Ortes, bildeten als Gemeinschaft einen Kreis um diese Person, fassten sich an den Schultern, nur der Übeltäter stand ohne Kontakt in der Mitte. Aber anstatt nun über die Person zu richten, sie zu beschimpfen oder gar zu schlagen, fingen die im Kreis Stehenden an, all die guten Dinge aufzuzählen, die sie mit dem Menschen in der Mitte verbanden. Auch im Kalifat bekamen Nachbarn, die sich etwas zuschulden hatten kommen lassen, von nun an Dinge zu hören wie: »Du hast mir beim Umzug geholfen!« oder »Du bist ein freundlicher Mensch!« Ein Straftäter musste es ertragen, vor der gesamten Bewohnerschaft diese guten Eigenschaften in Erinnerung gerufen zu bekommen, manchmal tagelang. So zeigten ihm die Kalifatlinge, dass er als Mensch gesehen und geschätzt und in der Gemeinschaft gebraucht wurde. Wenn er das annehmen konnte, durfte er in den Kreis zurückkehren. Resozialisierung war in vielen – aber nicht allen – Fällen möglich und wichtig!, lernte der Kalif für sich. Er beschloss, Julius Reichert öfter in den Kreis zu schicken.

All das erklärte der Kalif seinem Volk, und die Menschen verstanden und feierten ihn für seine Worte und riefen: »Lang lebe unser weiser Kalif! Lang lebe Karfiolien!«

Anders als in den Vorgängerstaaten des Kalifats hielten sich die Wesire, Mullahs, Muftis, Imame, Pirs und Mahdis mit Gesetzen und Fatwas zurück. Sie erließen sie nur dort, wo unbedingt erforderlich – und niemals, um zu zeigen, wie fleißig sie waren, oder um Macht zu demonstrieren.

Natürlich zeigten sich einige Menschen uneinsichtig, als Zeichen des Protests verbrannten manche gar dieses Buch. Wenn der Kalif von so einem Vorfall hörte, zitierte er Heinrich Heine: »Dort, wo man Bücher verbrennt, verbrennt man auch am Ende Menschen.« Er zitierte Arnold Zweig: »Wer Bücher verbrennt, verbrennt auch Bibliotheken, bombardiert offene Städte, schießt mit Ferngeschützen oder Fliegerbomben Gotteshäuser ein. Die Drohung, mit der die Fackel in den Bücherstapel fliegt, gilt nicht dem Juden Freud, Marx oder Einstein, sie gilt der europäischen Kultur, sie gilt den Werten, die die Menschheit mühsam hervorgebracht und die der Barbar anhasst, weil er halt barbarisch ist, unterlegen, roh, infantil.« Und er zitierte den im siebzehnten Jahrhundert lebenden englischen Dichter und Denker John Milton: »Wer einen Menschen tötet, tötet ein vernünftiges Wesen, ein Abbild Gottes; derjenige aber, der ein gutes Buch vernichtet, tötet die Vernunft selbst, tötet sozusagen Gottes Ebenbild im Keime.«

Aber dann besann sich der Kalif, denn die Leute protestierten weiter, und die Heine-, Zweig- und Milton-Zitate waren Perlen vor die Säue. Und ihm kam die Idee, das Buch, natürlich zum normalen Ladenpreis, denn im Kalifat herrschte Buchpreisbindung bis in alle Ewigkeit, als Brennmaterial zu verkaufen. Der Brennwert war zwar nicht ideal, geradezu schlecht im Vergleich zu Linden- oder Eichenholz, aber was soll's, dachte er sich, die Leute brauchen das zur Aggressionsabfuhr, und das Kalifat kann dadurch noch mehr Geld einnehmen!

»Infantiler Quatsch« stehe in diesem Buch, warfen manche Kritiker dem Kalifen vor. Doch das sah er als Kompliment. Er wollte ein humorvoller Mensch sein, weil Humor das Leben erträglicher machte und schöner.

Einer der größten Irrtümer der Menschheit, dachte der Kalif, ist der sogenannte Ernst des Lebens. Natürlich ist das Leben auch ernst, hier und da. Bisweilen sogar brutal, grausam, ungerecht. Selbstverständlich ist nicht alles Müßiggang und Zeitvertreib, und ja, es gibt Bereiche, wo Humor sich verbietet. Klar erfordert das Leben Lernen, Leisten, Arbeit. Aber warum muss das freudlos vonstattengehen? Weshalb sehen so viele Humor, Freude, Spaß als etwas Schwaches, Schlechtes, Abzulehnendes?

Dabei machen wir Menschen es doch von vornherein richtig, als Kinder wissen wir es doch längst: Alles ist Spiel, ist lustig, darf humorvoll sein, ist jedenfalls nicht ernst! Die gesamte Natur ist nicht ernst! Schauen wir uns doch die Tiere an: Wie verspielt Hunde und Katzen sind! Welchen Unsinn unsere nächsten Verwandten, die Affen, treiben! Selbst Tiger spielen noch mit ihrer Beute, nachdem sie ihr einen Biss ins Genick verpasst haben! Gut, Letzteres ist ziemlich ernst, jedenfalls für das Beutetier, aber die Raubkatze vergisst das Spiel nicht.

Erst im Laufe der Jahre trainieren wir uns die Freude und das Lachen ab. Da kommen Erwachsene und sagen: »Ihr müsst ernst sein!« Quatsch! Seien wir öfter spielerisch! Unernst! Humorvoll! Und nehmen wir uns selbst nicht zu wichtig. Denn wir sind es alle miteinander nicht.

# Lobpreisung

Und so zogen die Untertanen hinaus und lobpreisten ihren Kalifen, jetzt und immerdar. Und auch er lobpreiste die Menschen.

Besonders liebliche Worte aber fand er für die kalifatische Cheflektorin Karen Guddas, die die Schriften des Kalifen als Erste las. Nicht nur formte sie die Texte behutsam und gab ihnen vorzüglichen Schliff, sondern unterstützte sie den Kalifen noch vor Beginn der kalifatischen Zeitrechnung in seinen Plänen, die Welt nach seinen Vorstellungen zu formen. Die höchsten Ehrungen am Hofe erlangten auch Katharina Eichler, Chefin des kalifatischen Verlautbarungsamtes, sowie Stefanie Leimsner, Oberste Zeremonienmeisterin des Kalifen – nicht nur trugen beide maßgeblich dazu bei, die frohe Botschaft in die Welt zu tragen und die Verkündung des Wortes in allen Winkeln des großen Kalifats zu organisieren, sondern waren sie ebenso treibende Kraft bei der Empfängnis dieser Schrift. Gelobet seien sie!

Ein Hoch auf Christian Scharrel und Klaus Greifenstein für die künstlerischen Ehrerbietungen – ihnen seien hohe Ämter im Kalifat gewiss. Dank und Anerkennung zollte der Kalif der höfischen Buchherstellerin und Layouterin Michelle Rosenstiel, die die Schrift in Form brachte. Einen kalifatischen Gruß entsandte der Kalif an die Grafiker und Kalligraphen der Hafen Werbeagentur im Nordkalifat, die ihm ewiglich die Treue hielten. Und bei jeder Gelegenheit pries der Kalif den kalifatischen Penguin Verlag, ansässig in Mun, für die vorzüglichen Schriften, die dort verlegt wurden – unter anderem die exzellente Autobiografie des inzwischen pensionierten Kollegen des Kalifen, Barack Obama, dem er ebenfalls ein herzliches »Salam Aleikum!« zukommen ließ.

Liebreizende Töne fand er auch für den Hörverlag sowie für die dort wirkende Renate Schönbeck, die Regisseurin Sabine Kienhöfer sowie den kalifatischen Tonmeister Max Willheim vom Tonstudio Holly im Wiener Kalifat, für ihre gemeinsame Anstrengung, die Stimme des Kalifen in Form eines Hörbuchs festzuhalten.

Und der Kalif sandte auch Can Merey, ehrenwerter Berichterstatter im fernen Amerika, per Teppichboten seinen Dank und seine Anerkennung für dessen geradezu unmögliches Unterfangen, Fehler in der – in Wahrheit ja fehlerfreien – Schrift zu finden, ebenso dem höfischen Literaturagenten Kai Gathemann für seine treue Begleitung über Jahre – mögen Milch und Honig ewiglich für sie fließen. Dank gebührt auch Igor Levit, der die Gründung des Kalifats ideologisch unterstützte und mit Freude erwartete – möge es für ihn Rosenkohl regnen und sein Klavier mit Safran bestäubt sein.

Himmelsgesänge erklangen auch für die vielen tollen Koranhändlerinnen und Koranhändler im ganzen Reich, die die

Schriften des Kalifen verbreiteten und ihm stets Tür und Tor öffneten, wenn er ihre Basare besuchte.

Nicht unerwähnt ließ der Kalif all jene, die ihm ihren Hass darboten, aus dem er auf wundersame Weise und einzigartig in der Menschheitsgeschichte pures Gold machte. »Wenigstens zu etwas seid ihr gut!«, beschied der Kalif ihnen.

Liebe, nichts als Liebe empfand der Kalif indes für all die Untertanen, die sich tagtäglich für ein gutes Miteinander der Menschen einsetzten und Zivilcourage zeigten. Liebe für den Harem des Kalifen! Und die allergrößte Liebe seiner Hauptfrau und seinem Sohne – sie ertrugen die Islamisierung mit Würde und Freude.